AF890563

HURRA!!! PO POLSKU 2

NOWA EDYCJA

Agnieszka Dixon
Agnieszka Jasińska

PODRĘCZNIK NAUCZYCIELA

Prolog PUBLISHING

Nowa Edycja:
Seria HURRA!!! PO POLSKU 2
Podręcznik nauczyciela

Redaktor merytoryczny: Agnieszka Jančik
Redakcja językowa i korekty: Joanna Waszkiewicz-Siara, Magdalena Sokołowska, Aneta Łobaza, Agnieszka Jančik, Kinga Łoś
Redaktor prowadzący serii HURRA!!!: Joanna Waszkiewicz-Siara
Kierownictwo projektu: Joanna Waszkiewicz-Siara, Mariusz Siara
Projekt graficzny, okładka: Studio Quadro
Skład i korekty: Pracownia Słowa
Nagrania audio i filmowe: Studio Nagrań Nieustraszeni Łowcy Dźwięków

Pierwsza Edycja:
Pomysłodawczyni projektu i redaktor prowadzący serii: †Agata Stępnik-Siara
Recenzenci: prof. dr hab. Anna Dąbrowska, prof. dr hab. Jan Mazur, dr hab. Waldemar Martyniuk
Konsultacje metodyczne: Ron Mukerji
Ośrodki współpracujące i testujące podręczniki:
Uniwersytet Wiedeński, Instytut Slawistyki; Uniwersytet Jagielloński, Szkoła Języka i Kultury Polskiej UJ;
The Brasshouse Centre Birmingham; Kolleg fur Polnische Sprache und Kultur Berlin
Projekt graficzny i łamanie: Studio Quadro
Projekt okładki: Studio Quadro
Redakcja językowa i korekty: Katarzyna Szklanny
Nagrania: Studio Nagrań Nieustraszeni Łowcy Dźwięków

Copyright © Agnieszka Dixon, Agnieszka Jasińska and PROLOG Szkoła Języków Obcych, Kraków 2024
Wydanie II

ISBN 978-83-67351-28-7
Druk: Drukarnia Hornet

Wydawnictwo PROLOG
ul. Bronowicka 37, 30-084 Kraków
tel. +48 (12) 638 45 25
e-mail: books@prolog.edu.pl
www.prologpublishing.com

spis treści

HURRA!!!

8 zasad pracy z podręcznikami *PO POLSKU* z serii HURRA!!!

1. Językiem komunikacji na zajęciach jest język polski – nauczyciel mówi do studentów po polsku i unika jakichkolwiek wyjaśnień w innych językach.

2. Nauczyciel motywuje studentów do mówienia po polsku – podczas lekcji nie reaguje na wypowiedzi w innym języku, a bardzo pozytywnie wzmacnia każdą wypowiedź czy próbę wypowiedzi w języku polskim.

3. Podczas ćwiczeń komunikacyjnych nauczyciel poprawia tylko te błędy studentów, które uniemożliwiają zrozumienie lub w znacznym stopniu zakłócają przekazywaną informację.

4. Język podręczników to współczesny język polski, którym codziennie komunikują się miliony Polaków.

5. Nauczyciel stosuje podejście komunikacyjne: koncentruje się na funkcjach językowych, których chce nauczyć.

6. Podręcznik uczy gramatyki funkcjonalnej języka polskiego w sposób systematyczny, jednak gramatyka i słownictwo są traktowane funkcjonalnie jako narzędzia służące komunikacji.

7. Ponieważ istnieje ścisły związek między lekcjami następującymi po sobie, ważną rolę spełnia motywowanie studentów do używania struktur, słów i gramatyki, którą już poznali.

8. Nauczyciel buduje kompetencję językową studentów, koncentrując się na czterech sprawnościach: rozumieniu ze słuchu, rozumieniu tekstów pisanych, mówieniu i pisaniu.

Wstęp

1. OPIS SERII PODRĘCZNIKÓW

– Podręcznik *PO POLSKU 1* jest pierwszym tomem trzyczęściowej serii podręczników *HURRA!!!* przygotowujących do egzaminu z języka polskiego jako obcego na poziomie PL-B1. Jego kontynuację stanowi podręcznik *PO POLSKU 2* napisany przez Agnieszkę Dixon i Agnieszkę Jasińską, a część trzecia – *PO POLSKU 3* – została napisana wspólnie przez wszystkie autorki. Podręcznik przewidziany jest do pracy pod kierunkiem nauczyciela. Adresowany jest do obcokrajowców, którzy uczą się języka polskiego od podstaw na kursie obejmującym 100 – 120 godzin. Zawiera 20 jednostek lekcyjnych.

– Każda część serii składa się z **podręcznika studenta** wraz z materiałami audio i video, dostępnymi dla studentów do pobrania online oraz za pomocą aplikacji PROLOG Augmented App, **zeszytu ćwiczeń** wraz z materiałami do słuchania w formacie mp3 oraz dostępnymi w aplikacji PROLOG Augmented App, **podręcznika nauczyciela** z uwagami metodycznymi, propozycjami gier i dodatkowymi ćwiczeniami wymowy. Podręcznik nauczyciela zawiera płytę z wszystkimi filmami, w wersji z napisami, bez napisów, całościowo oraz w rozbiciu na poszczególne scenki. Serię dopełniają: **komentarz gramatyczny** dla studentów dostępny w trzech wersjach językowych (polskiej, niemieckiej i angielskiej) *Odkrywamy język polski* Liliany Madelskiej i Małgorzaty Warchoł-Schlottmann, *Polnisch Entdecken* Liliany Madelskiej, *Discovering Polish* Liliany Madelskiej i Geoffrey'a Schwartza oraz **test kwalifikacyjny**.

– W nauczaniu języka polskiego jako obcego podręcznik proponuje **podejście komunikacyjne**. Oznacza to, że opanowanie wyrażania funkcji komunikacyjnych stanowi nadrzędny cel każdej lekcji, a słownictwo i struktury gramatyczne są z nim ściśle związane. Podczas zajęć rozwijane są **cztery sprawności językowe**: rozumienie ze słuchu, rozumienie tekstu pisanego, mówienie i pisanie.

– Szczegółowa informacja o materiale komunikacyjnym, słownikowym, gramatycznym, o materiałach autentycznych, a także o sposobie rozwijania poszczególnych sprawności znajduje się w spisie treści podręcznika studenta i przed opisem każdej jednostki lekcyjnej w podręczniku nauczyciela. Każda lekcja w podręczniku studenta rozpoczyna się krótkim streszczeniem zawartości rozdziału.

– Układ materiału jest dość elastyczny. W każdej jednostce znajdują się teksty autentyczne lub napisane na wzór oryginalnych oraz ćwiczenia rozwijające sprawność rozumienia ze słuchu.

– **Sprawność mówienia** doskonalona jest głównie poprzez zadania przeznaczone do pracy w parach lub małych grupach. Ćwiczenia te mogą być powiązane z tekstami, zdjęciami lub ilustracjami.

– Ćwiczenia w grupach nie dotyczą jednak jedynie rozwijania sprawności mówienia. Także przy rozwiązywaniu problemów gramatycznych proponuje się wykorzystanie pracy w małych grupach. Konkretne propozycje pracy z podręcznikiem studenta znajdują się w podręczniku nauczyciela.

– **Materiał gramatyczny** podawany jest zarówno w formie ćwiczeń w mówieniu, jak i w pisaniu, zaproponowano także zadania typu drylowego. Zgodnie z zasadami programowania neurolingwistycznego (NLP, ang. *neurolinguistic programming*) ważna jest indywidualna praca studenta z nowo poznanym materiałem gramatycznym. Zatem, przed przedstawieniem gotowych reguł, studenci sami próbują je odkryć i sformułować.

– Położono również nacisk na **różne sposoby przyswajania wiedzy**: wzrokowe, słuchowe, kinestetyczne. Różnorodność ćwiczeń ma odpowiadać różnym potrzebom uczących się. Należy pamiętać o różnych celach studentów, a także o odmiennych, indywidualnych sposobach uczenia się. Studentom preferującym pracę samodzielną proponujemy lekturę tekstu i ćwiczenia drylowe. Ci, którzy wolą pracę zespołową, mają do dyspozycji całą gamę ćwiczeń dla dwóch, trzech, czterech osób. Ćwiczenia drylowe stanowią też często wstęp do właściwych, bardziej swobodnych ćwiczeń komunikacyjnych.

– **Nagrania** służą rozwijaniu sprawności rozumienia tekstu mówionego, a także ćwiczeniu wymowy i intonacji, mają za zadanie odzwierciedlenie autentycznych sytuacji komunikacyjnych, dlatego język tych materiałów to język mówiony, czasem zawierający elementy języka potocznego.

– **Zeszyt ćwiczeń** w większości zawiera propozycje do samodzielnej pracy. Dominują tu drylowe ćwiczenia gramatyczne i utrwalające słownictwo.

Podręcznik studenta i zeszyt ćwiczeń zostały przetestowane przez ośrodki partnerskie: Uniwersytet Wiedeński, Kolegium Języka i Kultury Polskiej w Poczdamie (obecnie w Berlinie) oraz Szkołę Językową Brasshouse Centre w Birmingham. Uwagi otrzymane z ośrodków partnerskich bardzo pomogły w pracy nad końcową redakcją podręczników.

2. ZASADY PRACY Z PODRĘCZNIKAMI

– **Językiem komunikacji na zajęciach jest język polski** – nauczyciel mówi do studentów po polsku i unika jakichkolwiek wyjaśnień w innych językach.

– **Nauczyciel motywuje studentów do mówienia po polsku** – podczas lekcji nie reaguje na wypowiedzi w innym języku, a bardzo pozytywnie wzmacnia każdą wypowiedź czy próbę wypowiedzi w języku polskim.

– Podczas ćwiczeń komunikacyjnych nauczyciel poprawia tylko te błędy studentów, które uniemożliwiają zrozumienie lub w znacznym stopniu zakłócają przekazywaną informację.

– **Język podręczników to współczesny język polski**, którym codziennie komunikują się jego rodzimi użytkownicy.

– Nauczyciel stosuje **podejście komunikacyjne**: koncentruje się na **funkcjach językowych**, których wyrażania w języku polskim chce nauczyć.

– Podręcznik uczy gramatyki funkcjonalnej języka polskiego w sposób systematyczny, jednak gramatyka i słownictwo są traktowane funkcjonalnie jako **narzędzia służące komunikacji**.

– Ponieważ istnieje ścisły związek między lekcjami następującymi po sobie, ważną rolę spełnia motywowanie studentów do używania struktur, słów i zasad gramatyki, które już poznali.

– Nauczyciel buduje kompetencję językową studentów, rozwijając wszystkie cztery podstawowe sprawności: rozumienie ze słuchu, rozumienie tekstów pisanych, mówienie i pisanie.

3. POLSKI PO POLSKU

3.1 Trzy stanowiska wobec stosowania języka ojczystego studentów na lekcji języka obcego

– Wobec stosowania języka ojczystego studentów na kursie języka obcego, można zająć trzy stanowiska: przychylne, umiarkowane i krytyczne.

– **Poparcie** dla używania języka ojczystego studentów na zajęciach opiera się między innymi na założeniu, że nie jest możliwe wyeliminowanie języka ojczystego z procesu myślenia osoby uczącej się, a zatem lepiej, by nauczyciel kontrolował i tak pojawiające się próby tłumaczenia na język ojczysty. Poza tym uważa się, iż język ojczysty sprzyja trwałym skojarzeniom, pomaga zrozumieć reguły i dzięki temu przyspiesza proces uczenia się.

– **Umiarkowane stanowisko** wobec używania języka ojczystego oparte jest na założeniach, że interakcja i komunikacja w języku obcym są nadrzędnym celem lekcji, a także że najważniejsze jest naturalne posługiwanie się językiem. W razie potrzeby dopuszcza się używanie języka ojczystego po to, żeby np. zyskać na czasie czy zapewnić pełne zrozumienie danej informacji.

– **Stanowisko wykluczające** używanie języka ojczystego studentów na kursie języka obcego opiera się na przeświadczeniu, iż język ojczysty może wpływać na proces opanowywania języka obcego tylko w negatywny sposób. Warto jak najbardziej skrócić drogę myślową, jaką musi przebyć myśl ucznia w trakcie opanowywania nowego materiału językowego. Wyeliminowanie języka ojczystego z lekcji zapewnia krótszy przebieg skojarzenia – bezpośrednio od słowa w obcym języku do przedmiotu, które to słowo oznacza.

3.2 Uczenie polskiego tylko po polsku

ZALETY	WADY
◈ opłacalna inwestycja – lepsze efekty, ◈ wykorzystanie sytuacji komunikacyjnej z autentyczną luką informacyjną, która występuje na lekcji, ◈ tok rozmowy jest mniej przewidywalny, a zatem zbliżony do autentycznego, ◈ „zanurzenie" w języku polskim, ◈ ciągłe ćwiczenie rozumienia ze słuchu i mówienia, ◈ ćwiczenie umiejętności koncentrowania się, ◈ uczenie podejmowania ryzyka (autonomia), ◈ przygotowanie do autentycznych sytuacji komunikacyjnych, do rzeczywistego posługiwania się językiem, ◈ ćwiczenie funkcji językowych w autentycznej sytuacji komunikacyjnej, ◈ bardziej motywujące – większe poczucie sukcesu, ◈ przyzwyczajanie, oswajanie z myślą, że nie można rozumieć wszystkiego od razu.	◈ trzeba poświęcić więcej czasu na tłumaczenie (szczególnie na początku nauki), ◈ niepewność, zniecierpliwienie, stres, frustracja studentów, ◈ niepewność, zniecierpliwienie, stres nauczyciela znającego język ojczysty studentów, ◈ potrzeba konsekwencji i dyscypliny ze strony nauczyciela.

– Ucząc polskiego tylko po polsku, wykorzystujemy sytuację komunikacyjną pojawiającą się na lekcji, a zatem niejako mimochodem mamy szansę utrwalić m.in. umiejętność wyrażania funkcji językowych, których opanowanie jest niezbędnym warunkiem zdania egzaminu certyfikatowego na poziomie podstawowym, takich jak:

- nawiązywanie kontaktu,
- przebieg rozmowy: rozpoczynanie, włączanie się, kontrolowanie przebiegu,
- definiowanie, identyfikowanie,
- oferowanie zrobienia czegoś, akceptacja,
- przytakiwanie,
- negacja,
- pytanie, wezwanie do mówienia,
- prośba, wezwanie do działania,
- prośba o przyzwolenie, przyzwalanie,
- wyrażanie sposobu,
- rozumienie najważniejszych treści w wypowiedziach mówionych,
- umiejętność kontrolowania własnego rozumienia wypowiedzi w celu uzyskania potwierdzenia, czy właściwie zrozumiało się treść i intencję rozmówcy,
- umiejętność wyrażania prośby o powtórzenie,
- wyjaśnianie fragmentu wypowiedzi lub zapisanie niezrozumiałego słowa,
- umiejętność rozpoczynania i kończenia rozmowy, włączania się do rozmowy innych osób,
- kontrolowanie przebiegu rozmowy, a gdy zachodzi potrzeba, proszenie o powtórzenie, wyjaśnienie, przeliterowanie, upewnianie się, czy właściwie rozumie się czyjąś wypowiedź.

3.3 Jak motywować do mówienia po polsku?

– W jednym z założeń NLP nauczyciel jest modelem do naśladowania, nie tylko jeśli chodzi o znajomość i umiejętność posługiwania się językiem, ale również o otwartość, chęć komunikowania się i sposób porozumiewania z innymi. Powinien stwarzać atmosferę bezpieczeństwa, w której studenci nie odczuwają obawy przed błędami – w naturalnej sytuacji nie poprawia się błędów językowych. Swoim zachowaniem pokazuje, jak radzić sobie z trudną sytuacją komunikacyjną. Nie tylko uczy języka obcego, ale też postawy – wiary, że „zrobię, potrafię, wytłumaczę, o co mi chodzi", prezentuje różne sposoby skutecznego komunikowania się.

– Hanna Komorowska wymienia również cechy charakteryzujące „ucznia dobrego" , które warto wzmacniać, nagradzać (np. pochwałą, wyrażeniem aprobaty). Są to:

- gotowość do podjęcia komunikacji,
- brak obawy przed błędami,
- samodzielność – skłonność do zachowań autonomicznych i podejmowania ryzyka,
- silna motywacja do nauki,
- pozytywna postawa wobec języka i społeczeństwa, które posługuje się tym językiem,
- uczenie się przez działanie.

– Warto również pamiętać, iż motywowanie uczniów ma ogromny wpływ na ich sukcesy bądź porażki w toku nauki. Alan Loy McGinnis podaje kilka zasad motywowania ludzi, które z powodzeniem można stosować na zajęciach z języka polskiego:

- Od ludzi, którymi kierujesz, oczekuj tego, co najlepsze!
- Wysoko ustawiaj poprzeczkę doskonałości!
- Stwórz środowisko, w którym niepowodzenie nie oznacza przegranej!
- Okazuj uznanie i chwal osiągnięcia!
- Stosuj mieszankę wzmacniania pozytywnego i negatywnego!
- Nagradzaj współpracę!
- Staraj się utrzymać własną motywację na wysokim poziomie!

4. TEKSTY

– Student powinien rozumieć i formułować wypowiedzi pisemne i ustne jako: przyjaciel, znajomy, członek rodziny, turysta, nieznajomy, uczeń, student, nauczyciel, pracownik, pracodawca, klient, pacjent. Uczącym się należy zapewnić możliwość występowania w wymienionych powyżej rolach.

– Ważne jest, aby łączyć sprawności, a więc np. tekstowi do czytania towarzyszą zadania rozwijające sprawność mówienia lub pisania. Są to zadania poprzedzające dany tekst, towarzyszące mu albo następujące po nim.

4.1 Rozumienie tekstów pisanych

– Czytanie najczęściej ukierunkowane jest na ogólną orientację lub ma charakter selektywny. Nie wymaga się całkowitego rozumienia tekstów. Objaśnienia i słownik dopuszczalne są tylko w sytuacji, kiedy zawiedzie rozumienie globalne lub gdy studenci nie są w stanie wyselekcjonować z tekstu ważnej, znaczącej informacji. W rozumieniu tekstu pomocne są ćwiczenia poprzedzające czytanie, towarzyszące lekturze i następujące po niej.

– Zaproponowano różne typy tekstów: listy, kartki, formularze, szyldy, tablice informacyjne, katalogi, broszury, instrukcje obsługi, bilety, jadłospisy, artykuły prasowe. Są to materiały oryginalne i preparowane. W tym ostatnim przypadku stworzone zostały na wzór autentycznych.

4.2 Rozumienie ze słuchu

– Podobnie jak w przypadku rozumienia tekstów pisanych, rozwijanie tej sprawności ukierunkowane jest na ogólną orientację lub na selektywne zdobywanie informacji. Nawet w naszym ojczystym języku rejestrujemy tylko część informacji, którą słyszymy, mimo że rozumiemy ją w stu procentach. Zatem tendencja do rozumienia całkowitego nie jest zgodna z ideą tej sprawności.

– W ramach rozumienia ze słuchu zaproponowano następujące rodzaje tekstów: pojedyncze wypowiedzi, minidialogi, komunikaty, fragmenty programów telewizyjnych i radiowych, dłuższe wypowiedzi tematyczne, wywiady, dłuższe dialogi.

4.3 Mówienie

– Teksty proponowane przy rozwijaniu tej sprawności to na początku różnego rodzaju silnie ustrukturyzowane ćwiczenia przedkomunikacyjne, a następnie bardziej swobodne wypowiedzi. W zadaniach pierwszego typu zwraca się większą uwagę na poprawność wypowiedzi, w drugich na jej płynność. Zaproponowano najpierw wypowiedzi jednozdaniowe, a następnie dłuższe. Są to przede wszystkim: teksty z informacjami na temat własnej osoby, wyrażające opinie, relacje, streszczenia, dialogi intencjonalne i tematyczne, rozmowy telefoniczne, minidyskusje.

4.4 Pisanie

– Poza tekstami umożliwiającymi opanowanie relacji głoska – litera i podstawowych zasad ortografii, ważnych szczególnie na początku, proponuje się dłuższe formy wypowiedzi, takie jak: krótkie notatki zawierające informację, prośbę lub podziękowanie, krótkie życzenia i pozdrowienia, list prywatny, list oficjalny, formularze, podania, tekst argumentacyjny, streszczenie.

5. BŁĘDY

– Student powinien dostawać od nauczyciela tyle samo pochwał, ile uwag krytycznych. W uczeniu komunikacyjnym nauczyciel powinien bardziej zwracać uwagę na treść wypowiedzi niż na jej formę. Nie wolno mu jednak lekceważyć błędów powtarzających się, a także takich, które zakłócają komunikację. Poniżej przedstawiamy rodzaje błędów i możliwości ich eliminowania.

5.1 Rodzaje błędów

– Błędy klasyfikuje się przede wszystkim ze względu na:

- podsystemy (błędy wymowy, ortografii, słownictwa i gramatyki),
- komunikatywność (lokalne, które nie zakłócają komunikacji i te, które ją zakłócają),
- systematyczność (powtarzające się stale, sporadyczne i przejęzyczenia),
- źródło (interferencje zewnętrzne i wewnętrzne, błędy wynikające ze sposobu uczenia się, a także ze strategii uczenia się).

5.2 Sygnalizowanie błędu

– Sygnalizując wystąpienie błędu, można:

- powtórzyć wypowiedź studenta do ostatniego prawidłowego wyrazu,
- zapytać o treść błędnego zdania, np. student mówi „Wczoraj jeżdżę na rowerze.", można zadać pytanie: „Co robiłeś wczoraj?" albo „ Co robiłeś? Jeździłeś na rowerze?",
- podać zestaw form do wyboru.

– Warto wypracować sobie konsekwentny sposób sygnalizowania błędu, który będzie szybko rozpoznawany przez studentów.

5.3 Poprawianie błędu

– Błędy mogą być poprawiane zarówno przez nauczyciela, jak i przez studentów. Poprawianie ich przez studentów nie może jednak wiązać się z oceną. Najlepszym sposobem jest autokorekta. Błędy można poprawiać zarówno w trakcie wypowiedzi, jak i po jej zakończeniu. Błędy uniemożliwiające komunikowanie się można poprawiać w trakcie wypowiedzi. Jeśli jednak podczas zadania komunikacyjnego student ćwiczy płynność wypowiedzi, warto zapisać błędy, poczekać i poprawić je, gdy student skończy wypowiedź.

– Korygując błąd, można wypowiedzieć zdanie już poprawione i polecić, aby student je powtórzył. Można również wyznaczyć studenta-obserwatora, który ma za zadanie poprawiać błędy osoby wypowiadającej się.

6. PRACA Z GRUPĄ

– Przed rozpoczęciem pracy należy określić cechy grupy, w której będziemy pracować. Poza tak oczywistymi cechami, jak zróżnicowanie wiekowe, poziom i wielkość grupy, należy zwrócić uwagę na cele, potrzeby, motywację, style poznawcze, strategie uczenia się i modalność.

– **Modalność** to sposób reagowania na bodźce. W każdej grupie znajdują się **wzrokowcy, słuchowcy i kinestetycy**. Wyróżnia się również czwartą kategorię w tej klasyfikacji, a mianowicie **osoby**, które najchętniej **pracują z tekstem pisanym**. W niniejszej serii starano się zapewnić zróżnicowanie materiałów, tak aby każda z tych grup mogła czuć się swobodnie przy realizacji danego zadania.

– Osobom, które **lubią** przede wszystkim **czytać i pisać**, proponuje się różne teksty, począwszy od pojedynczych napisów, poprzez ogłoszenia prasowe, e-maile, skończywszy na fragmentach oryginalnych artykułów z gazet. Do tekstów tych opracowano różnorodne ćwiczenia poprzedzające ich lekturę, towarzyszące jej, a także po niej następujące.

– **Wzrokowcy** najchętniej korzystają z tekstów, map, plansz, rysunków, zdjęć. Notują i zwracają uwagę na to, co nauczyciel pisze na tablicy. Zwykle chcą zobaczyć zapis nowego słowa czy wyrażenia.

– **Słuchowcom** proponujemy ćwiczenia na rozumienie ze słuchu, takie jak: pojedyncze wypowiedzi, dialogi, dłuższe teksty. Słuchowcy aktywnie uczestniczą też w ćwiczeniach rozwijających sprawność mówienia. Nowe słowa i zwroty powinni nie tylko zobaczyć na tablicy, ale też usłyszeć ich prawidłową wymowę.

– **Kinestetycy** powinni mieć możliwość zaktywizowania całego ciała, ponieważ najchętniej biorą udział w zadaniach wymagających od nich przemieszczania się, podawania poszczególnych elementów tekstu. Lubią gry i zabawy wymagające ruchu i używania różnych przedmiotów. Propozycje dodatkowych gier znajdują się w dalszej części podręcznika nauczyciela, w omówieniach poszczególnych lekcji.

7. ROZGRZEWKI I GRY W SYTUACJACH AWARYJNYCH

– Proponowane poniżej gry można wykorzystać, zarówno rozpoczynając lekcję, jak i w sytuacji zakończenia lekcji przed wyznaczonym czasem.

CZUJĘ SIĘ JAK... Każdy ze studentów, kończąc to zdanie, musi zrobić porównanie, np. „Czuję się jak kot, który śpi na dachu...". Po wypowiedzeniu zdań przez wszystkich studentów cała grupa przypomina sobie, kto i co po kolei mówił.

FOTOGRAFIE Nauczyciel przynosi fotografie i w zależności od tematu studenci muszą je opisać lub napisać w grupach skojarzenia związane ze zdjęciami.

GRAMATYKA Studenci podzieleni na grupy piszą listę, np. czasowników niedokonanych. Następnie nauczyciel zbiera kartki od poszczególnych grup i przekazuje je innym grupom. Studenci mają teraz za zadanie napisać formy odmiany tych czasowników albo dopisać do nich formy dokonane. To samo można zrobić z rzeczownikami – studenci piszą na kartkach listę rzeczowników, następnie nauczyciel zbiera kartki, przekazuje je innym grupom, których zadanie polega np. na podzieleniu rzeczowników według rodzajów lub dopisaniu do nich przymiotników.

GRUPA JESZCZE NIE WIE, ŻE... Nauczyciel rozdaje każdej osobie po jednej małej kartce, na której studenci mają dokończyć zdanie „Grupa jeszcze nie wie, że...", pisząc jedną prawdziwą informację na swój temat. Następnie nauczyciel zbiera wszystkie kartki, tasuje je i odczytuje na głos napisane na nich informacje. Zadaniem grupy jest odgadnięcie, kto jest autorem odczytywanego zdania. W grze może brać udział także nauczyciel.

HISTORIA Nauczyciel rozdaje studentom po jednej, dwie lub maksymalnie trzy karteczki, następnie każdy ze studentów pisze na kartce dowolne słowo (najlepiej, by było to słowo wprowadzone na zajęciach). Następnie nauczyciel zbiera karteczki, tasuje je i rozdaje w grupie. Każdy ze studentów musi ułożyć zdanie ze słowem z karteczki, jednak warunek jest taki, że zdanie to musi być logiczną kontynuacją zdania wymyślonego przez poprzedniego studenta. Można wprowadzić również ograniczenie, że np. historia musi być w czasie teraźniejszym lub przeszłym albo ma zawierać jak najwięcej form dopełniacza.

IMIONA Nauczyciel pisze na tablicy imiona studentów drukowanymi literami jedno pod drugim. Zadaniem studentów jest znalezienie jak największej liczby słów ułożonych z liter tych imion. Kombinacja tych liter może być pozioma, pionowa albo ukośna. Warto wyznaczyć czas dla tego zadania, np. 5 minut.

KALAMBURY Grę tę można przeprowadzić na dwa sposoby.

Nauczyciel rozdaje studentom kilka karteczek, na których mają napisać nowo poznane słowa. Następnie zbiera karteczki, dzieli studentów na dwie grupy i podaje im po jednym słowie. Studenci muszą pokazać to słowo tak, aby grupa przeciwna je odgadła. Wygrywa grupa, która odgadnie najwięcej słów. Nauczyciel musi jednak zwrócić uwagę, że skoro jest to rywalizacja między grupami, to istnieje niebezpieczeństwo, że pokazywanie zadania grupie przeciwnej może stwarzać przestrzeń nieuczciwej konkurencji i nieprecyzyjnego sugerowania odpowiedzi. Zatem na początku należy zwrócić uwagę studentom, by w czasie gry stosowali zasady fair play.

W drugim wariancie nauczyciel dzieli studentów na dwie grupy i rozdaje im kilka karteczek, na których mają napisać nowo poznane słowa. Następnie zbiera karteczki, podaje kolejnym członkom grup po jednym słowie. Studenci muszą pokazać to słowo tak, aby ich grupa je odgadła. Wygrywa grupa, która odgadnie najwięcej słów.

KOLEJKA SŁOWNA Nauczyciel prosi studentów o wypowiedzenie po kolei jednego słowa, które kojarzy im się z tematem lekcji, np. jedzeniem, ubraniem. Każdy student musi powtórzyć słowa wypowiedziane przez kolegów i dopiero na końcu dodać swoje.

KOREKTA BŁĘDÓW Nauczyciel pisze na tablicy zdania z typowymi błędami powtarzającymi się w pracach domowych lub na lekcjach, a następnie prosi studentów o ich korektę, przyznając im punkty za znalezienie i poprawienie tych błędów.

KOSTKA Studenci rzucają kostką. Muszą wypowiedzieć tyle zdań na temat: Co lubię robić? Czego nie lubię robić? Co robiłem w zeszłym roku / wczoraj? itp., ile wypadnie oczek na kostce.

MAŁE KŁAMSTWA Każdy student pisze o sobie dwa zdania (w grupach wyższych może być ich więcej, np. cztery), z których jedno jest nieprawdziwe. Odczytuje je na głos, a wszyscy zgadują, które z nich nie jest prawdziwe.

SKOJARZENIA Na początku lekcji studenci podzieleni na grupy piszą na kartkach skojarzenia z danym tematem – np. hobby, mieszkaniem, pracą, pogodą itp. Można polecić grupom, żeby zebrały słownictwo w określonych kategoriach: rzeczowniki, przymiotniki, czasowniki itp.

SZYBKIE DYKTANDO Można zrobić małe dyktando, np. pięć zdań z użyciem słów lub form gramatycznych wprowadzonych na lekcji.

TASIEMIEC Pierwsza osoba mówi słowo, a następna ma podać inne, rozpoczynające się na ostatnią literę wypowiedzianego słowa. W przypadku litery „y" oraz liter często się powtarzających, może to być także litera przedostatnia.

ZADAWANIE PYTAŃ Każdy student pisze na kartce trzy pytania na wybrany przez nauczyciela temat. Następnie kartki podaje się dalej i należy głośno odpowiedzieć na te pytania. Kartki można również potasować, a następnie rozlosować wśród studentów.

8. ILUSTRACJE, ZDJĘCIA I KOLAŻE

W podręczniku, prócz zdjęć i ilustracji bezpośrednio związanych z treścią ćwiczeń, zamieszczono dodatkowo fotografie w nagłówkach. Nauczyciel może wykorzystać je jako wprowadzenie do danej lekcji. Umożliwiają też powtórzenie przerobionego już materiału. Można na przykład zapytać studentów o płeć, wiek, wygląd, zawód, właśnie wykonywaną czynność, przebieg dnia czy zainteresowania osób ze zdjęć. Podobnie ilustracje i kolaże zamieszczone obok ćwiczeń mogą posłużyć jako impuls do krótkiej rozmowy przed lub po wykonaniu danego ćwiczenia.

9. METODY PRACY Z MATERIAŁAMI AUDIO I VIDEO

Proponuje się minimum trzykrotne odtworzenia materiału audio/video: za pierwszym razem bez przerw (rozumienie globalne), za drugim z przerwami w miejscach związanych z poleceniem (selektywne wybieranie konkretnych informacji), za trzecim z przerwami lub bez (kontrola wykonania ćwiczenia – autonomiczna lub z uczestnictwem nauczyciela). Poleca się także wykorzystywanie tekstów nagrań przy kontroli wyników, w ćwiczeniach dodatkowych następujących po odtworzeniu nagrania lub w pracy indywidualnej w domu.

Ćwiczenia poprzedzające odtworzenie materiału audio / video:

– nakierowanie uwagi studentów na dany temat przy wykorzystaniu zdjęć lub w przypadku materiału video odtworzenie go bez dźwięku: na podstawie obrazu studenci tworzą hipotezy dotyczące treści nagrania, tworzą listę słów/zwrotów/struktur gramatycznych, które mogą pojawić się w nagraniu;

– nauczyciel krótko mówi, czego dotyczyć będzie nagranie, następnie studenci podają swoje skojarzenia leksykalne;

– nauczyciel rozdaje studentom zapisane na karteczkach wybrane słowa/zwroty/struktury gramatyczne, które pojawią się w nagraniu; studenci sprawdzają ich znaczenie i przygotowują w małych grupach definicje po polsku, a następnie przedstawiają je na forum kolegom (proponuje się, by słowa/zwroty/struktury gramatyczne zapisane były w formie występującej w nagraniu).

Ćwiczenia w trakcie odtwarzania materiału audio / video:

– nauczyciel dzieli studentów na grupy, każda grupa zajmuje się notowaniem wskazanych wcześniej przez nauczyciela fragmentów nagrania lub treści z nim związanych, np. odpowiedzi na wybrane pytania, opisu postaci, najważniejszych słów/zwrotów, poszczególnych części mowy występujących w nagraniu itp.;

– „Jak myślicie, co będzie dalej" – nauczyciel zatrzymuje nagranie w wybranych przez siebie momentach, studenci konstruują hipotezy dotyczące dalszego przebiegu nagrania;

– studenci otrzymują listę wybranych wcześniej przez nauczyciela słów/zwrotów/struktur gramatycznych występujących w nagraniu, w trakcie słuchania zaznaczają kolejność ich pojawiania się.

Ćwiczenia następujące po odtworzeniu materiału audio / video:

– zapisanie na tablicy najważniejszych słów/zwrotów/struktur gramatycznych zanotowanych przez studentów w trakcie słuchania;

– głośne odczytanie tekstu nagrania z podziałem na role i różną interpretacją, po uprzednim przećwiczeniu w małych grupach;

– przygotowanie przez studentów podobnego (lub kontrastowego) dialogu z wykorzystaniem określonych przez nauczyciela lub samych studentów słów/zwrotów/struktur gramatycznych.

Inne propozycje:

Nauczyciel może także opracować własne dodatkowe zadania pomagające w pracy z nagraniami audio/video – stopień trudności uzależniony musi być od poziomu nauczania, umiejętności i zdolności językowych danej grupy. Wśród zadań tych mogą znaleźć się:

– pytania prawda/fałsz, napisanie „planu nagrania" – punktów dotyczących tego, co się wydarzyło;

– napisanie pytań do nagrania;

– opis postaci występujących w nagraniu, wykorzystanie tekstu nagrania – ułożenie go we właściwej kolejności, skopiowanego i pociętego wcześniej przez nauczyciela;

– streszczenie nagrania w postaci opracowania punktów zwrotnych akcji lub opisu wydarzeń;

– zrobienie listy nowych i/lub najważniejszych słów/zwrotów/ struktur gramatycznych;

– ćwiczenie wymowy, akcentu i intonacji poprzez wielokrotne odtwarzanie fragmentów nagrania – za każdym razem studenci powtarzają wybrane przez nauczyciela zwroty;

– odtworzenie nagrania video bez dźwięku – studenci „dubbingują" aktorów;

– przetłumaczenie nagrania na swój język ojczysty (jeśli grupa jest pod tym względem homogeniczna i nauczyciel zna język ojczysty studentów).

10. BIBLIOGRAFIA

A guide to lerning styles, www.vark-learn.com

A quality guide. DG Education and Culture, European Commision, Brussels 2000.

M. Bańko, M. Krajewska, *Słownik wyrazów kłopotliwych*, Warszawa 1994.

B. Bartnicka, H. Satkiewicz, *Gramatyka języka polskiego*, Warszawa 1990.

U. Czarnecka, *Nauczanie mówienia w języku polskim jako rozwijanie kompetencji komunikacyjnej*, Kraków 1989.

Europejski system opisu kształcenia językowego: uczenie się, nauczanie, ocenianie. Council of Europe, tłum. W. Martyniuk, Warszawa 2003.

S. Grabias, *Język w zachowaniach społecznych*, Lublin 1997, rozdz. 1: *Socjolingwistyka czy socjologia języka?*, s. 13 – 63, rozdz. 4: *Społeczne uwarunkowania zachowań językowych. Z teorii interakcji*, s. 245 – 338.

A. Hopkins, *Users' guide for textbook and materials writers*, Council of Europe, Strasbourg 2002.

Kognitywne podstawy języka i językoznawstwa, red. E. Tabakowska, Kraków 2001, rozdz. 7: *Działanie za pomocą słów: pragmatyka*, s. 203 – 243.

K. Kancewicz-Sokołowska, *Zadania rozgrzewki językowej i praca z fragmentem filmu na lekcjach języków obcych*, Języki Obce w Szkole, Nr 1/2012, s. 103 – 121

H. Komorowska, *Ćwiczenia komunikacyjne w nauce języka obcego*, Warszawa 1988.

H. Komorowska, *Metodyka nauczania języków obcych*, Warszawa 2001.

H. Komorowska, *Sprawdzanie umiejętności w nauce języka obcego. Kontrola – Ocena – Testowanie*, Warszawa 2002.

W. Krzemińska, J. Kwolek, *Planifier ses cours de français*, Kraków 1994.

T. Lay, *Film und Video im Fremdsprachenunterricht*, Zeitschrift für interkulturellen Fremdsprachenunterricht, Nr 1/04/2009, s. 107 – 153.

A. Łuczak-Łomża, E. Metera-Debaene, *Zanim wybierzesz podręcznik. Metody oceniania materiałów do nauki języków*, Warszawa 2002.

W. Martyniuk, *Egzaminy certyfikatowe i poziom progowy języka polskiego jako obcego*, Komisja ds. Certyfikacji Znajomości Języka Polskiego jako Obcego, Ministerstwo Edukacji Narodowej i Sportu, Materiały robocze nr 2/99, Kraków 1999.

L.A. McGinnis, *Sztuka motywacji*, tłum. W. Wojciechowski, Warszawa 1993.

A. Nagórko, *Zarys gramatyki polskiej*, Warszawa 1997.

Nowy słownik ortograficzny, red. E. Polański, Warszawa 1997.

Państwowe Egzaminy Certyfikatowe z Języka Polskiego jako Obcego. Standardy wymagań egzaminacyjnych, Państwowa Komisja Poświadczania Znajomości Języka Polskiego jako Obcego, Warszawa 2003.

Państwowe Egzaminy Certyfikatowe z Języka Polskiego jako Obcego. Przykładowy test dla poziomu podstawowego: PL-B1, Państwowa Komisja Poświadczania Znajomości Języka Polskiego jako Obcego, Warszawa 2003.

M. Pasieka, G. Krajewski, S. Klingborn, *Tandem językowy – teoria i praktyka na przykładzie polsko-niemieckim*, Wrocław 2003.

Programy nauczania języka polskiego jako obcego. Poziomy A1-C2, red. I. Janowska, E. Lipińska, A. Rabiej, A. Seretny, P. Turek, Kraków 2011.

E. Saciłowska, P. Bulanda, *Wykorzystanie NLP w nauczaniu dorosłych. Trening dla lektorów języków obcych*, Kraków 2000.

A. Seretny, E. Lipińska, *ABC metodyki nauczania języka polskiego jako obcego*, Kraków 2005.

Słownik poprawnej polszczyzny, red. W. Doroszewski, Warszawa 1997.

Słownik współczesnego języka polskiego, red. naukowy B. Dunaj, Warszawa 1996.

J. Strutyński, *Zarys gramatyki polskiej*, cz. 1: *Fonetyka i fonologia*, Kraków 1992.

J. Strutyński, *Zarys gramatyki polskiej*, cz. 2: *Morfologia*, Kraków 1993.

D. Werbińska, *Skuteczny nauczyciel języka obcego*, Warszawa 2004.

A. Wolak, *Media audiowizualne na lekcji języka obcego na przykładzie reportażu telewizyjnego*, Acta Universitatis Lodziensis, Kształcenie polonistyczne cudzoziemców 20, Łódź 2013, s. 293 – 301.

11. TABELA POZIOMÓW JĘZYKOWYCH WEDŁUG ESOKJ

Poziom podstawowy	A1	Osoba posługująca się językiem na tym poziomie rozumie i potrafi stosować potoczne wyrażenia i bardzo proste wypowiedzi dotyczące konkretnych potrzeb życia codziennego. Potrafi formułować pytania z zakresu życia prywatnego, dotyczące np.: miejsca, w którym mieszka, ludzi, których zna i rzeczy, które posiada oraz odpowiadać na tego typu pytania. Potrafi przedstawiać siebie i innych. Potrafi prowadzić prostą rozmowę pod warunkiem, że rozmówca mówi wolno, zrozumiale i jest gotowy do pomocy.
	A2	Osoba posługująca się językiem na tym poziomie rozumie wypowiedzi i często używane wyrażenia w zakresie tematów związanych z życiem codziennym (są to np.: bardzo podstawowe informacje dotyczące osoby rozmówcy i jego rodziny, zakupów, otoczenia, pracy). Potrafi porozumiewać się w rutynowych, prostych sytuacjach komunikacyjnych, wymagających jedynie bezpośredniej wymiany zdań na tematy znane i typowe. Potrafi w prosty sposób opisywać swoje pochodzenie i otoczenie, w którym żyje, a także poruszać sprawy związane z najważniejszymi potrzebami życia codziennego.
Poziom samodzielności	B1	Osoba posługująca się językiem na tym poziomie rozumie znaczenie głównych wątków przekazu zawartego w jasnych, standardowych wypowiedziach, które dotyczą znanych jej spraw i zdarzeń typowych dla pracy, szkoły, czasu wolnego itd. Potrafi radzić sobie w większości sytuacji komunikacyjnych, które mogą się zdarzyć w czasie podróży w regionie, gdzie mówi się danym językiem. Potrafi tworzyć proste, spójne wypowiedzi ustne lub pisemne na tematy, które są jej znane bądź ją interesują. Potrafi opisywać doświadczenia, zdarzenia, nadzieje, marzenia i zamierzenia, krótko uzasadniając bądź wyjaśniając swoje opinie i plany.
	B2	Osoba posługująca się językiem na tym poziomie rozumie znaczenie głównych wątków przekazu zawartego w złożonych tekstach na tematy konkretne i abstrakcyjne, łącznie z rozumieniem dyskusji na tematy techniczne z zakresu jej specjalności. Potrafi porozumiewać się na tyle płynnie i spontanicznie, by prowadzić normalną rozmowę z rodzimym użytkownikiem języka, nie powodując przy tym napięcia u którejkolwiek ze stron. Potrafi formułować jasne, dobrze zbudowane, szczegółowe, dotyczące złożonych problemów wypowiedzi ustne lub pisemne, sprawnie i właściwie posługując się regułami organizacji wypowiedzi, łącznikami, wskaźnikami zespolenia tekstu.
Poziom biegłości	C1	Osoba posługująca się językiem na tym poziomie rozumie szeroki zakres trudnych, dłuższych tekstów, dostrzegając także znaczenia ukryte, wyrażone pośrednio. Potrafi się wypowiadać płynnie, spontanicznie, bez większego trudu odnajdując właściwe sformułowania. Skutecznie i swobodnie potrafi posługiwać się językiem w kontaktach towarzyskich i społecznych, edukacyjnych bądź zawodowych. Potrafi formułować jasne, dobrze zbudowane, szczegółowe, dotyczące złożonych problemów wypowiedzi ustne lub pisemne, sprawnie i właściwie posługując się regułami organizacji wypowiedzi, łącznikami, wskaźnikami zespolenia tekstu.
	C2	Osoba posługująca się językiem na tym poziomie może z łatwością zrozumieć praktycznie wszystko, co usłyszy lub przeczyta. Potrafi streszczać informacje pochodzące z różnych źródeł, pisanych lub mówionych, w spójny sposób odtwarzając zawarte w nich tezy i wyjaśnienia. Potrafi wyrażać swoje myśli płynnie, spontanicznie i precyzyjnie, subtelnie różnicując odcienie znaczeniowe nawet w bardziej złożonych wypowiedziach.

/Europejski System Opisu Kształcenia Językowego/

lekcja

1

Osobowość

Cele i sytuacje komunikacyjne	• opis osoby, wyrażanie opinii, porównywanie
Słownictwo	• opis osobowości
Gramatyka i składnia	• liczba mnoga przymiotników męskoosobowych • konstrukcja porównawcza *tak samo... jak...*, zaimek względny *który* • **powtórzenie:** deklinacja przymiotników i rzeczowników w liczbie pojedynczej; użycie spójników *a, albo, i, ale*
Rozumienie ze słuchu	• film: *Kto popełnił przestępstwo?* • opis znanych postaci z życia publicznego • minidialogi opisujące osoby • wywiad z Martą Guzy, specjalistką od wizerunku
Rozumienie tekstów pisanych	• Polscy celebryci – lista laureatów plebiscytu popularności i charakter tej nagrody; *Powiedz mi, jaki lubisz kolor – a powiem ci, kim jesteś!* – czyli związek między ulubionym kolorem, a cechami charakteru
Mówienie	• opisywanie osób z najbliższego otoczenia, a także wyrażanie opinii o osobach publicznych
Pisanie	• list prywatny

Proponujemy przy większości ćwiczeń pracę w grupach. O ich liczebności i składzie decyduje nauczyciel bądź sami studenci (w zależności od indywidualnych potrzeb).

1a

Ćwiczenie ma na celu wprowadzenie słownictwa i struktur wymaganych w lekcji. Studenci mają również okazję poznać kilka popularnych postaci z polskiego świata kultury i show-biznesu. Ćwiczenie stanowi rozgrzewkę przed zabraniem głosu na temat osób publicznych. Nauczyciel może również zlecić przygotowanie w zespołach informacji na temat osób publicznych, które ich zdaniem odgrywają największą rolę w świecie show-biznesu. Przy lekturze każdego tekstu, szczególnie takiego, w którym zaleca się wyjaśnianie zwrotów, powinno się zadbać o to, żeby studenci mieli słowniki. Proponujemy realizację tego ćwiczenia w 5 grupach, z których każda odnajduje w słowniku, a następnie definiuje swoimi słowami tylko jeden zwrot.

POWTÓRZENIE MATERIAŁU

Przed przystąpieniem do opisywania osób prosimy powtórzyć ze studentami poznane wcześniej przymiotniki opisujące osobę (m.in. lekcja 2, PO POLSKU 1).

2a 2b 2c

W ćwiczeniach warto zwrócić uwagę na warstwę emocjonalną wypowiedzi oraz na zgodność wyrażanych opinii.

W dialogach 2, 3 i 6 rozmówcy podzielają poglądy na temat osób będących przedmiotem ich dyskusji, usłyszymy więc tu jednoznacznie wyrażoną sympatię (dialog 2, 6) lub antypatię (dialog 3).

W pozostałych dialogach przytoczone opinie są zróżnicowane, tak więc sympatia i antypatia będą współwystępowały, na co warto zwrócić uwagę studentów jeszcze przed wysłuchaniem nagrania.

3a

Przed przystąpieniem do lektury, nauczyciel może podzielić studentów na grupy i polecić, aby wspólnie zastanowili się nad symboliką kolorów wymienionych w tekście. Następnie nauczyciel prosi o zestawienie wyników – można je zapisać na tablicy w formie tabeli. Po przeczytaniu artykułu, grupa będzie miała szansę porównać własne obserwacje z wnioskami zawartymi w tekście.

3b

Tekst ćwiczenia 3a jest wprowadzeniem do zagadnień gramatycznych lekcji, czyli tworzenia liczby mnogiej przymiotników męskoosobowych. Studenci powinni sami wyłowić z tekstu przymiotniki w liczbie mnogiej, spróbować podać ich liczbę pojedynczą i pogrupować na te, które kończą się w liczbie mnogiej na *i, y*, na zmieniające końcówkę i mające formy oboczne. Tabela z tymi formami znajduje się w podręczniku.

3c

Przy okazji prezentacji przymiotników warto podać formę męskoosobową zaimka względnego *który*. Należy przypomnieć, że w języku polskim w liczbie mnogiej nie ma kategorii: rodzaj męski, rodzaj żeński i rodzaj nijaki, lecz: rodzaj męskoosobowy i niemęskoosobowy.

PODPOWIEDZI I ROZWIĄZANIA ALTERNATYWNE **2c**

Nauczyciel może podzielić uczestników na dwie grupy. Jedna z nich wypisuje tylko zalety, a druga wady osób, o których jest mowa w dialogach. Następnie studenci wymieniają między sobą zdobyte informacje.

2d

Ćwiczenie można wykonać na dwa sposoby:

1. Uczestnicy w parach lub małych grupach przygotowują dialog stosowny do opisanej sytuacji, a następnie odgrywają go przed grupą.
2. Studenci odgrywają scenki równocześnie, nie prezentując ich grupie. Nauczyciel kontroluje przebieg rozmowy.

Sposób wykonania zadania zależy od liczby osób w grupie oraz od tego, czy uczestnicy będą chcieli występować w roli aktorów.

3b

Po wykonaniu tego zadania nauczyciel może polecić studentom, żeby wypisali na karteczkach nazwy kilku oryginalnych hobby lub sportów ekstremalnych i podobnie jak w ćwiczeniu 3a w parach zdefiniowali grupę osób, które je uprawiają. Następnie pary odczytują na głos swoją definicję, a pozostali uczestnicy muszą zgadnąć, o jakiej czynności mowa.

Przykład: kolekcjonowanie starych samochodów, skoki ze spadochronem, filatelistyka, zbieranie grzybów itd.

6a

Jeśli grupa jest wystarczająco duża, po wykonaniu tego zadania troje studentów może wcielić się w podejrzane osoby, a reszta grupy w policjantów. Powstają trzy komisje, które równocześnie przesłuchują każdego z podejrzanych. Po przesłuchaniu wydają opinię, kto jest sprawcą i uzasadniają swoją decyzję.

6b DVD 1

1. Jakie cechy charakteru ma dyrektor finansowy?
2. Jak pan / pani myśli, czy dyrektor jest młody czy starszy? A może w średnim wieku? Proszę uzasadnić swoje zdanie na podstawie wysłuchanego opisu.
3. Dlaczego, zdaniem jednego z rozmówców, dyrektor generalny nie może być złodziejem?
4. Na czym polegał spisek?
5. Proszę wyjaśnić, co znaczy słowo „zazdrość" i jaką rolę pełni w całej historii.

PROPOZYCJA ZADANIA DOMOWEGO

Proszę polecić studentom przeczytanie listu z ćwiczenia 4d i napisanie podobnego.

MATERIAŁY DODATKOWE

Gra ZGADYWANKA

Opis gry

OPISYWANIE OSÓB

Praca w parach lub w większych grupach. Nauczyciel rozdaje komplety wyciętych karteczek. Najlepiej, żeby jeden z kompletów został skopiowany na kolorowym papierze, gdyż w ten sposób nie zostaną one pomieszane. Studenci odwracają je zapisaną stroną do spodu. Pierwszy z nich bierze po jednej kartce z każdego kompletu i nie pokazując ich partnerowi, opisuje wyrazy z wybranych przez siebie karteczek (nie może użyć wyrazów pochodnych słowa z kartki), np. *studiować: student, studia.*

Przykład:

inteligentny, **studentka** – student 1 mówi: *Jestem mądra, dużo czytam... Jestem młoda, jeszcze nie pracuję, uczę się, ale nie w szkole, mam profesora...*

student 2 odgaduje: *Jesteś inteligentną studentką.*

Nauczyciel powinien zaznaczyć, że jeśli rzeczownik jest rodzaju żeńskiego, to należy pamiętać o odpowiedniej formie przymiotnika.

Nauczyciel wyznacza czas potrzebny do wykonania zadania, po jego upływie studenci podliczają odgadnięte hasła. Wygrywa para, która odgadła ich najwięcej.

Gra ROZSYPANKA

Opis gry

LICZBA MNOGA PRZYMIOTNIKÓW MĘSKOOSOBOWYCH

Nauczyciel rozdaje w grupach komplety karteczek, na których znajdują się elementy zdań. Wygrywa grupa, która najszybciej ułoży pełne zdania.

Gra PLANSZOWA

Opis gry

OPISYWANIE OSÓB, WYRAŻANIE OPINII O LUDZIACH, PORÓWNYWANIE

Jest to typowe zadanie umożliwiające zebranie materiału z całej lekcji. Może być wykonane po ćwiczeniu 6c.
To gra planszowa dla 2–4 osób. Każdy z uczestników rzuca kolejno kostką i wykonuje zadanie z wylosowanego pola. Jeśli wykona zadanie poprawnie, ma prawo do następnego rzutu, jeśli nie, cofa się do pola, na którym znajdował się, rzucając kostką.

Gra CO O NIM WIEMY

Opis gry

ROZUMIENIE ZE SŁUCHU

Nauczyciel rozdaje arkusze do pracy i prosi aby po obejrzeniu video studenci dopasowali / uzupełnili charakterystyki dyrektorów podejrzanych o przestępstwo finansowe.

Gra AKRONIMY

Opis gry

SŁOWNICTWO, PRZYMIOTNIKI

Nauczyciel dzieli studentów na pary / grupy, następnie prosi ich o dopisanie przymiotników do nazw („akronimów") tak, aby atrybuty odzwierciedlały cechy opisywanych osób. Nauczyciel wyjaśnia, że niektóre litery można zastąpić w następujący sposób:

Zamiast: ą-a; ć-c; ó-o; ń-n; ś-s; y-z i zapisuje to na tablicy.

Nauczyciel pisze na tablicy przykład: KRÓL i sam lub wspólnie ze studentami dopisuje przymiotniki.

K – onsekwentny
R – ozrywkowy
Ó – okrutny
L – ojalny

Nauczyciel zwraca uwagę na zapisanie przymiotnika z uwzględnieniem rodzaju.

Czas 10 minut. Po zakończeniu zadania nauczyciel prosi studentów o odczytanie swoich propozycji.

Słowa: POLITYK, DZIECKO, ATLETKA, NIEMOWLĘ, OSZUSTKA, ARTYSTA

ZGADYWANKA (lekcja 1)

komplet 1

wrażliwy	zarozumiały	zamknięty w sobie	pewny siebie
towarzyski	nerwowy	nieśmiały	odważny
roztargniony	niezależny	spokojny	otwarty
zabawny	nudny	zdecydowany	spontaniczny

komplet 2

dentysta	polityk	ksiądz	profesor
psychiatra	taksówkarz	poeta	nauczyciel
dziennikarka	pisarka	sekretarka	policjantka
lekarka	piosenkarka	ekonomistka	recepcjonistka

ROZSYPANKA (lekcja 1)

Ludzie,	którzy	są towarzyscy,	lubią spotykać się z ludźmi.
Osoby,	które	są zarozumiałe,	nie mają przyjaciół.
Dzieci,	które	lubią czytać,	są wrażliwe.
Człowiek,	który	nie lubi rozmawiać z ludźmi,	jest zamknięty w sobie.
Osoba,	która	często zmienia decyzję,	jest niezdecydowana.

GRA PLANSZOWA (lekcja 1)

8. Uzupełnij zdanie: *Ludzie, ... są nieśmiali.*	**9.** Podaj antonim przymiotnika *nieśmiały.*	**10.** Jakich ludzi lubisz? Opowiedz, jakie muszą mieć zalety.	**11.** Wyraź negatywną opinię o swoim koledze / swojej koleżance.
7. Masz inną opinię niż osoba, z którą rozmawiasz. Co powiesz w tej sytuacji?	**18.** Wymień 3 zalety.	**19.** Wyraź pozytywną opinię o swoim koledze / swojej koleżance.	**12.** Podaj 3 przymiotniki na literę z: z .... z .... z ....
6. Podaj formę liczby mnogiej przymiotników męskoosobowych: *wesoły, wrażliwy* i *pewny siebie.*	**17.** Podaj synonim przymiotnika *arogancki.*	**KONIEC**	**13.** Podaj 3 przymiotniki na literę n: n .... n .... n ....
5. Opisz znaną osobę, którą lubisz.	**16.** Opisz znaną osobę, której nie lubisz.	**15.** Jakich ludzi nie lubisz? Opowiedz, jakie mają wady.	**14.** Podaj formę liczby mnogiej przymiotników męskoosobowych: *mądry, interesujący* i *głupi.*
4. Podaj formę liczby mnogiej przymiotników męskoosobowych: *zarozumiały, towarzyski* i *otwarty.*	**3.** Wymień 3 wady.	**2.** Uzupełnij zdanie: *Osoby, ... są towarzyskie.*	**1.** Podaj 3 przymiotniki na literę k: k .... k .... k ....
			START

© A. Dixon, A. Jasińska, *PO POLSKU 2*
© Wydawnictwo PROLOG

CO O NIM WIEMY (lekcja 1)

DYREKTOR FINANSOWY	DYREKTOR GENERALNY
mądry	ma konto na Bahamach
dojrzały	babiarz
nie jest żonaty	przez niego firma ma problemy
patrzy na wszystkich z góry	ma problemy finansowe
nie lubią go w pracy	zarozumiały
spokojny, poważny, idealny pracownik	arogant
jest złym dyrektorem	ma kilka kont na Facebooku
niesympatyczny	ma rodzinę, dzieci, wnuki
kilka kochanek	facet jest za głupi
ma dostęp do wszystkich haseł	jest w nim coś denerwującego

DYREKTOR FINANSOWY: spokojny, poważny, idealny pracownik; jest w nim coś denerwującego; nie lubią go w pracy; zarozumiały; patrzy na wszystkich z góry; arogant; niesympatyczny; mądry; dojrzały; ma rodzinę, dzieci, wnuki; ma problemy finansowe; ma dostęp do wszystkich haseł
DYREKTOR GENERALNY: ma konto na Bahamach; jest złym dyrektorem; przez niego firma ma problemy; facet jest za głupi; babiarz; nie jest żonaty; ma kilka kont na Facebooku; kilka kochanek

Tę stronę można kopiować.

TEKSTY nagrań

mp3 01 **1c Proszę uzupełnić zdania, a następnie wysłuchać dwóch wypowiedzi i porównać swoją wersję z nagraniem.**

Wypowiedź 1

Monika Olejnik jest dziennikarką. Pracuje w radiu i w telewizji, rozmawia z politykami i z osobami publicznymi o aktualnych problemach. Jej programy są bardzo ciekawe.

Wypowiedź 2

Ryszard Kapuściński był znanym w Polsce i w Europie pisarzem. Ten publicysta dużo podróżował i pisał książki – reportaże z różnych kontynentów.

mp3 02 **2a Proszę wpisać numer dialogu, który dotyczy tych osób.**

mp3 02 **2b Proszę zaznaczyć, w którym dialogu przedstawione osoby wyrażają się o kimś z sympatią, a w którym z antypatią.**

mp3 02 **2c Proszę posłuchać nagrania jeszcze raz i zanotować wady i zalety osób, o których jest mowa w dialogach.**

Dialog 1

- Nie rozumiem, dlaczego krytykujesz Ankę. Przecież to świetna dziewczyna: odpowiedzialna, pracowita, zorganizowana.
- Tak, masz rację, trudno powiedzieć coś złego o Ance. Jest naprawdę solidna. Ale wiesz, nie lubię ludzi zamkniętych w sobie, a Anka jest mało spontaniczna.

Dialog 2

- Ten nowy Wojtek jest super, nie?
- No, bardzo fajny chłopak, wesoły i otwarty. Cieszę się, że będzie chodził z nami do szkoły!

Dialog 3

- Ta Kaśka mnie irytuje! Ładna dziewczyna, to fakt, ale za bardzo pewna siebie.
- Masz rację, mnie też denerwuje. Jest bardzo zarozumiała, prawda? Nie chce wcale z nami rozmawiać, chociaż studiujemy razem.

Dialog 4

- Nie rozumiem, dlaczego Elka spotyka się z tym Mateuszem! Dla mnie on jest po prostu nieciekawy. Jakiś taki smutny.
- Nieprawda, chłopak Elki to bardzo mądry człowiek. Jest spokojny i może trochę nieśmiały, to wszystko.

Dialog 5

- Nie wiem, co robić z tym Artkiem, uczniowie go lubią, ale on dezorganizuje mi lekcje. Poza tym jest arogancki.
- Nie, myślę, że to nie jest kwestia arogancji. To po prostu ambitny, niezależny uczeń, poza tym bardzo inteligentny.

Dialog 6

- Ta Matylda jest naprawdę kontrowersyjną osobą, nie? A Jacek chyba naprawdę ją kocha, cały czas o niej mówi: moja żona to..., moja żona tamto...
- Masz rację, jest bardzo oryginalna, ale wiesz, ona jest artystką. Myślę, że jest bardzo wrażliwa.

mp3 03 **3e Dyktando. Proszę posłuchać tekstu i uzupełnić brakujące litery.**

Dla mnie autorytetem jest człowiek, który ma silny charakter. Ludzie zdecydowani, tak samo jak pracowici, to często ludzie sukcesu. Myślę, że autorytet to także osoba wrażliwa i odważna. Czy musi być romantyczna? To ciekawe pytanie.

mp3 04 **5a Proszę wysłuchać fragmentu wywiadu ze znaną warszawską stylistką, przeczytać zdania i powiedzieć, czy są prawdziwe (P), czy nieprawdziwe (N).**

mp3 04 **5b Proszę posłuchać tekstu jeszcze raz i zaznaczyć określenia, które pasują do ludzi charakteryzowanych przez Martę Guzy.**

Wywiad z Martą Guzy

Dziennikarz: Powiedz, z kim pracuje ci się lepiej, z gwiazdami czy z młodymi uczestnikami programu „Talenty"?

Marta Guzy: Oczywiście, że z młodymi jest łatwiej, są niedoświadczeni i często nieśmiali. To ich pierwszy kontakt ze światem show-biznesu. Akceptują wszystko, co im proponuję... Z reguły, bo wiesz, zdarzają się młodzi, którzy już doskonale wiedzą, jak chcą wyglądać. Zresztą, wiesz, mam wrażenie, że w tej edycji „Talentów" ludzie są jakby bardziej pewni siebie.

D: A gwiazdy?

M.G.: To jest różnie... Oczywiście lubię pracować z artystami typu Kayah czy Piasek, którzy są zdecydowani i mają swój oryginalny styl. Praca z takimi ludźmi mnie inspiruje. Tak więc nie mogę odpowiedzieć na twoje pytanie czy wolę pracować z młodymi, czy..., czy z gwiazdami, po prostu lubię, wiesz, pracować z ludźmi, którzy mają charyzmę.

D: Dobrze, a powiedz, jakie są gwiazdy, masz swoich faworytów?

M.G.: Oczywiście, że mam, ale rozumiesz, nie powiem ci, kogo lubię, a kto mnie irytuje. Wiesz, to są egocentrycy, każdy z nich, ale oczywiście nie wszyscy są aroganccy. Mam swoją teorię na ten temat. Muzycy pop na przykład są mili, ale często nienaturalni, muzycy rockowi są naturalni, ale zamknięci w sobie, czasem zarozumiali. Muzycy reggae są spokojni, a heavymetalowców w ogóle nie znam, bo nie potrzebują stylistki. Ale najfajniejsi są jazzmani, to inteligentni, otwarci ludzie.

D: OK. Ostatnie pytanie. Jak ja wyglądam? Czy potrzebuję stylisty?

M.G.: Nie wiem, jak ci to powiedzieć, baardzo!

DVD 1 **6b Proszę obejrzeć film, aby dowiedzieć się, kto popełnił przestępstwo. Dlaczego ta osoba zdecydowała się zdefraudować pieniądze?**

Policjantka: Muszę się napić kawy.

Policjant: Kawa jest jeszcze gorąca. No i co, ktoś się przyznał?

Policjantka: Ha, tak, zgadnij kto.

Policjant: Ja cały czas myślę, że dyrektor finansowy. On jest taki niby spokojny, poważny, idealny pracownik, ale jest w nim coś denerwującego. Nie dziwię się, że go nie lubią w pracy. Zarozumiały, patrzy na wszystkich z góry, arogant.

Policjantka: No wiesz, to że ktoś jest niesympatyczny, nie znaczy, że jest złodziejem, prawda?
Policjant: Prawda, ale on jest taki idealny, że nikt by go nie podejrzewał. Niby taki mądry, dojrzały, ale popatrz, ma rodzinę, dzieci, wnuki, za parę lat pójdzie na emeryturę, pieniądze będą potrzebne.
Policjantka: Ignorujesz fakt, że dyrektor generalny ma problemy finansowe i dostęp do wszystkich haseł. Dlaczego jego nie podejrzewasz?
Policjant: No daj spokój, przecież ty już wiesz, kto to zrobił! Powiedz!
Policjantka: No pomyśl chwilę, spróbuj zgadnąć.
Policjant: Czyżby jednak dyrektor generalny? Ja wiem, że pieniądze znalazły się na jego koncie na Bahamach, ale to niemożliwe, ten facet jest za głupi. Jest złym dyrektorem, przez niego firma ma problemy i wiem, że jest dużo dowodów na to, że to on ukradł pieniądze, ale jakoś nie wierzę, że on to zrobił...
Policjantka: A kasjerki nie podejrzewasz?
Policjant: Nie. Ona co prawda mogła to zrobić, ale ma dzieci, za duże ryzyko, że ją złapią i pójdzie do więzienia. Nie, nie mogła tego zrobić, poza tym to taka miła dziewczyna, taka nieśmiała. Ja myślę, że pieniądze zdefraudował dyrektor finansowy. Zgadłem?
Policjantka: I tak, i nie.
Policjant: Jak to?
Policjantka: Masz rację, dyrektor finansowy brał udział w kradzieży, ale nie działał sam.
Policjant: Co? Powiedz!
Policjantka: No więc słuchaj. Kasjerka miała romans z dyrektorem generalnym. To trwało długo, prawie dwa lata, a on nie jest żonaty i kasjerka myślała, że to poważny związek. Tymczasem dziewczyna odkryła, że on ma kilka kont na Facebooku i kilka innych kochanek. No i poszło szybko. Kiedy brał prysznic, przeszukała jego iPhone'a i znalazła wiadomości od kobiet, z którymi spotykał się w tym samym czasie.
Policjant: Hm, to akurat mała niespodzianka, wszyscy wiedzieli, że to babiarz.
Policjantka: No niby tak, ale ona była zakochana. Zdradził się, więc postanowiła się zemścić. Wiedziała, że dyrektor finansowy go nienawidzi, więc zaproponowała spisek. Finansowy chciał, żeby dyrektor generalny stracił pracę. Pomógł jej zrobić transfer pieniędzy na konto dyrektora generalnego na Bahamach.
Policjant: Ale po co im to było potrzebne? Żeby chociaż ukradli te pieniądze dla siebie.
Policjantka: Zazdrość mój drogi, zazdrość. Najważniejsze, że sprawa zakończona i możemy iść do domu.

KLUCZ do ćwiczeń

1b

1. Robert jest pracowitym i ambitnym sportowcem. Robert jest przystojnym mężczyzną. Robert jest zamkniętym w sobie, zbyt poważnym człowiekiem.
2. Alicja jest znakomitą aktorką. Alicja jest piękną, sympatyczną i skromną kobietą. Alicja jest sympatyczną i skromną dziewczyną.
3. Andrzej jest tajemniczym człowiekiem. Andrzej jest introwertykiem. Andrzej jest nudnym i przeciętnym mężczyzną. Andrzej jest wrażliwym artystą. Andrzej bywa cyniczny.

mp3 01 **1c**

a) publicznymi, aktualnych, ciekawe
b) znanym, podróżował, różnych

mp3 02 **2a**

b) dialog 5, c) dialog 6, d) dialog 3, e) dialog 4, f) dialog 1

2b

sympatia: dialog 2, 6
antypatia: dialog 3
sympatia i antypatia: 1, 4, 5

mp3 02 **2c**

1. Anka – zalety: odpowiedzialna, pracowita, zorganizowana, wady: mało spontaniczna
2. Wojtek – zalety: super, wesoły, otwarty, wady: brak
3. Kaśka – zalety: ładna, wady: za bardzo pewna siebie, zarozumiała
4. Mateusz – zalety: bardzo mądry, spokojny, wady: nieciekawy, smutny, nieśmiały
5. Artek – zalety: ambitny, niezależny, bardzo inteligentny, wady: arogancki
6. Matylda – zalety: oryginalna, bardzo wrażliwa, wady: kontrowersyjna

3a

1. czerwony, 2. niebieski, 3. zielony, 4. biały, 5. czarny, 6. pomarańczowy

3c

1. Ludzie, którzy są otwarci, lubią nowe sytuacje.
2. Osoba, która jest odważna, nie boi się nowych wyzwań.
3. Osoba, która ma silny charakter, jest charyzmatyczna.
4. Ludzie, którzy są poważni, poważnie traktują innych.
5. Ludzie, którzy mają własne zdanie, są niezależni.
6. Człowiek, który jest towarzyski, lubi nowe kontakty.

7. Mężczyźni, którzy pracują ze mną, są eleganccy.
8. Kobiety, które studiują i pracują, są bardzo zajęte.
9. Obrazy, które oglądamy w muzeum, są bezcenne.
10. Drzewa, które mają tysiąc lat, są bardzo stare.

mp3 03 **3e**

człowiek, **si**lny, zdecydowan**i**, pracowi**ci**, **cz**ęsto, my**ś**lę, tak**ż**e, wra**ż**liwa, odwa**ż**na, mu**si**, romanty**cz**na, **ci**ekawe

3f

a) albo / i, b) ale, c) a, d) a, e) i, f) ale, g) i, h) albo, i) a, j) i

mp3 04 **5a**

2. N, 3. N, 4. P, 5. P

mp3 04 **5b**

zarozumiali – muzycy rockowi, mili – muzycy pop, nieśmiali – uczestnicy „Talentów", pewni siebie, otwarci – jazzmani, naturalni – muzycy rockowi, zamknięci – muzycy rockowi, spokojni – muzycy reggae, zdecydowani – sławni muzycy, inteligentni – jazzmani

DVD 1 **6b**

Kto popełnił przestępstwo? Dyrektor finansowy i kasjerka. **Dlaczego ta osoba zdecydowała się zdefraudować pieniądze?** Kasjerka miała romans z dyrektorem generalnym. Kasjerka myślała, że to poważny związek. Odkryła, że dyrektor generalny ma kilka kont na Facebooku i kilka kochanek. Chciała się zemścić. Wiedziała, że dyrektor finansowy nienawidzi dyrektora generalnego, więc zaproponowała spisek.

NOTATKI
nauczyciela

lekcja 2

To już historia...

Cele i sytuacje komunikacyjne
- opowiadanie o przeszłości
- opisywanie sytuacji i przedstawianie faktów z przeszłości
- wyrażanie relacji czasowych

Słownictwo
- ważne wydarzenia w życiu człowieka
- daty

Gramatyka i składnia
- liczebniki główne i porządkowe w datach, formy mianownika, dopełniacza i miejscownika liczebników porządkowych
- mianownik, dopełniacz i miejscownik rzeczowników r. męskiego (nazwy miesięcy)
- aspekt dokonany i niedokonany czasownika
- **powtórzenie:** tworzenie czasu przeszłego

Rozumienie ze słuchu
- film: *Rozmowa starych przyjaciół*
- opis wydarzeń z przeszłości, wypowiedzi z użyciem liczebników głównych i porządkowych

Rozumienie tekstów pisanych
- *Historia jednej rodziny*
- życiorysy polskich noblistów

Mówienie
- opowiadanie o swojej przeszłości, opisywanie sytuacji i faktów z przeszłości, umieszczanie ich w czasie

Pisanie
- opis w czasie przeszłym

Proponujemy przy większości ćwiczeń pracę w grupach. O ich liczebności i składzie decyduje nauczyciel bądź sami studenci (w zależności od indywidualnych potrzeb).

1a

W pierwszej części lekcji powtarzamy i poszerzamy znajomość wyrażeń czasowych. Tu na pierwszy plan wysuwa się lokalizowanie w czasie za pomocą dat. W ramach rozgrzewki proponujemy sprawdzić bierną znajomość wyrażania dat w języku polskim. Studenci mają za zadanie dopasować datę urodzenia do osoby przedstawionej na ilustracji. Na ogół, mimo że większość studentów nie zna jeszcze dat, ćwiczenie rozwiązywane jest bez problemu, gdyż studenci znają liczebniki główne i porządkowe.

POWTÓRZENIE MATERIAŁU

Przed rozpoczęciem tego ćwiczenia warto przypomnieć studentom, w jaki sposób tworzymy liczebniki porządkowe (lekcja 7, PO POLSKU 1).

1b

W utrwaleniu form liczebników porządkowych i nazw miesięcy w mianowniku, dopełniaczu i miejscowniku pomaga obszerna tabela (1b), która pomaga zautomatyzować użycie liczebników porządkowych oraz rzeczowników oznaczających miesiące.

1e

Ćwiczenie to wydaje się trudne leksykalnie, ale nie wymagamy od studentów znajomości wyrażeń typu *krwawa niedziela* czy *krach na giełdzie*. Mimo tych utrudnień studenci powinni dobrze poradzić sobie z tym ćwiczeniem, pomaga im w tym bowiem ich własne doświadczenie, ogólna wiedza historyczna i skojarzenia. Wszyscy rozumieją wyrażenia takie jak *atak na Nowy Jork*, na ogół też studenci uczący się polskiego wiedzą, kiedy Polska odzyskała niepodległość i w ten sposób, drogą selekcji, powinni dopasować wszystkie daty do podanych wydarzeń. Niezawodna jest tu, jak w większości przypadków, propozycja pracy w parach albo w trzyosobowych grupach, gdyż każda z osób w tej minigrupie wnosi swoją wiedzę, co pozwala szybciej uporać się z zadaniem. W sytuacji krytycznej można korzystać ze słowników.

2a

Tekst *Historia jednej rodziny* jest dość długi, ale – naszym zdaniem – o umiarkowanym stopniu trudności. Największy problem może tu stanowić słownictwo związane z wydarzeniami politycznymi. Uznajemy jednak, że stanowią one tło dla wydarzeń, jakie mają miejsce w rodzinie. Kładziemy nacisk na słownictwo związane z życiem człowieka, a więc *urodzić się*, *umrzeć*, *ożenić się*, *wyjść za mąż*, *przeprowadzić się*, *skończyć szkołę* itd. Ponieważ tekst jest długi, proponujemy nie analizować go zbyt dokładnie, ale zwrócić uwagę studentów na te wydarzenia rodzinne, które miały miejsce w szczególnych momentach historii. Pomaga w tym proponowane podsumowanie.

3a 3b 3c

Wszystkie trzy ćwiczenia dotyczące aspektu operują ograniczoną liczbą czasowników ze względu na stopień trudności omawianego zagadnienia gramatycznego. Te same czasowniki, które znajdują się w tekście, pojawią się w dalszych ćwiczeniach. Zwracamy uwagę na cztery sposoby tworzenia form aspektowych: (*czytać – przeczytać*, *poznawać – poznać*, *spotykać – spotkać*, *brać – wziąć*).

POWTÓRZENIE MATERIAŁU

Wprowadzenie zagadnienia aspektu czasowników w czasie przeszłym znajduje się w PO POLSKU 1, w lekcjach 10 i 16.

PODPOWIEDZI I ROZWIĄZANIA ALTERNATYWNE **1c**

Aby uniknąć sytuacji, w której studenci musieliby zdradzić swoją datę urodzenia, nauczyciel może przygotować kilka fotografii znanych osób w różnym wieku. Studenci dostają fotografie i karteczki, na których wpisują hipotetyczną datę urodzenia, potem oddają je nauczycielowi. Nauczyciel przypina fotografie na tablicy (lub rozkłada na podłodze), a następnie każdy ze studentów kolejno losuje karteczkę z datą urodzenia i przypisuje ją danej fotografii.

1d

Nauczyciel może przygotować karteczki z nazwiskami znanych osób i ich datą urodzenia, a następnie rozlosować je między podzielonych na grupy studentów. Każda grupa przygotowuje informacje na temat wylosowanej postaci i odczytuje je pozostałym uczestnikom. Zadanie polega na odgadnięciu przez studentów z pozostałych grup, o kim mowa. Np. Jezus, Leonardo da Vinci, Ghandi, Homer, ...

Uwaga! Osoby, których nazwiska podaje nauczyciel, muszą być znane nie tylko w Europie, lecz na całym świecie.

2e

To ćwiczenie można zrealizować na dwa sposoby:

1. Pięć osób wciela się w role wyznaczone w ćwiczeniu. Kolejno siadają na środku klasy i odpowiadają na pytania zadawane przez grupę. Uczestnicy nie wiedzą, kto wylosował daną rolę, muszą to odgadnąć na podstawie odpowiedzi.
2. Nauczyciel dzieli uczestników na pary. Jedna z osób jest dziennikarzem, który zadaje pytanie, druga odgrywa wyznaczoną rolę.

3d

Po wykonaniu tego ćwiczenia nauczyciel może rozdać uczestnikom karteczki i poprosić, aby napisali na nich pary aspektowe. Następnie miesza karteczki i dzieli studentów na kilka grup. Każda grupa odwraca karteczki napisem do spodu, a następnie studenci kolejno je losują. Ich zadaniem jest ułożenie poprawnego zdania z zastosowaniem każdej z form aspektowych (wykorzystują słownictwo z tabelki na stronie 26).

Przykład:

pisać / napisać
- Wczoraj między 17.00 a 19.00 pisałem e-maile do przyjaciół.
- Wczoraj napisałem e-mail do kolegi.

4b DVD 2

a) Jesteś jedną z osób, która brała udział w spotkaniu rodzinnym. Wracasz do domu i opowiadasz swojemu partnerowi / swojej partnerce:

Przykład:

„Wyobraź sobie, spotkałem / spotkałam u Marysi .... Przyjechał do Polski ....

b) Jesteś panią Marysią. Rozmawiasz z mężem o swoim przyjacielu, który wrócił z zagranicy.

Przykład:

„Nasz przyjaciel niewiele się zmienił / bardzo się zmienił, prawda?". Ogromnie przykro mi, że Basia umarła. ......"

5d

Po wykonaniu tego ćwiczenia nauczyciel może polecić studentom, aby w grupach przygotowali podobne zagadki (opisują osobę w taki sposób, aby z kontekstu można było zgadnąć, gdzie mieszka, czym się zajmuje i jaki jest jej stan cywilny. Uwaga, studenci obowiązkowo podają datę urodzenia!). Efekt swojej pracy przedstawiają kolegom.

6a

Ten tekst ma charakter ćwiczenia kulturoznawczego. Zdajemy sobie sprawę z tego, że pomoc nauczyciela może być tu niezbędna. Studenci mają za zadanie przeczytać krótkie notki biograficzne i przyporządkować do nich nazwiska polskich noblistów. Proponujemy tu następujące postępowanie. Po rozwiązaniu naszego ćwiczenia, każda z osób wybiera jedną sylwetkę znanego noblisty, niekoniecznie polskiego (na ogół studenci znają sylwetki przynajmniej tych, którzy zdobyli literackie lub pokojowe nagrody Nobla), przedstawia ją, a grupa ma zgadnąć, o kogo chodzi.

PROPOZYCJA ZADANIA DOMOWEGO

Fakt, że w każdej lekcji znajdują się dwa dłuższe teksty do przeczytania, może zniechęcać osoby, które chcą rozwijać sprawność mówienia, rozumienia ze słuchu czy pisania. Dlatego zawsze jeden z nich możemy zadać studentom jako zadanie domowe. Dotyczy to również osób, które mają problemy z rozumieniem tekstu pisanego, lubią pracować samodzielnie ze słownikiem i muszą utrwalić nowo nabytą wiedzę, aby móc samodzielnie posługiwać się tym słownictwem na późniejszych zajęciach.

Zadaniem domowym może być również ćwiczenie 5c. Jest to opis przeszłości na podstawie podanych informacji.

MATERIAŁY DODATKOWE

Gra ANKIETA

Opis gry

CZAS PRZESZŁY. WYRAŻANIE RELACJI CZASOWYCH

Nauczyciel rozdaje kopie ankiety. Gra może być zrealizowana na dwa sposoby:

a) w parach

b) w grupach

Studenci zadają sobie pytania zawarte w ankiecie.

Gra KTO ZEPSUŁ KOMPUTER?

Opis gry

CZAS PRZESZŁY. UŻYCIE FORM NIEDOKONANYCH I DOKONANYCH CZASOWNIKA

Alfa, Beta i Gamma są studentami i mieszkają razem. Pewnego dnia okazuje się, że ich wspólny komputer jest zepsuty... Wzywają policję.

Nauczyciel wyznacza w grupie troje podejrzanych i trzy komisje śledcze. Podejrzani dostają swoje role i wychodzą na korytarz, aby się z nimi zapoznać i ustalić, kto jest „sprawcą" i kiedy zepsuł komputer. Komisje śledcze pozostają w sali i przygotowują pytania do podejrzanych. Po kilku minutach podejrzani wracają do sali, każdy z nich zasiada przy jednej z komisji i odpowiada na pytania. Nauczyciel wyznacza czas, po którym następuje zmiana komisji. Każda z komisji musi mieć szansę zadania pytań każdemu z podejrzanych. Po zakończeniu przesłuchania komisje w swoim gronie naradzają się i decydują, kto jest

„sprawcą" i kiedy zepsuł komputer. Następnie przedstawiają swoją opinię grupie, potem zaś podejrzani zdradzają to, co ustalili między sobą.

Uwaga! Nauczyciel uczula, aby komisje zadawały pytania przy zachowaniu formy oficjalnej, z użyciem zwrotu Pan / Pani, np. *O której wrócił Pan do domu?* oraz zadawali pytania szczegółowe, np. *Jaką pizzę zamówił Beta? Gdzie spotkał Pan / spotkała Pani Betę?*

Gra PARA ROKU

Opis gry

OPOWIADANIE O PRZESZŁOŚCI. OPISYWANIE SYTUACJI I PRZEDSTAWIANIE FAKTÓW Z PRZESZŁOŚCI

Nauczyciel dzieli studentów na dziennikarzy i pary, a następnie rozdaje im wycięte karteczki z rolami oraz formularz pytań i odpowiedzi. Pary losują swoje role, ustalają fakty ze wspólnego życia, a w tym czasie dziennikarze przygotowują pytania. Następnie dziennikarze przeprowadzają wywiad z wylosowaną parą i na tej podstawie przygotowują artykuł. Nauczyciel rozwiesza artykuły w sali tak, aby każdy student mógł je przeczytać i przyznać punkty każdemu z tekstów (0 – 5). Wygrywa artykuł, który okazał się najciekawszy i zyskał największą liczbę punktów.

Przykład:

Odpowiedzi / pytania:

1. Pierwsze spotkanie

Dziennikarz: *Gdzie Państwo się poznali?*

Para: *Poznaliśmy się w 1984 roku na koncercie...*

Gra ROZSYPANKA

Opis gry

ASPEKTY CZASOWNIKA

Nauczyciel rozdaje w grupach komplety karteczek, na których znajdują się części zdania i prosi studentów o ich dopasowanie z uwzględnieniem formy gramatycznej. Wygrywa grupa, która najszybciej je dopasuje i ułoży zdania w czasie przeszłym.

NOTATKI
nauczyciela

ANKIETA (lekcja 2)

Odpowiedzi:
- wczoraj /...
- godzinę / dwa dni / tydzień / miesiąc / rok / dwa lata temu /...
- w zeszłym tygodniu / miesiącu / roku /...
- w styczniu / w lutym / w marcu /...
- w 1998 / w 2004 /...

	imię	**data / określenie czasu**
Kiedy ostatnio piłeś / piłaś kawę?		
Kiedy ostatnio byłeś / byłaś na plaży?		
Kiedy ostatnio jeździłeś / jeździłaś rowerem?		
Kiedy skończyłeś / skończyłaś szkołę?		
Kiedy ostatnio byłeś / byłaś za granicą?		
Kiedy ostatnio napisałeś / napisałaś e-mail?		
Kiedy ostatnio widziałeś / widziałaś swojego przyjaciela?		
Kiedy ostatnio czytałeś / czytałaś dobrą książkę?		
Kiedy ostatnio napisałeś / napisałaś wiersz?		
Kiedy zacząłeś / zaczęłaś pracować (studiować)?		
Kiedy ostatnio byłeś / byłaś w operze?		
Kiedy ostatnio dostałeś / dostałaś prezent?		
Kiedy ostatnio kupiłeś / kupiłaś nowe buty?		
Kiedy zacząłeś / zaczęłaś uczyć się polskiego?		
Kiedy ostatnio jadłeś / jadłaś kolację w restauracji?		

Tę stronę można kopiować.

© Wydawnictwo PROLOG

KTO ZEPSUŁ KOMPUTER? (lekcja 2)

Alfa

8.00–9.00	Wstałeś / wstałaś i pisałeś / pisałaś projekt na komputerze.
10.00–12.00	Miałeś / miałaś zajęcia na uniwersytecie.
12.00–13.00	Jadłeś / jadłaś obiad z Gammą.
14.00–16.00	Poszedłeś / poszłaś do biblioteki i robiłeś / robiłaś notatki.
16.00–18.00	Wróciłeś / wróciłaś do akademika. Rozmawiałeś / rozmawiałaś z Betą.
18.00–20.00	Wyszedłeś / wyszłaś do sklepu.
20.00–21.00	Jadłeś / jadłaś pizzę z Betą i Gammą.
21.00–21.15	Wyszedłeś / wyszłaś do toalety.
21.15–22.00	Wróciłeś / wróciłaś do pokoju i rozmawiałeś / rozmawiałaś z Betą.
22.00–22.10	Gamma powiedział / powiedziała, że komputer jest zepsuty.

Beta

8.00–9.00	Spałeś / spałaś.
10.00–12.00	Poszedłeś / poszłaś na uniwersytet.
12.00–13.00	Wróciłeś / wróciłaś do akademika po książki.
14.00–16.00	Poszedłeś / poszłaś znowu na uniwersytet, gdzie miałeś / miałaś zajęcia.
16.00–18.00	Spotkałeś / spotkałaś na ulicy Gammę.
18.00–20.00	Wróciłeś / wróciłaś do akademika i rozmawiałeś / rozmawiałaś z Alfą.
20.00–21.00	Wszedłeś / weszłaś do internetu, żeby przeczytać e-maile.
21.00–21.15	Jadłeś / jadłaś pizzę z Alfą i Gammą.
21.15–22.00	Wyszedłeś / wyszłaś zadzwonić.
22.00–22.10	Gamma powiedział / powiedziała, że komputer jest zepsuty.

Gamma

8.00–9.00	Poszedłeś / poszłaś na uniwersytet, gdzie miałeś / miałaś zajęcia.
10.00–12.00	Jadłeś / jadłaś obiad z Alfą.
12.00–13.00	Wróciłeś / wróciłaś do akademika, żeby wydrukować coś na komputerze.
14.00–16.00	Miałeś / miałaś zajęcia na uniwersytecie.
16.00–18.00	Spotkałeś / spotkałaś na ulicy Betę.
18.00–20.00	Poszedłeś / poszłaś na spacer, a potem wróciłeś / wróciłaś do akademika.
20.00–21.00	Wyszedłeś / wyszłaś zamówić pizzę.
21.00–21.15	Jadłeś / jadłaś pizzę z Alfą i Betą.
21.15–22.00	Byłeś / byłaś w pokoju.
22.00–22.10	Chciałeś / chciałaś poszukać informacji w internecie. Komputer był zepsuty.

© A. Dixon, A. Jasińska, *PO POLSKU 2*

© Wydawnictwo PROLOG

PARA ROKU (lekcja 2)

kobiety:

1. Michelle 36 lat, Francuzka, nauczycielka języka francuskiego	**2. Mijoko** 43 lata, imigrantka z Japonii, malarka	**3. Krysia** 58 lat, Polka, polityk	**4. Jane** 67 lat, Amerykanka, była aktorka

mężczyźni:

1. Millat 39 lat, imigrant z Indii, kelner	**2. Karol** 40 lat, biznesmen z Poznania	**3. Winston** 53 lata, Anglik, mechanik samochodowy	**4. Iwan** 75 lat, Rosjanin, genetyk

pytania:

1. Pierwsze spotkanie.
2. Pierwsza randka.
3. Decyzja o ślubie.
4. Ślub.
5. Praca.
6. Dzieci.
7. Mieszkanie.
8. Ważne wydarzenia.
9. Choroby.
10. Dlaczego zdecydowali się (zdecydowaliście się) wziąć udział w konkursie?

Tę stronę można kopiować.
© A. Dixon, A. Jasińska, *PO POLSKU 2* © Wydawnictwo PROLOG

ROZSYPANKA (lekcja 2)

ja	**PÓJŚĆ**	***do szkoły***	*WCZORAJ*
ty	**IŚĆ**	***tą drogą***	*PRZEDWCZORAJ*
on	**CHODZIĆ**	***na grzyby***	*KIEDYŚ CZĘSTO*
ona	**JECHAĆ**	***w foteliku***	*SAMOCHODEM*
ono	**POJECHAĆ**	***na wycieczkę***	*TYDZIEŃ TEMU*
my	**POJECHAĆ**	***na rowerze***	*W ZESZŁYM ROKU*
wy	**BIEGAĆ**	***po parku***	*REGULARNIE*
oni	**POBIEC**	***na pociąg***	*SZYBKO*
one	**LATAĆ**	***na pociąg***	*BALONEM*
one	**POLECIEĆ**	***do Kanady***	*SAMOLOTEM*

© A. Dixon, A. Jasińska, *PO POLSKU 2*
© Wydawnictwo PROLOG

TEKSTY nagrań

mp3 05 **1f Proszę wysłuchać wypowiedzi sześciu osób i zaznaczyć, co słyszymy.**

1. Urodził się w pięćdziesiątym drugim.
2. Dzień dobry Państwu, jest dwunasta.
3. Muszę kupić dwanaście róż.
4. Moja mama? Ma pięćdziesiąt sześć lat.
5. Od szesnastego do osiemnastego jest na urlopie.
6. W tysiąc dziewięćset... no, nie wiem, zapomniałam.

mp3 06 **2f Proszę wysłuchać wypowiedzi ośmiu osób. W których wypowiedziach słyszymy entuzjazm (E), a w których niezadowolenie (N)?**

1. Przeprowadziliśmy się!
2. Poznał fantastyczną dziewczynę!
3. Zarobili dużo pieniędzy.
4. A więc pobrali się!
5. Wyjechali wcześnie.
6. To ona dostała pracę.
7. Nasza sąsiadka wyprowadziła się.
8. Ożenił się w ubiegłym tygodniu!

mp3 07 **4a Pan Ryszard i pani Maria są kuzynami. Pan Ryszard od wielu lat mieszka w USA, teraz przyjechał z wizytą do swojej rodziny w Polsce. Proszę wysłuchać rozmowy pana Ryszarda z kuzynką i jej mężem Władysławem i odpowiedzieć na poniższe pytania.**

Maria: To co, napijemy się kawy?

Ryszard: Obiad był doskonały Marysiu, naprawdę, ale za kawę dziękuję, później, później...

M: No to opowiadaj, co u ciebie słychać!

Władysław: No właśnie. Pracujesz jeszcze?

R: Nie, nie, już dwa lata na emeryturze. Od roku planowałem ten wyjazd do Polski. Wiecie, Basia umarła 7 lat temu, Robert i Halinka się wyprowadzili, a ja zostałem sam.

M: To już 7 lat odkąd Basia nie żyje? A ja pamiętam wasz ślub. Ile ty miałeś lat, jak się z Basią ożeniłeś?

R: 25. Tak, tak to było 40 lat temu. Miesiąc po naszym ślubie wyjechaliśmy do Ameryki. Potem urodził się Robert.

W: A co u Roberta słychać? Jest oficerem, dobrze pamiętam?

R: Tak, tak, od ponad dwudziestu lat w armii. Ożenił się 10 lat temu z piękną dziewczyną, mają troje dzieci. Ale wiecie, jak to jest w armii, często się przeprowadzają, teraz mieszkają na Florydzie i rzadko się spotykamy.

M: A Halinka?

R: A Halinka mieszka blisko. Dzięki Bogu ułożyła sobie życie, wyszła drugi raz za mąż, za bogatego lekarza, mają córeczkę, trzy lata... Czekajcie, czekajcie, pokażę wam zdjęcie. O jest! Emilka, o ho ho, śliczna prawda? A tu obok Natan, syn z pierwszego małżeństwa, duży chłopak, za rok już idzie do college'u.

M: Jak ten czas leci... No Rysiu, my Natanka bardzo dobrze pamiętamy!

R: Prawda! Halinka z Natanem byli u was w Polsce na wakacjach, ale to było już dawno temu...

W: 12 lat temu, tak, 12. Pamiętam, bo Robert wtedy jeszcze nie był żonaty i Halinka opowiadała, że ty i Basia chcielibyście, żeby się wreszcie ożenił.

M: Mój Boże, jak ten czas leci... No nic, pójdę zrobić kawy, napijecie się? Mam pyszny sernik.

R: Z przyjemnością Marysiu, z przyjemnością.

DVD 2 **4b Proszę posłuchać jeszcze raz lub obejrzeć film i zaznaczyć, której z wymienionych osób dotyczą podane informacje.**

Maria: To co, napijemy się kawy?

Ryszard: Obiad był doskonały Marysiu, naprawdę, ale za kawę dziękuję, później, później...

M: No to opowiadaj, co u ciebie słychać?

Władysław: No właśnie. Pracujesz jeszcze?

R: Nie, nie już dwa lata na emeryturze. Od roku planowałem ten wyjazd do Polski. Wiecie, Basia umarła 7 lat temu, Robert i Halinka się wyprowadzili, a ja zostałem sam.

M: To już 7 lat, jak Basia umarła. A ja pamiętam wasz ślub. Ile ty miałeś lat, kiedy się z Basią żeniłeś?

R: 25. Tak, to było 40 lat temu. Miesiąc później wyjechaliśmy do Ameryki, a potem urodził się Robert.

W: A co u Roberta słychać? Jest oficerem, dobrze pamiętam?

R: Tak, tak, od ponad dwudziestu lat w armii. Ożenił się 10 lat temu z piękną dziewczyną, mają troje dzieci. Ale wiecie, jak to jest w armii, często się przeprowadzają, teraz mieszkają na Florydzie i rzadko się spotykamy.

M: A Halinka?

R: A Halinka mieszka blisko. Dzięki Bogu ułożyła sobie życie, wyszła drugi raz za mąż, za bogatego lekarza, mają córeczkę, trzy lata... Czekajcie, czekajcie, pokażę wam zdjęcie. O jest! Emilka, śliczna, prawda? A tu obok Natan, syn z pierwszego małżeństwa, duży chłopak, za rok już idzie do college'u.

M: Jak ten czas leci... No Rysiu, my Natanka bardzo dobrze pamiętamy!

R: Prawda! Halinka z Natanem byli u was w Polsce na wakacjach, ale to już było dawno temu...

W: 12 lat temu, tak, 12. Pamiętam, bo Robert jeszcze wtedy nie był żonaty i Halinka opowiadała, że ty i Basia chcielibyście, żeby się wreszcie ożenił.

M: Mój Boże, jak ten czas leci... No nic, pójdę zrobić kawy, napijecie się? Mam pyszny sernik.

R: Z przyjemnością Marysiu, z przyjemnością.

mp3 08 **5d Proszę posłuchać wypowiedzi ośmiu osób. Kim są z zawodu, skąd pochodzą i jaki jest ich stan cywilny? Proszę wpisać odpowiedzi do rubryk.**

1. Mam na imię Dominik. Urodziłem się 23.09.1982 roku. Moja praca i pasja to komputery, piszę programy, projektuję strony internetowe. Ludzie w moim kraju jedzą dużo serów i bardzo lubią wino. Mam dziewczynę i chcemy pobrać się w przyszłym roku.
2. Na imię mi Juanita. Urodziłam się 12.12.1970 roku. Zajmuję się chorymi dziećmi, leczę je. Pracuję w szpitalu. Mój kraj sąsiaduje ze Stanami Zjednoczonymi Ameryki. Ludzie mówią tu po hiszpańsku. Mamy wspaniałą kuchnię. Kiedyś mieszkał w moim kraju znany dramaturg polski – Sławomir Mrożek. Mam męża i dwoje dzieci.

3. Jestem Ramon. Urodziłem się 3.11.1950 roku. Od dziecka lubiłem czytać i chciałem zostać pisarzem. Tak się jednak nie stało. Mój zawód jest jednak związany z literaturą, piszę o książkach dobrych i złych. Mój kraj jest bardzo stary i znany. Nawet Napoleon oglądał nasze wspaniałe piramidy. Moja żona już nie żyje. Od 5 lat mieszkam sam i bardzo za nią tęsknię.
4. Mam na imię Żanka. Urodziłam się 13.08.1985 roku. Interesuję się modą i doradzam ludziom, jak powinni się ubierać, jaką nosić fryzurę. Mój kraj sąsiaduje z Polską. Co roku, w zimie, wielu turystów przyjeżdża w nasze piękne Tatry. Nie mam chłopaka.
5. Na imię mi Walter. Urodziłem się 10.03.1973 roku. Pracuję w gazecie. Piszę artykuły, czasem podróżuję po świecie i robię zdjęcia do kolorowych magazynów. W moim kraju narodził się walc. Mamy słynną operę w naszej stolicy. Mówimy po niemiecku z charakterystycznym akcentem. Mam żonę i dwie córki.
6. Jestem John. Urodziłem się 18.10.1968 roku. Projektuję domy i biura. Interesuję się historią sztuki. Ludzie w moim kraju lubią się bawić i pić piwo. Tutaj rozgrywa się akcja słynnej powieści *Ulisses*. Miałem żonę, ale dwa lata temu rozwiedliśmy się. Teraz ona ma nowego męża.
7. Na imię mi Eva. Urodziłam się 5.02.1980 roku. Kiedy byłam małą dziewczynką postanowiłam, że będę śpiewać całe życie. Mam swój zespół, gramy rocka. W moim kraju można legalnie palić marihuanę. Jest tu bardzo bezpiecznie. Kochamy kwiaty – przede wszystkim tulipany. Miałam już dwóch mężów. Ale teraz jestem sama.
8. Mam na imię Anna. Urodziłam się 30.12.1945 roku. Pracowałam na uniwersytecie i w klinice. Zajmowałam się chorymi ludźmi, leczyłam ich dusze i psychikę. Teraz już nie pracuję. W moim kraju ludzie są gościnni. Mamy dużo lasów, mieszkają w nich nawet żubry, na północy mamy bardzo zimne morze. Mój mąż umarł 20 lat temu. Nie wyszłam po raz drugi za mąż.

KLUCZ do ćwiczeń

1e

28.06.1914 – zamach w Sarajewie – zabójstwo Arcyksięcia Ferdynanda
11.11.1918 – odzyskanie niepodległości przez Polskę
29.10.1929 – „czarny wtorek" – krach na giełdzie w Nowym Jorku
1.09.1939 – wybuch II wojny światowej
8.05.1945 – zakończenie II wojny światowej
21.08.1968 – „Praska wiosna" – interwencja wojsk Układu Warszawskiego w Pradze
13.12.1981 – wprowadzenie stanu wojennego w Polsce
9.11.1989 – upadek Muru Berlińskiego
11.09.2001 – atak terrorystyczny na Nowy Jork

mp3 05 **1f**

liczebnik główny: 3, 4
liczebnik porządkowy: 1, 2, 5, 6

2a

12.04.1910 – urodził się dziadek, 1939 – dziadek Antoni wrócił ze stypendium we Francji i ożenił się z Marią, 1939 – wybuchła wojna, 1939–1945 – dziadkowie mieszkali w Warszawie, 8.05.1945 – skończyła się wojna, Maria urodziła córkę, 1963 – mama zaczęła studiować polonistykę, 1970 – rodzice pobrali się, 1981 – zaczął się stan wojenny, 8.05.1982 – urodziła się bohaterka historii

2b

antonimy: urodzić się – umrzeć,
synonimy: wyjść za mąż – ożenić się
różne znaczenia: urodzić się – urodzić dziecko, wyprowadzić się – przeprowadzić się

2c

1. Dziadek studiował we Francji.
2. Matka babci miała dwóch mężów.
3. Babcia poznała dziadka, kiedy pracowała w kancelarii adwokackiej.
4. W czasie okupacji dziadkowie mieszkali w Warszawie.
5. Babcia i mama wyprowadziły się do Krakowa, kiedy zmarł dziadek.
6. Babcia i mama miały trudną sytuację materialną.
7. Matka i ojciec interesowali się polityką.
8. Brat pracuje na własny rachunek.

3a

a. niedokonany, b. dokonany, c. tylko niedokonany na tym poziomie, d. tylko niedokonany na tym poziomie, e. niedokonany

3b

wyrażenia czasowe w czasie przeszłym, aspekt niedokonany: zwykle, od czasu do czasu, od poniedziałku do piątku, długo, dawniej, raz dziennie, co godzinę, raz na rok, przez cały tydzień, od czwartej do szóstej, codziennie, co miesiąc
wyrażenia czasowe w czasie przeszłym, aspekt dokonany: nagle, w pewnym momencie, w końcu, wreszcie, nareszcie, w pewnej chwili, pewnego razu, pewnego dnia

3c

2. pewnego dnia, 3. pewnego razu, 4. często, 5. długo, 6. Wreszcie, 7. Dawniej, 8. Wczoraj, 9. nareszcie, 10. Dwa lata temu, 11. Co dwa dni, 12. W pewnej chwili

3d

1. przeczytałam, 2. pisali, napisałem, 3. zrobiła, robiła, 4. poznaliśmy się, poznawaliśmy, 5. kupowałem, 6. kupiłem

3e

1. poznała, 2. przeprowadziliśmy się, 3. zamieszkaliśmy, 4. uczył się, 5. brał, 6. zacząłem, 7. wyjechaliśmy, 8. mieszkaliśmy, 9. kupili, 10. przeprowadzaliśmy się, 11. zmieniałem, 12. zaczynałem, 13. wyjeżdżać, 14. zamieszkaliśmy, 15. poznałem, 16. zobaczyłem, 17. zakochałem, 18. spotkaliśmy się, 19. zaczęliśmy, 20. przeprowadzili się, 21. spotykaliśmy się, 22. uczyliśmy się, 23. zrobić, 24. wyjechać, 25. odwiedzaliśmy / odwiedziliśmy, 26. poznaliśmy, 27. wróciliśmy

mp3 07 **4a**

1. od 40 lat
2. żoną Ryszarda
3. dwoje

DVD 2 **4b**

1. Basia, 2. Ryszard, 3. Robert, 4. Halina, 5. Robert, 6. Robert, 7. Halina, 8. Halina, Ryszard 9. Robert, 10. Haliny, 11. Halina, 12. Halina, 13. Ryszard

4c

2. b, 3. c, 4. a

mp3 08 **5d**

imię	data urodzenia	kraj	stan cywilny	zawód
Dominik	23.09.1982	Francja	kawaler	informatyk
Juanita	12.12.1970	Meksyk	mężatka	lekarka
Ramon	03.11.1950	Egipt	wdowiec	krytyk
Żanka	13.08.1985	Słowacja	panna	stylistka
Walter	10.03.1973	Austria	żonaty	dziennikarz
John	18.10.1968	Irlandia	rozwiedziony	architekt
Eva	05.02.1980	Holandia	rozwiedziona	piosenkarka
Anna	30.12.1945	Polska	wdowa	psychiatra

6a

1. Henryk Sienkiewicz, 2. Maria Skłodowska-Curie, 3. Wisława Szymborska, 4. Czesław Miłosz, 5. Lech Wałęsa, 6. Olga Tokarczuk

NOTATKI
nauczyciela

lekcja 3

Praca

Cele i sytuacje komunikacyjne
- opowiadanie o pracy
- wyrażanie opinii na temat pracy
- dyskusja
- formułowanie uogólnień
- **powtórzenie:** wyrażanie relacji czasowych

Słownictwo
- praca, czas pracy, zarobki, urlop, warunki pracy
- **powtórzenie:** godziny, pory dnia

Gramatyka i składnia
- liczba mnoga rzeczowników i zaimków męskoosobowych
- **powtórzenie:** wybrane wyrażenia czasowe
- użycie niektórych spójników *a, i, ani, lecz, jednak, ale*
- zaimki *każdy, wszyscy*

Rozumienie ze słuchu
- film: *Poszukiwanie pracy i rozmowa kwalifikacyjna*
- pojedyncze wypowiedzi na temat pracy; fragment audycji radiowej *Na głos* z opiniami na temat poszczególnych zawodów

Rozumienie tekstów pisanych
- *O swojej pracy opowiedzieli*; psychozabawa *Czy praca daje ci satysfakcję?*, opis klasyfikacji zawodów

Mówienie
- opisywanie warunków pracy, wyrażanie opinii na temat pracy

Pisanie
- CV

Proponujemy przy większości ćwiczeń pracę w grupach. O ich liczebności i składzie decyduje nauczyciel bądź sami studenci (w zależności od indywidualnych potrzeb).

1

Rozgrzewka językowa to ćwiczenie z obrazkami przedstawiającymi osoby wykonujące różne zawody. Studenci mogą tworzyć pewne hipotezy o tym, czym zajmują się te osoby. Warto zastosować tu zwroty użyte w tekście zamieszczonym w ćwiczeniu 2a.

2a

Tekst mówi o czterech osobach prowadzących aktywne życie zawodowe. Proponujemy podzielenie studentów na cztery grupy. Każda z grup czyta tylko jeden fragment. Analizuje go we własnym zakresie pod względem słownikowym (korzystając ze słownika, jeżeli to konieczne. Warto jednak, by studenci wymieniali się informacjami dotyczącymi nieznanych słów – po polsku, oczywiście). Następnie każda z grup przedstawia swojego bohatera.

3a

Ćwiczenie to jest wprowadzeniem do omówienia materiału gramatycznego. Studenci najpierw zapoznają się z formami rzeczowników męskoosobowych, a następnie z regułą podaną w tabeli gramatycznej pod ćwiczeniem 3c. Proponujemy, by zasugerować studentom samodzielne dojście do reguły.

3c

Tu należy zwrócić uwagę na fakt, że formy w narzędniku liczby mnogiej tworzone są od tematu liczby pojedynczej.

POWTÓRZENIE MATERIAŁU

Jeżeli jest to konieczne, to należy przypomnieć nazwy zawodów (m.in. lekcja 3, PO POLSKU 1).

PODPOWIEDZI I ROZWIĄZANIA ALTERNATYWNE **2b**

Przed wykonaniem zadania nauczyciel może podzielić uczestników na 4 grupy. Każda grupa wypisuje informacje dotyczące tylko jednej z wypowiadających się osób, a następnie odczytuje je pozostałym uczestnikom.

3a

Przed wykonaniem zadania nauczyciel może polecić studentom, aby zapoznali się z zawodami z każdej listy, zdecydowali, dlaczego zostały tak a nie inaczej pogrupowane, a następnie podali cechy wspólne dla zawodów z każdej grupy.

4b

Zadanie umożliwia wykorzystanie poznanego słownictwa do zbudowania wypowiedzi ustnej lub pisemnej. Student może utworzyć opowiadanie / tekst narracyjny na temat przedstawiony na ilustracjach.

Proponujemy też alternatywne wykorzystanie podanych ilustracji. Studenci mogą wybrać jedną z nich i zbudować autonomiczne historie, które nie muszą mieć związku z pozostałymi obrazkami. Warto wykorzystać fakt, że w lekcji poprzedniej studenci mieli możliwość utrwalania aspektu dokonanego i niedokonanego, co pozwoli im tworzyć historie w czasie przeszłym.

4c **4d** DVD 3

Przed obejrzeniem filmu proszę odpowiedzieć na pytania:

1. Jakie są pana / pani mocne strony?
2. Czy są one pomocne w życiu codziennym?
3. Czy mogą być pomocne w rozmowie o pracę?
4. Czy brał pan / brała pani kiedyś udział w rozmowie o pracę, po której czuł pan / czuła pani, że popełnił pan / popełniła pani błąd? Jaki to był błąd?
5. Czego NA PEWNO nie można powiedzieć podczas rozmowy o pracę?
6. O co, pana / pani zdaniem NIE MOŻE zapytać przyszły pracodawca?

4g

Dobrym uzupełnieniem tego ćwiczenia jest minidyskusja na temat podjęty na początku lekcji. Np. „Jak myślisz, jakie są plusy i minusy pracy pielęgniarki i analityka finansowego? Jak wygląda ich dzień pracy? Na jakie wynagrodzenie mogą liczyć? Czy myślisz, że przedstawione osoby lubią swoją pracę?". Będzie to dobrym zamknięciem tematu.

5a

Po wykonaniu zadania nauczyciel może polecić studentom, aby w grupach przygotowali krótki quiz pod tytułem „Czy jesteś dobrym pracownikiem?". Uwaga, musi zostać podana punktacja! Następnie studenci wymieniają się między sobą przygotowanymi pytaniami i odpowiadają na nie. Na końcu każda z grup podlicza zdobyte punkty.

PROPOZYCJA ZADANIA DOMOWEGO

Prosimy polecić studentom opisanie swojego zawodu. Jeżeli studenci jeszcze nie pracują, mogą opisać zawód, który chcieliby wykonywać w przyszłości. Powinny znaleźć się tam następujące elementy:

– Ile godzin dziennie Pan / Pani pracuje / będzie pracować?

– Czy pracuje / będzie pracować Pan / Pani na etacie, czy na własny rachunek?

– Co jest dla Pana / Pani ważniejsze: zarobki czy satysfakcja z pracy?

– Jakie są / mogą być plusy i minusy Pana / Pani (przyszłej) pracy?

MATERIAŁY DODATKOWE

Gra ZGADYWANKA

Opis gry

OPOWIADANIE O PRACY

Nauczyciel rozdaje w parach komplety wyciętych karteczek. Studenci odwracają je zadrukowaną stroną do spodu, następnie kolejno biorą po jednej kartce i odwracają. Kto pierwszy poda nazwę zawodu, z którym związany jest przedmiot na rysunku, ten zabiera kartkę. Wygrywa student, który zbierze najwięcej karteczek.

Uwaga! Niektóre rysunki mogą dotyczyć różnych zawodów, np. przy rysunku przedstawiającym fortepian można podać zawód muzyka, kompozytora, pianisty. Nauczyciel powinien uznać każdą z tych odpowiedzi, ale nie można podać dwukrotnie tego samego zawodu.

Przykład:

Student 1 odwraca kartkę – **instrument muzyczny** – *muzyk* (*pianista, kompozytor, ...*)

Gra PRACODAWCY I BEZROBOTNI

Opis gry

OPISYWANIE WARUNKÓW PRACY, WYRAŻANIE OPINII NA TEMAT PRACY

Nauczyciel dzieli studentów na 2 grupy: pracodawców i bezrobotnych. Każdy uczestnik dostaje formularz, który następnie wypełnia. Po wykonaniu zadania pracodawcy siadają przy stołach, a bezrobotni wstają i podchodzą kolejno lub według własnego uznania do pracodawców. Ich celem jest znalezienie odpowiedniej pracy, a celem pracodawców jest nie tylko znalezienie najlepszego kandydata, ale też zatrudnienie jak największej liczby pracowników odpowiednich dla firmy. Pracodawcy zadają pytania dotyczące kwalifikacji, doświadczenia zawodowego i oczekiwań, a następnie składają (lub nie) ofertę. Bezrobotni pytają o warunki pracy i wynagrodzenie, a następnie zgadzają się (lub nie) przyjąć przedstawioną ofertę. Pracodawcy i bezrobotni mogą rozmawiać ze sobą kilkakrotnie i negocjować. Wygrywa pracodawca, który zatrudni najwięcej osób i bezrobotny, który otrzymał najwięcej ofert pracy.

Przykład:

Formularz pracodawcy

Firma: szkoła językowa

Przykładowe pytania do pracownika:

1. Jakie ma Pan / Pani kwalifikacje?
2. Jakie ma Pan / Pani doświadczenie zawodowe?
3. Jakie Pan / Pani zna języki?
4. Ile Pan / Pani ma lat?
5. Czy ma Pan / Pani rodzinę?
6. Czy gra Pan / Pani na gitarze?
7. Czy umie Pan / Pani prowadzić samochód?
8. Czy Pan / Pani pali?

Formularz bezrobotnego

Kwalifikacje: księgowa

Doświadczenie: 23 lata

Inne umiejętności: znajomość angielskiego

Wiek: 50 lat

Oczekiwania wobec firmy:

Wynagrodzenie:

Czas pracy: 8 godzin

Warunki pracy: urlop 2 razy w roku

Inne oczekiwania: samodzielna praca, ubezpieczenie

Gra DEFINICJE

Opis gry

DEFINIOWANIE. LICZBA MNOGA RZECZOWNIKÓW MĘSKOOSOBOWYCH

Tę grę można wprowadzić po wykonaniu ćwiczenia 5b. Pozwala ona wyćwiczyć umiejętność definiowania, a także utrwalić niektóre formy liczby mnogiej rzeczowników męskoosobowych.

Nauczyciel dzieli uczestników na małe grupy, a następnie rozdaje im komplety kartek. Studenci odwracają karteczki, po czym kolejno je losują. Zadaniem studenta, który wylosował karteczkę, jest zdefiniowanie zapisanego wyrazu (wyrażenia) bez użycia słów (ani wyrazów pochodnych), które znajdują się na kartce, podczas gdy inni odgadują hasło. Ten, kto odgadnie hasło jako pierwszy, zabiera karteczkę. Wygrywa student, który zbierze najwięcej karteczek.

Przykład:

Student 1 losuje kartkę i definiuje słowo.

WYNAGRODZENIE

PIENIĄDZE

MIESIĄC

PENSJA

ZARABIAĆ

Kiedy pracuję, dostaję to od szefa regularnie i mogę wtedy iść na zakupy.

Gra ROZSYPANKA

Opis gry

LICZBA MNOGA LICZBA MNOGA W RODZAJU ŻEŃSKIM I MĘSKOOSOBOWYM

Nauczyciel rozdaje w grupach komplety karteczek, na których znajdują się przymiotniki i rzeczowniki i prosi ich o dopasowanie z uwzględnieniem formy gramatycznej / rodzaju. Wygrywa grupa, która najszybciej je dopasuje.

NOTATKI nauczyciela

ZGADYWANKA (lekcja 3)

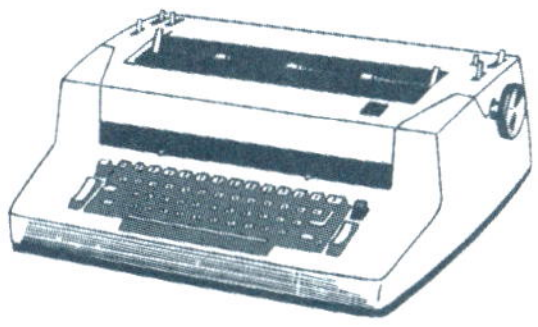
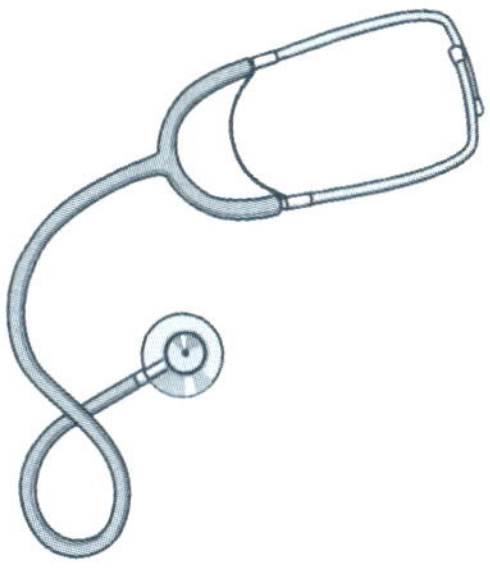
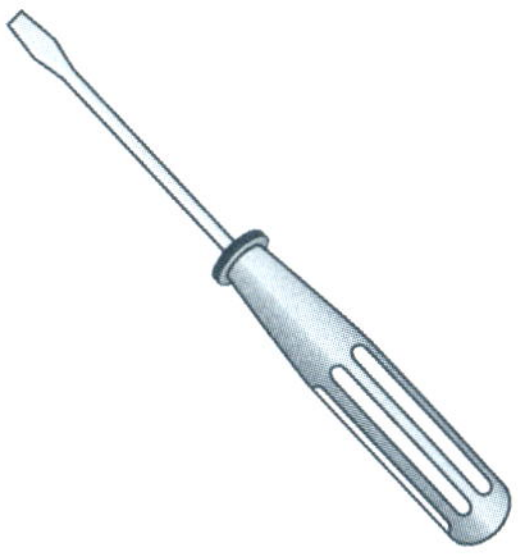

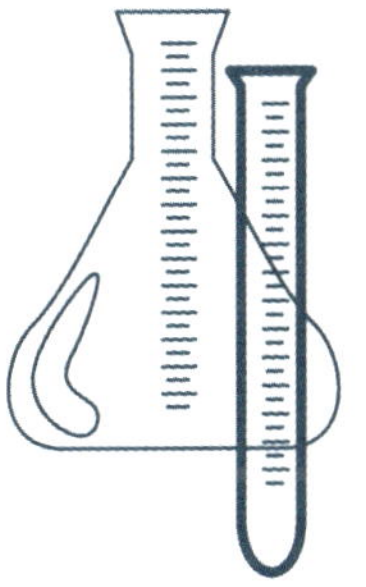

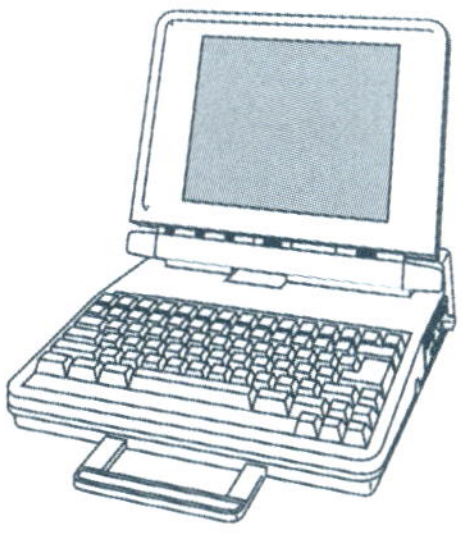

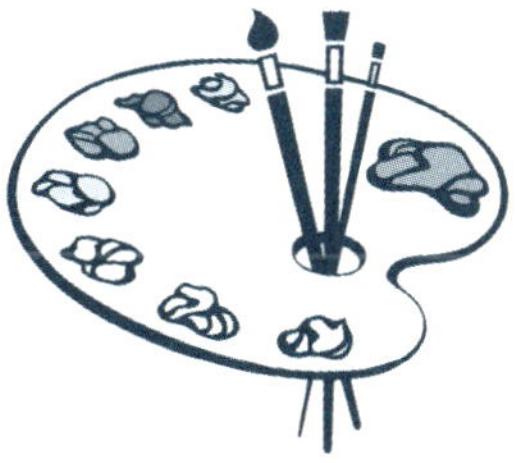

Tę stronę można kopiować.

© A. Dixon, A. Jasińska, *PO POLSKU 2*

© Wydawnictwo PROLOG

FORMULARZ PRACODAWCY

Firma:

Pytania do pracownika:

FORMULARZ BEZROBOTNEGO

Kwalifikacje:

Doświadczenie zawodowe:

Inne umiejętności:

Wiek:

Oczekiwania wobec firmy:

Wynagrodzenie:

Czas pracy:

Warunki pracy:

Inne oczekiwania:

DEFINICJE (lekcja 3)

PRACOWAĆ NA WŁASNY RACHUNEK FIRMA ETAT PRACOWAĆ	**LEKARZE** SZPITAL MEDYCYNA PACJENT CHIRURG	**ZARABIAĆ** PIENIĄDZE WYNAGRODZENIE PENSJA MIESIĄC	**BEZROBOTNY** SZUKAĆ PRACA
TAKSÓWKARZ JEŹDZIĆ SAMOCHÓD PASAŻER	**UBEZPIECZENIE** LEKARZ CHORY	**URLOP** PRACOWAĆ WAKACJE PODRÓŻOWAĆ	**PISARZE** AUTOR KSIĄŻKA PISAĆ
KSIĘŻA KOŚCIÓŁ MSZA KATOLIK	**BIZNESMENI** FIRMA PIENIĄDZE KONTRAKT ETAT	**PENSJA** WYNAGRODZENIE PRACOWAĆ MIESIĄC ZARABIAĆ	**ZWOLNIĆ** PRACOWAĆ BEZROBOTNY
ZATRUDNIĆ SZUKAĆ FIRMA SZEF PRACOWAĆ	**INFORMATYCY** KOMPUTER PROGRAM INTERNET	**MALARZE** MALOWAĆ OBRAZ ARTYSTA VAN GOGH	**MONOTONNY** NUDNY CIEKAWY INTERESUJĄCY

© A. Dixon, A. Jasińska, *PO POLSKU 2*
© Wydawnictwo PROLOG

ROZSYPANKA (lekcja 3)

CELEBRYCI	LEKARKI	VLOGERZY	LEKARZE
KSIĘŻA	VLOGERKI	POSŁANKI	CELEBRYTKI
POSŁOWIE	ZAKONNICE	POPULARNE	LEWICOWE
BOGACI	SKROMNE	POPULARNI	SPRAWIEDLIWE
ULUBIONE	SŁAWNI	DOŚWIADCZENI	PRAWICOWI

© A. Dixon, A. Jasińska, *PO POLSKU 2*
© Wydawnictwo PROLOG

TEKSTY nagrań

mp3 09 **2e Proszę posłuchać wypowiedzi trzech osób i porównać swoją wersję ćwiczenia 2d z nagraniem.**

1. Studiuję prawo, ponieważ chcę być adwokatem. Praca adwokata na pewno jest stresująca, ale daje dużo satysfakcji i oczywiście gwarantuje wysokie zarobki. Chcę mieć własną kancelarię w moim mieście. Uważam, że to dobry zawód.
2. Ludzie myślą, że zawód nauczyciela jest łatwy i przyjemny, ale to nieprawda. Moja praca jest odpowiedzialna i nie zawsze daje satysfakcję, to zależy od uczniów. To fakt, mam dwa miesiące wakacji i ferie, ale moje zarobki nie są wysokie i muszę pracować wieczorami w domu.
3. Praca fryzjerki na pewno nie jest monotonna. W mojej pracy mam kontakt z ludźmi, często z nimi rozmawiam, a oni mnie lubią. Moja praca daje mi satysfakcję, chociaż nie zarabiam dużo.

mp3 10 **3b Proszę posłuchać informacji o grupach zawodów i podać kolejność, w jakiej są przedstawiane.**

mp3 10 **3c Proszę posłuchać po raz drugi nagrania i zanotować cechy wspólne dla zawodów z list.**

1. Ci ludzie są artystami. Zarabiają bardzo dużo pieniędzy, są popularni i znani na całym świecie. Są aktywni w mediach, szczególnie w telewizji i w radiu.
2. Ich praca jest ciężka, ale nie zarabiają dużo pieniędzy. Nie muszą mieć wysokich kwalifikacji ani studiów. Ich praca jest ważna dla całego społeczeństwa, często trudno bez nich żyć.
3. Ich praca to misja. Jest bardzo odpowiedzialna i trudna. Muszą długo się uczyć i mieć pewne predyspozycje do tej pracy. Mają bardzo duży prestiż społeczny.
4. Ich praca jest prestiżowa, ale przede wszystkim elitarna. Są artystami, ale nie zawsze są popularni. Aby odnieść sukces nie muszą koniecznie studiować, muszą jednak mieć talent.
5. Ich studia są długie i trudne, aby pracować muszą znać wiele reguł i procedur. Ci ludzie często są elitą finansową w kraju, muszą jednak być naprawdę kompetentni. Ich praca ma często charakter praktyczny, ale nieraz decydują o życiu innych ludzi.

DVD 3 **4c Proszę obejrzeć nagranie, a następnie wymienić z kolegą / koleżanką opinie na temat kandydatów. Proszę skorzystać z pytań pomocniczych.**

DVD 3 **4d Proszę ponownie obejrzeć nagranie i zaznaczyć, który z kandydatów wypowiada poniższe stwierdzenia.**

SCENA 1

Rekruter 2: Dzień dobry, proszę usiąść, napije się pan czegoś?
Kandydat 1: Dziękuję, tak chętnie napiję się zielonej herbaty.
Rekruter 1: Zielonej? Hmm, obawiam się, że nie mamy...
K1: Może być mięta.
R1: Mogę zaproponować tylko czarną herbatę, niestety.
K1: Może być kawa, podwójne espresso proszę.
R2: Czy udało się panu trafić bez problemu do naszego biura?
K1: Koszmar, nie wiedziałem, że to tak daleko od centrum, musiałem wziąć taksówkę, żeby być na czas.
R2: Cieszymy się, że pan jednak dotarł. Jak dowiedział się pan o ofercie pracy i co pana skłoniło do wysłania aplikacji?
K1: Mój wujek jest tutaj księgowym, Czarnecki. Mówił, żebym się zgłosił, bo dobrze płacicie.
R1: O?! Wspaniała rekomendacja.
R1: Nie smakuje panu kawa?
K1: Piłem lepszą. No umówmy się, Starbucks to to nie jest, he, he, he.
R2: Zaaplikował pan o pracę w biurze obsługi klienta. Proszę opowiedzieć, jakie ma pan doświadczenie w tym zakresie.
K1: Wszystko jest w CV, mam powtórzyć?
R1: Tak, prosimy.
K1: No więc skończyłem studia dwa lata temu, zarządzanie i marketing na Akademii Ekonomicznej i od tej pory pracowałem w sześciu firmach w dziale obsługi klienta. Jednak mam większe aspiracje niż rozmawiać z klientami przez telefon. Mam zdolności menedżerskie i w przyszłości zamierzam być dyrektorem generalnym dużej spółki.
R2: Pracował pan w sześciu firmach w ciągu dwóch lat, proszę powiedzieć, dlaczego tak często zmieniał pan pracę?
K1: Wie pani jak trudno jest trafić na odpowiedniego szefa? Pierwszy szef był bardzo arogancki, traktował mnie jak osobistą sekretarkę, musiałem robić ksero dokumentów. Nie po to studiowałem, żeby kserować papiery, proszę pani. Moja druga szefowa była miła, ale niezbyt inteligentna. Ja, proszę pani, chcę się uczyć od szefa, a nie tłumaczyć podstawy marketingu. W kolejnych firmach ludzie byli nieciekawi, bardzo niekoleżeńscy. Egoiści. Spotykali się po pracy, a mnie nie zapraszali. A firma, w której pracuję teraz jest bardzo dobra, ale mam niską pensję i bonus od transakcji. Moje wynagrodzenie zależy od tego, czy klienci mnie lubią, a ja, proszę pani, nie jestem małpą w cyrku, żeby klienci mnie lubili.
R2: Hmm, bardzo ciekawa ścieżka zawodowa. A jak opisze pan siebie, swoje mocne i słabe strony.
K1: Jestem osobą otwartą, bezkonfliktową, przyjacielską. Mam bardzo dobry kontakt z ludźmi. Klienci i koledzy w pracy mnie lubią. Jestem osobą bezproblemową. A moją największą wadą jest to, że hmm... jestem czasem zbyt sympatyczny.

SCENA 2

R2: Dzień dobry, proszę usiąść, napije się pani czegoś?
Kandydat 2: Dziękuję, tak wody.
R2: Czy udało się pani trafić bez problemu do naszego biura?
K2: Tak, przyjechałam na rowerze, świetna trasa z centrum przez park. Naprawdę szybko i bezpiecznie.
R2: Zaaplikowała pani o pracę w biurze obsługi klienta. Proszę opowiedzieć, jakie ma pani doświadczenie w tym zakresie.
K2: Prawdę mówiąc niewielkie. Studiuję wieczorowo cybernetykę, do tej pory pracowałam głównie w pubach, barach wegetariańskich oraz na targach książek i gier, gdzie prowadziłam stoisko z mangą. Mam dobry kontakt z ludźmi.
R1: Nasza firma trochę różni się od tego, co pani opisała, działamy na rynku finansowym. Zastanawiam się, jak pani siebie widzi w tym sektorze.
K2: Słyszałam, że jesteście zainteresowani robotyką i wprowadzeniem na rynek bankowy oprogramowania, które systema-

tyzuje operacje periodyczne. To jest bardzo ciekawe, myślę, że może zainteresować startupy.

R2: Sporo pani o nas wie! A proszę powiedzieć coś o sobie, jakie są pani mocne i słabe strony?

K2: Moją mocną stroną jest ciekawość świata i energia. Lubię wyzwania, potrafię pracować ciężko, dobrze radzę sobie ze stresem. Słabą stroną jest organizacja pracy, ale między innymi dlatego chcę pracować w korporacji, żeby się tego nauczyć.

R1: Dziękujemy za szczerość.

lekcja 3

KLUCZ do ćwiczeń

2a

2. a, 3. e, 4. c, 5. f, 6. d

2d

1. stresująca, satysfakcji, zarobki, kancelarię, zawód, 2. zawód, łatwy, odpowiedzialna, satysfakcję, wakacji, zarobki, wieczorami, 3. monotonna, kontakt, satysfakcję, zarabiam

mp3 10 **3b**

3 – 2 – 5 – 1 – 4

3e

1. specjaliści, 2. technicy i inny średni personel, 3. pracownicy biurowi, 4. pracownicy usług osobistych i sprzedawcy, 5. operatorzy i monterzy maszyn i urządzeń, 6. pracownicy przy pracach prostych

3g

technik, pracownik, sprzedawca, operator, monter, parlamentarzysta, urzędnik, kierowca

3h

1. Koledzy, 2. pracownicy, 3. szefowie, 4. operatorzy, 5. Brygadziści, 6. inżynierowie, 7. pracownicy, 8. kierownicy, 9. stażyści

3i

lekarz**e**, fryzjerz**y**, sprząta**cz**ki, pisa**rz**e, za**cz**ynam, pra**c**uję, taksówkarz**e**, kelnerz**y**, wie**cz**ór, **ci**ekawy, koń**cz**ę, prowa**dz**ę

DVD 3 **4c**

1. Kandydat 2 ma większe szanse na zdobycie pracy – ma niewielkie doświadczenie, ale dużo wie na temat firmy, lubi wyzwania i potrafi pracować ciężko.

3. Kandydat 1 – wady: często zmienia pracę, jest arogancki, zbyt pewny siebie, zalety: ma ukończone studia, doświadczenie, bo pracował w wielu filmach. Kandydat 2 – wady: niewielkie doświadczenie, zalety: dużo wie na temat firmy, ciekawość świata, lubi wyzwania i ciężką pracę

DVD 3 **4d**

K1: 1, 6, 7, 9

K2: 2, 3, 4, 5, 8

NOTATKI nauczyciela

lekcja 4

Edukacja i plany na przyszłość

Cele i sytuacje komunikacyjne	• wyrażanie uczuć: nadziei, obawy, strachu, zmartwienia • wyrażanie relacji czasowych związanych z przyszłością • opowiadanie o szkole, edukacji, wykształceniu, zdobywaniu nowych umiejętności • wyrażanie warunku • **powtórzenie:** wyrażanie relacji czasowych
Słownictwo	• edukacja, szkoła, wykształcenie, kursy
Gramatyka i składnia	• tworzenie i użycie czasu przyszłego (aspekt dokonany) • okoliczniki czasu w czasie przyszłym • **powtórzenie:** tworzenie i użycie czasu przyszłego (aspekt niedokonany) • tworzenie i użycie czasu przyszłego czasowników modalnych • zdania warunkowe ze spójnikiem *jeśli / jeżeli*
Rozumienie ze słuchu	• film: *Wizyta u wróżbity* • wywiad z młodą osobą planującą swoją przyszłość; krótkie wypowiedzi dotyczące planowanych kursów i wykształcenia
Rozumienie tekstów pisanych	• *Młodzi i ich przyszłość* • oferty kursów specjalistycznych
Mówienie	• planowanie przyszłości, wyrażanie nadziei, obawy, zmartwienia
Pisanie	• opis systemu edukacji w Polsce

Proponujemy przy większości ćwiczeń pracę w grupach. O ich liczebności i składzie decyduje nauczyciel bądź sami studenci (w zależności od indywidualnych potrzeb).

POWTÓRZENIE MATERIAŁU 1a

Materiał komunikacyjny koncentruje się wokół opowiadania o swoich planach na przyszłość, a także wyrażaniu związanych z nią nadziei i obaw. Jako rozgrzewkę proponujemy dane statystyczne, dotyczące zawodów przyszłości. Studenci mają tu możliwość powtórzenia form mianownika liczby mnogiej rzeczowników męskoosobowych (patrz lekcja 2, PO POLSKU 2). Powtarzany jest również czas przyszły czasowników modalnych. Studenci muszą odpowiedzieć na pytania dotyczące danych statystycznych, używając czasu przyszłego czasowników modalnych. Sposób tworzenia tych form został zaprezentowany w lekcji 11 w PO POLSKU 1. Należy tu przypomnieć, że czasowniki modalne nie tworzą czasu przyszłego w formie bezokolicznika (np. będę móc).

1c

Zwracamy uwagę na fakt, że celem lekcji jest nie tylko opowiadanie o przyszłości, ale również wyrażanie związanych z nią nadziei i obaw. Na te zagadnienia powinno się szczególnie zwrócić uwagę przy lekturze tekstu *Młodzi i ich przyszłość*.

Lekcja podzielona jest na dwa duże bloki leksykalne – pierwszy dotyczy szkoły i wykształcenia (1 – 4), drugi kursów dodatkowych, na których rozwijamy swoje zainteresowania i hobby (5 – 6).

POWTÓRZENIE MATERIAŁU 2a 2b 2c

Stopniowo nauczyciel przypomina inne czasowniki w czasie przyszłym (patrz lekcja 11, PO POLSKU 1). Tu należy przypomnieć studentom dwa sposoby tworzenia czasu przyszłego czasowników niedokonanych: poprzez dodanie do form czasu przyszłego czasownika *być* bezokoliczników (np. *będę zdawać*) albo form 3. osoby liczby pojedynczej lub mnogiej w czasie przeszłym (np. *będę zdawał, będziemy zdawali*).

2f 2g

Czas przyszły czasowników dokonanych najlepiej wyjaśnić w sytuacjach zaproponowanych w ćwiczeniu 2f i 2g. Należy zaakcentować fakt, że chociaż trudno przewidzieć, czy dana czynność zostanie skończona, liczy się przede wszystkim intencja osoby planującej daną czynność. Jeśli dodamy do wypowiedzi zwrot *na pewno* (np. *W przyszłym roku na pewno pojadę na kurs językowy*), być może pozwoli to lepiej zrozumieć, dlaczego została tu użyta forma dokonana. Ważne jest tu użycie wyrażeń czasowych i podkreślenie, że jeżeli czynność jest jednorazowa, należy również użyć formy dokonanej (np. *za miesiąc zdam egzamin; w przyszły wtorek skończę pisać moją pracę semestralną*). Oczywiście wyrażenia te mogą być użyte również z czasownikami niedokonanymi, np.: *za miesiąc zdam egzamin, za miesiąc będę zdawał egzamin*. Nasuwa się tu jednak automatycznie wyrażenie: *przez cały dzień*, które w języku polskim wymaga formy niedokonanej. Trzeba więc pokazać studentom także takie przykłady: *W przyszłą sobotę będę przez cały dzień odpoczywał*.

PROPOZYCJA ZADANIA DOMOWEGO

Prosimy polecić studentom zrobienie ćwiczenia 4d. Można również polecić im opisanie systemu edukacji w ich kraju.

PODPOWIEDZI I ROZWIĄZANIA ALTERNATYWNE 1a

Przed wykonaniem tego ćwiczenia nauczyciel może podzielić uczestników na grupy i polecić, aby przygotowali listę zawodów, które ich zdaniem będą najpopularniejsze za 20 – 50 lat. Następnie każda grupa przedstawia swoją listę pozostałym studentom i uzasadnia swój wybór.

1d

Po wykonaniu zadania nauczyciel może rozdać w grupach uprzednio przygotowane arkusze papieru z naklejonymi fotografiami (można przygotować jeden arkusz, a następnie wykonać kserokopie). Uczestnicy dopisują w chmurkach nad fotografiami to, co myślą / mówią osoby na ilustracjach. Ważne jest, aby w ćwiczeniu wykorzystano struktury z zestawienia „wyrażanie uczuć: nadziei, obawy, strachu, pewności".

2f

Po wykonaniu ćwiczenia można wykorzystać grę ANKIETA

4a DVD 4

Proszę wyobrazić sobie, że idzie pan / pani do tarocisty. Co chciałby pan / chciałaby pani usłyszeć, a czego zdecydowanie nie. Oto propozycje:

„Będzie mieć pan dużo pieniędzy"
„Będzie pani sławna"
„Zrobi pan doktorat"
„Napisze pani bestseller"
„Zerwie pan ze swoją dziewczyną"
„Zamieszka pani ze swoim chłopakiem".

4d

Po wykonaniu ćwiczenia nauczyciel może polecić studentom, aby w grupach przygotowali podobny schemat systemu edukacji w ich kraju, a następnie przedstawili go grupie. Nauczyciel musi kontrolować pracę grup i udzielać pomocy przy tłumaczeniu niezbędnych terminów na język polski. Przy wykonywaniu tego ćwiczenia będą przydatne słowniki.

6a

Po wykonaniu ćwiczenia nauczyciel może zorganizować konkurs na najbardziej atrakcyjny / oryginalny kurs. Studenci przygotowują na dużych arkuszach papieru ogłoszenie o kursie. Ogłoszenie powinno zawierać niezbędne elementy, takie jak: podstawowe informacje, reklamę, ceny, kontakt itd. Po przygotowaniu ogłoszeń nauczyciel rozwiesza je na tablicy lub eksponuje w inny sposób tak, aby każdy uczestnik mógł się z nimi zapoznać i ocenić w skali 0 – 5 (oceny zaznaczane są na tablicy lub bezpośrednio na arkuszach papieru).

Uwaga! Do wykonania ćwiczenia będą potrzebne: arkusze papieru A3, kolorowe pisaki, nożyczki, klej i ilustrowane magazyny, z których studenci będą mogli wyciąć fotografie.

MATERIAŁY DODATKOWE

Gra ANKIETA

Opis gry

CZAS PRZYSZŁY. WYRAŻANIE RELACJI CZASOWYCH

Gra pozwala utrwalić użycie czasu przyszłego nie tylko w kontekście pracy i edukacji.

Nauczyciel rozdaje kopie ankiety. Gra może być zrealizowana na dwa sposoby:

a) w parach

b) w grupie

Studenci zadają sobie wzajemnie pytania zawarte w ankiecie.

Gra WYWIAD

Opis gry

WYRAŻANIE PRZYSZŁOŚCI. OPOWIADANIE O SZKOLE, EDUKACJI, WYKSZTAŁCENIU, ZDOBYWANIU NOWYCH UMIEJĘTNOŚCI. WYRAŻANIE WARUNKU, OBAWY I NADZIEI

Gra daje możliwość utrwalenia czasu przyszłego oraz słownictwa związanego z edukacją i wykształceniem. Studenci mogą też wyrażać swoje obawy i nadzieje związane z przyszłością.

Nauczyciel dzieli studentów na 2 grupy: udzielających wywiadu i przeprowadzających go dziennikarzy. Udzielający wywiadu losują role, a następnie wypełniają formularz. Dziennikarze przygotowują pytania, potem w parach przeprowadzają wywiad (może to odbywać się jednocześnie w parach lub na forum grupy. Decyduje o tym nauczyciel).

Gra KARTECZKI

Opis gry

CZAS PRZYSZŁY. WYRAŻANIE WARUNKU. WYRAŻANIE OBAWY I NADZIEI

Gra ma charakter kompleksowego powtórzenia materiału komunikacyjnego, gramatycznego i słownikowego.

Praca w parach lub w grupach. Nauczyciel rozdaje komplety wyciętych karteczek, studenci odwracają je zapisaną stroną do spodu, a następnie kolejno biorą kartki i odpowiadają na pytania. Jeśli udzielona odpowiedź jest poprawna, zatrzymują kartkę dla siebie, jeśli nie – wkładają ją pod spód.

Gra ZGADYWANKA

Opis gry

WYRAŻANIE OBAWY, ZMARTWIENIA, NADZIEI, RADOŚCI

Nauczyciel rozdaje w parach komplety wyciętych karteczek. Studenci odwracają je zadrukowaną stroną do spodu, następnie kolejno biorą po jednej kartce i odwracają. Kto pierwszy opisze stan emocjonalny odpowiadający na rysunku, ten zabiera kartkę. Wygrywa student, który zbierze najwięcej karteczek.

Przykład:

Student 1 odwraca kartkę – mysz – mówi: *ta osoba boi się myszy*

ANKIETA (lekcja 4)

pytanie	**imię**	**odpowiedź**
Co będziesz robić w ten weekend?		
Dokąd pojedziesz w tym roku na wakacje?		
Co zjesz dzisiaj na kolację?		
Gdzie będziesz mieszkać za 10 lat?		
Jaki prezent kupisz swojemu przyjacielowi / swojej przyjaciółce na urodziny?		
Co będziesz robić po lekcji?		
Do kogo napiszesz następny list / e-mail?		
Do kogo zadzwonisz dzisiaj wieczorem?		
Co będziesz robić w Sylwestra?		
Co zrobisz, kiedy nauczysz się dobrze mówić po polsku?		

WYWIAD (lekcja 4)

role:

Jesteś studentem / studentką. Za miesiąc zdajesz egzamin magisterski i będziesz szukać pracy.	Masz 12 lat i chodzisz do szkoły podstawowej. W przyszłym roku idziesz do gimnazjum.	Masz 65 lat i za pół roku kończysz pracę i odchodzisz na emeryturę.
Jesteś więźniem. Za kilka miesięcy wychodzisz z więzienia.	Jesteś modelką / modelem. W przyszłym roku chcesz skończyć karierę.	Jesteś sportowcem. Miałeś kontuzję i nie możesz już uprawiać sportu zawodowo.

Tę stronę można kopiować.

KARTECZKI (lekcja 4)

Proszę podać formę dokonaną czasowników: *– gotować* *– zdawać* *– oglądać*	Proszę uzupełnić zdanie odpowiednią formą czasownika w czasie przyszłym: *W tym roku* jechać / pojechać *na wakacje do Meksyku.*	Proszę podać 3 czasowniki, które nie mają formy dokonanej.	Proszę zdecydować, czy ta wypowiedź wyraża nadzieję, strach, obawę czy zmartwienie: *Skończyłam studia, ale martwię się, czy znajdę pracę.*
Proszę zdecydować, czy ta wypowiedź wyraża nadzieję, strach, obawę czy zmartwienie: *Na pewno dostaniesz się na studia, w tej kwestii jestem optymistą.*	Proszę dokończyć zdanie: *Jeśli pojedziesz na kurs językowy do Berlina,...*	Proszę uzupełnić zdanie odpowiednią formą czasownika w czasie przyszłym: *W przyszłym miesiącu* brać / wziąć *kredyt i założę swoją firmę.*	Proszę uzupełnić zdanie: ...., *to wyjadę za granicę.*
Proszę uzupełnić zdanie: ...., *to zapiszę się na kurs prawa jazdy.*	Proszę podać formę dokonaną czasowników: *– kupować* *– mówić* *– jechać*	Proszę dokończyć zdanie: *Jeśli nie dostanę się na studia,...*	Proszę podać formę niedokonaną czasowników: *– umyć* *– wziąć* *– przygotować*
Proszę podać formę niedokonaną czasowników: *– pójść* *– zrobić* *– przeprowadzić się*	Proszę dokończyć zdanie: *Jeśli jutro będzie padał deszcz,...*	Proszę zdecydować, czy ta wypowiedź wyraża nadzieję, strach, obawę czy zmartwienie: *Moja córka chce pracować na własny rachunek, ale obawiam się, że to nie jest takie proste.*	Proszę zdecydować, czy ta wypowiedź wyraża nadzieję, strach, obawę czy zmartwienie: *Boję się, że mój szef zwolni mnie z pracy.*
Proszę zdecydować, czy ta wypowiedź wyraża nadzieję, strach, obawę czy zmartwienie: *Wolę nie myśleć, co będzie, jeśli nie zdam matury.*	Proszę uzupełnić zdanie odpowiednią formą czasownika w czasie przyszłym: *W przyszłym roku* nie palić / zapalić *papierosów.*	Proszę podać formę dokonaną czasowników: *– pisać* *– rozmawiać* *– wychowywać się*	Proszę uzupełnić zdanie: ...., *to poszukam innej pracy.*

© A. Dixon, A. Jasińska, *PO POLSKU 2*
© Wydawnictwo PROLOG

ZGADYWANKA (lekcja 4)

© A. Dixon, A. Jasińska, *PO POLSKU 2*
© Wydawnictwo PROLOG

TEKSTY nagrań

mp3 11 **3a** ***Nie mam problemu z moją przyszłością.*** **Proszę wysłuchać fragmentu reportażu radiowego. Dziennikarka rozmawia z osiemnastoletnią Majką, która właśnie zdała maturę i opowiada o swoich planach na przyszłość. Proszę zdecydować, czy są prawdziwe (P), czy nieprawdziwe (N).**

Dziennikarka: Będziesz zdawać na studia?

Majka: Jasne, będę zdawać na Akademię Sztuk Pięknych i mam nadzieję, że się dostanę.

Dziennikarka: A jeśli nie zdasz?

Majka: Zdam, na pewno zdam. Umiem świetnie rysować! Wolę nie myśleć, co będzie jeśli się nie dostanę.

Dziennikarka: Chcesz być malarką?

Majka: Nie, chcę projektować modę.

Dziennikarka: Co będziesz robiła na studiach?

Majka: Jak wszyscy: będę zdawać egzaminy, będę chodzić na imprezy, poznam nowych ludzi, może będę pracować...

Dziennikarka: Chcesz pracować podczas studiów?

Majka: Jasne, muszę mieć doświadczenie. Po studiach otworzę swoje studio mody i myślę, że będę miała dużo klientów...

Dziennikarka: A pieniądze? Trzeba mieć dużo pieniędzy, żeby otworzyć takie studio.

Majka: Wezmę kredyt. Mam nadzieję, że to nie będzie takie trudne.

Dziennikarka: A więc chcesz odnieść sukces.

Majka: Tak, planuję sukces. Wiem, że zrobię karierę, bo jestem zdeterminowana i mam dużą motywację.

Dziennikarka: A rodzina? Wyjdziesz za mąż?

Majka: Nie wiem, mam nadzieję, że wyjdę za mąż i będę miała dzieci. Zobaczymy. Może będę miała duży dom i psa, i będę podróżować...

Dziennikarka: Jesteś bardzo pewna siebie!

Majka: Jestem optymistką. Ja po prostu nie mam problemu z moją przyszłością, bo wiem, że jeśli człowiek czegoś naprawdę chce, to zrealizuje swoje marzenia.

DVD 4 **4a** **Proszę wysłuchać tekstu i zaznaczyć, która z wypowiedzi jest prawdziwa (P), a która nieprawdziwa (N).**

Wróżbita: Śmiało moje dziecko, śmiało! Siadaj tutaj, proszę. Jak masz na imię?

Teresa: Teresa.

W: Tereska!? Klasyczne, piękne imię. W czym mogę ci pomóc, Teresko?

T: W tym roku zdaję maturę i nie wiem, co dalej. Rodzice chcą, żebym poszła na studia, ale ja nie jestem pewna, czy chcę studiować. Chciałabym się dowiedzieć, jaka będzie moja przyszłość.

W: Oj, trudna decyzja, trudna... Zobaczymy, co karty powiedzą... przełóż karty.

W: Zobacz, moje dziecko, przed tobą dwie możliwe drogi, w zależności od twojej decyzji, czy pójdziesz na studia, czy nie. Którą chcesz poznać najpierw?

T: Co będzie, jeśli pójdę na studia?

W: Widzę, że twoi rodzice chcą, żebyś studiowała prawo...

T: Skąd pan wie?!

W: Karta prawdę ci powie, Teresko. Trudne studia, trudne. Będziesz długo studiować, pięć lat albo dłużej. Dużo się będziesz musiała uczyć, a egzaminy będą bardzo trudne, ale zdasz wszystkie. Na studiach poznasz przystojnego chłopaka, z dobrej rodziny. Pokochasz go. Będziecie dużo podróżować po świecie, a potem razem otworzycie kancelarię prawniczą. Będziecie bogaci i szczęśliwi.

T: Tak moi rodzice sobie wyobrażają moje życie... oboje są prawnikami i chcą, żebym żyła tak jak oni, a ja nie chcę!

W: Och, nie martw się moje dziecko. Karty mówią, że pewnie nie pójdziesz na studia i zrobisz tak, jak planujecie z Twoim chłopakiem. Widzę, że on jest muzykiem... tak widzę wyraźnie, że gra na gitarze...

T: To niesamowite, tak!

W: Widzę też, że lubi piwo i marihuanę... Wielka miłość między wami, wielka. Niestety jego plany się nie powiodą i nie zrobi kariery muzycznej, ale to nie szkodzi, dalej będzie cię kochać i będziecie bardzo szczęśliwi. Urodzisz mu czworo dzieci zanim skończysz 25 lat. Będziesz świetną mamą. A tutaj widzę jego kłopoty ze zdrowiem, będzie dużo brał narkotyków i pił, ale ty będziesz go bardzo kochała. Kiedy będziesz miała 26 lat pójdziesz do pracy w cateringu, będziesz pakować kanapki i sałatki. Nie martw się dziecko, będziesz tam miała dużo przyjaciół, razem będziecie pakować sałatki. A dziećmi będzie zajmować się teściowa. Tak, widzę, że będziecie mieszkali z rodzicami twojego chłopaka.

T: Co? Ale oni mieszkają w bloku i mają tylko 2 pokoje.

W: No tak, oni w jednym, a wy w dużym pokoju z 4 dzieci. To dobrze, będziecie blisko siebie. Jak się ludzie kochają, to lubią być blisko...

T: Proszę pana, niech pan się nie gniewa, ale ja chyba już pójdę do domu... Głowa mnie rozbolała.

W: Nic nie szkodzi Teresko, idź do domu. 200 złotych się należy.

SCENA 2

Ojciec: No i co?!

W: Masz piękną córkę, Karol. Myślę, że będzie świetną prawniczką.

O: Dziękuję ci Michał. Nie wiem, jak się odwdzięczę!

W: Daj spokój, byliśmy najlepszymi kolegami w szkole. Masz, oddaję moje wynagrodzenie. Nie, nie, Karol, ja tego nie wezmę. A tak swoją drogą, to twój scenariusz zgadza się z tym, co karty mówią o przyszłości twojej córki, z jednym wyjątkiem.

O: Jak to?

W: Wyjdzie za mąż za prawnika, ale nie pozna go na studiach.

O: Ach, to nieważne, aby tylko był inteligentny, nie tak jak ten jej chłopak, Dominik... muzyk... leniwy idiota.

W: Wygląda na to, że Dominik też będzie studiował prawo...

O: Co??? O, nie!

mp3 12 **4e** **Proszę wysłuchać wypowiedzi trzech osób, a następnie powiedzieć, które z nich mają wykształcenie:**

1) Nazywam się Jan Meller. Dwa lata temu zdałem maturę, a teraz studiuję w Szkole Biznesu. Za trzy lata skończę studia, oczywiście jeśli napiszę pracę magisterską.

2) Nazywam się Piotr Bagiński. Nigdy nie byłem dobrym uczniem. Nie interesowała mnie nauka. Skończyłem tylko zawodówkę, nie mam matury. Pracuję jako monter. Może w przyszłości spróbuję skończyć szkołę średnią.

3) Nazywam się Ewa Krasowska. Mam trzydzieści lat, jestem magistrem psychologii. Pracuję z dziećmi autystycznymi. Lubię moją pracę, ale myślę o doktoracie. Za rok chcę wrócić na uniwersytet i zająć się pracą naukową.

mp3 13 **5a Proszę wysłuchać wypowiedzi 4 osób i zdecydować, kto to mówi:**

1) Mam 25 lat i niedawno skończyłem studia na kierunku marketing i zarządzanie. Pracuję teraz chwilowo w barze ze zdrową żywnością, ale szukam czegoś w swoim zawodzie. Niedawno otrzymałem nową ofertę pracy, bardzo ciekawą, ale jest jeden wymóg: częste delegacje. Dostanę samochód służbowy i... no, właśnie, boję się, że nic z tego nie wyjdzie, bo nie mam prawa jazdy! Dlaczego nie pomyślałem o tym wcześniej!

2) Jestem na czwartym roku zarządzania na Akademii Ekonomicznej. Mój profesor zaproponował mi, żebym wyjechała na staż do Francji na pół roku. To bardzo atrakcyjna propozycja, ale nie mogę się zdecydować. Mówię bardzo dobrze po angielsku, to fakt, ale mój francuski... To prawda, uczyłam się francuskiego w liceum i nawet to lubiłam, ale teraz boję się, że wszystko zapomniałam.

3) Jestem bibliotekarką. Pracuję już ponad 30 lat. Jestem już zmęczona, a wciąż mam nowe obowiązki. Ostatnio okazało się, że znowu zmieniają nam program do obsługi biblioteki. Martwię się, że nie dam rady się go nauczyć. Może warto pomyśleć o wcześniejszej emeryturze?

4) Kim chcę być? Oczywiście dziennikarzem! W przyszłym roku będę mógł redagować gazetkę szkolną w internecie. Co prawda, nie umiem jeszcze projektować stron internetowych, ale mam nadzieję, że się nauczę... Po prostu pójdę na jakiś kurs, to chyba nie jest takie trudne?

mp3 14 **5b Proszę zdecydować, która wypowiedź wyraża: nadzieję, obawę, strach, zmartwienie.**

mp3 14 **5c Proszę przeczytać ogłoszenia, a następnie posłuchać jeszcze raz wypowiedzi i zdecydować, który kurs wybiorą te osoby.**

1) Jestem bibliotekarką. Pracuję już ponad 30 lat. Jestem już zmęczona, a wciąż mam nowe obowiązki. Ostatnio okazało się, że znowu zmieniają nam program do obsługi biblioteki. Martwię się, że nie dam rady się go nauczyć. Może warto pomyśleć o wcześniejszej emeryturze?

2) Mam 25 lat i niedawno skończyłem studia na kierunku marketing i zarządzanie. Pracuję teraz chwilowo w barze ze zdrową żywnością, ale szukam czegoś w swoim zawodzie. Niedawno otrzymałem nową ofertę pracy, bardzo ciekawą, ale jest jeden wymóg: częste delegacje. Dostanę samochód służbowy i ... no, właśnie, boję się, że nic z tego nie wyjdzie, bo nie mam prawa jazdy! Dlaczego nie pomyślałem o tym wcześniej!

3) Kim chcę być? Oczywiście dziennikarzem! W przyszłym roku będę mógł redagować gazetkę szkolną w internecie. Co prawda, nie umiem jeszcze projektować stron internetowych, ale mam nadzieję, że się nauczę... Po prostu pójdę na jakiś kurs, to chyba nie jest takie trudne?

mp3 15 **6d Proszę wysłuchać wypowiedzi dwóch osób i porównać swoją wersję ćwiczenia 6c z nagraniem.**

a) Mam dużo planów. Teraz mam 23 lata, ale za rok skończę studia i będę musiał szukać pracy. Myślę, że to nie będzie trudne. Znam bardzo dobrze angielski, mam prawo jazdy, jestem ambitny i inteligentny. Myślę, że moje kwalifikacje gwarantują dobrą pracę. Będę menedżerem!

b) Mam dużo planów. W przyszłym roku będę już magistrem, ale chcę znaleźć dobrą pracę, więc zapiszę się jeszcze na kurs niemieckiego i pojadę na staż do Niemiec. Teraz jest trudna sytuacja na rynku pracy, dlatego dużo się uczę.

KLUCZ do ćwiczeń

1c

1. Marek: boi się; jest synem Jana, 2. Ewa: boi się; jest córką Marii, 3. Piotr: jest pewny swojej przyszłości; jest synem Heleny, 4. Maria: jest optymistką, 5. Jan: boi się, 6. Helena: jest pewna, że wszystko będzie dobrze

2a

1. będą pisać / pisały i czytać / czytały, 2. będzie, 3. będą robić / robiły, 4. będą chodzić / chodziły, 5. będą chodzić / chodziły, 6. będzie

2d

1. wyślę, 2. zdam, 3. będzie zdawać, 4. będziemy powtarzać, 5. powtórzysz mi, 6. pojadę, 7. wezmę, 8. będziesz robić, 9. przeczytam, 10. dostanę, 11. będziemy zwiedzać / zwiedzimy, 12. będą się uczyć, 13. zacznę

2e

uczyć się	nauczyć się, nauczę się, nauczysz się
zdawać	zdać, zdam, zdasz
robić	zrobić, zrobię, zrobisz
brać	wziąć, wezmę, weźmiesz
zaczynać	zacząć, zacznę, zaczniesz
kończyć	skończyć, skończę, skończysz
jechać	pojechać, pojadę, pojedziesz
dostawać	dostać, dostanę, dostaniesz

mp3 11 **3a**

b) N, c) N, d) P, e) N, f) P, g) N, h) P, i) N

mp3 11 **3b**

studia: zda egzamin na ASP, będzie chodzić na imprezy, pozna nowych ludzi
praca: będzie pracować w czasie studiów, aby zdobyć doświadczenie, weźmie kredyt, otworzy swoje studio mody, zrobi karierę
rodzina: wyjdzie za mąż, urodzi dzieci, będzie miała duży dom i psa

lekcja 4

DVD 4 **4a**

1 – P, 2 – N, 3 – P, 4 – N, 5 – P

4c

politechnika – inżynier mechanik, informatyk
uniwersytet ekonomiczny – specjalista finansowy
uniwersytet – matematyk, fizyk, chemik, filolog
szkoła teatralna – aktor, reżyser
uniwersytet medyczny – lekarz, dentysta
akademia muzyczna – muzyk, dyrygent

4e

a) 2, b) 1, c) 3

mp3 13 **5a**

a) 3, b) 1, c) 4, d) 2

mp3 14 **5b**

1 – zmartwienie, 2 – obawa, 3 – nadzieja, 4 – strach

mp3 14 **5c**

Elżbieta Wodecka wybierze specjalistyczne kursy komputerowe.
Paweł Klusek wybierze „Syrenkę".
Karol Bąk wybierze „Adyton".
Mariola Kubicka wybierze „Epilog".

5g

Ściskam mocno
Szanowni Państwo
Z poważaniem
Hej, to ja
Na razie

6c

a) skończę, musiał, będzie, dobrze, prawo jazdy, gwarantują
b) przyszłym, znaleźć, zapiszę się, pojadę, sytuacja, dużo

NOTATKI nauczyciela

lekcja

5

Powtórzenie

NOTATKI nauczyciela

Cele lekcji • Powtórzenie materiału

1

Decyzja o wyborze testu należy do nauczyciela. W książce proponuje się minitest wyboru, który studenci powinni rozwiązać w ciągu 15 – 20 minut, lub dłuższy test, znajdujący się w *Podręczniku nauczyciela*. Ten test studenci powinni rozwiązać w ciągu 45 minut. Dłuższy test wzorowany jest na formie testów egzaminacyjnych z języka polskiego jako obcego. Należy go powiększyć i skopiować dwustronnie w formacie A3.

2

Proponujemy zestawienie wyrażeń czasowych, które pojawiały się już wcześniej, ale nie były usystematyzowane.

5 6 7 8 9 13 18

Lekcja powtórzeniowa jest dobrą okazją do wykonywania ćwiczeń bardziej swobodnych, dlatego proponujemy dużo ćwiczeń w mówieniu.

UWAGA!

Nagrania do testu sprawdzającego materiał z lekcji 1 – 4 są do pobrania w Strefie Nauczyciela: www.prologpublishing/download (kod do Strefy Nauczyciela znajduje się na wewnętrznej okładce).

CZĘŚĆ D. Pisanie

1. Proszę wybrać jeden z podanych tematów:
a) Dostałeś / dostałaś nową pracę. Proszę napisać list do kolegi i opisać ją.
b) Proszę napisać krótką historię swojej rodziny.

Składnia	....../2 p.
Słownictwo	....../2 p.
Gramatyka	....../2 p.
Ortografia	....../2 p.
Kompozycja	....../2 p.
Razem:	**....../10 p.**

....

....

....

....

....

....

....

....

....

....

....

....

....

....

....

....

Test nr 1, lekcje 1 – 4	**Data: ....**
Imię i nazwisko:	**Punktacja: ..../50**

CZĘŚĆ A. Rozumienie ze słuchu

1. Proszę uważnie słuchać i zaznaczyć właściwe odpowiedzi. Nagranie zostanie odtworzone jeden raz. **...../5 p. (5 x 1 p.)**

1. Ta wypowiedź to:
   a) wyrażanie nadziei,
   b) fragment dyskusji,
   c) pytanie o czas.

2. Ta wypowiedź to:
   a) pytanie o czas,
   b) wyrażanie opinii,
   c) pytanie o miejsce.

3. Ta wypowiedź to:
   a) opinia pozytywna,
   b) opinia negatywna,
   c) opinia neutralna.

4. Ta wypowiedź to:
   a) wyrażanie obawy,
   b) wyrażanie nadziei,
   c) wyrażanie opinii.

5. Ta wypowiedź to:
   a) pytanie o czas,
   b) opinia na temat człowieka,
   c) opinia na temat pracy.

6. Ta wypowiedź to:
   a) fragment dyskusji,
   b) wyrażanie obawy,
   c) wyrażanie nadziei.

CZĘŚĆ B. Poprawność gramatyczna

1. Proszę podkreślić właściwe formy: **...../6 p. (6 x 1 p.)**

Cześć, Aniu!

Przepraszam, że nie pisałam tak długo, ale byłam zajęta. Dostałam staż w firmie komputerowej. Nie robię tu nic ciekawego, ale ludzie są tu (fantastyczny, fantastyczni, fantastyczne): (wesoli, wesoły, weseli) i (sympatyczni, sympatyczne, sympatyczny). Pracują tu nie tylko (informatyki, informatykowie, informatycy), ale także (sprzedawcy, sprzedawcowie, sprzedawce), (inżyniery, inżynierze, inżynierowie), (architekty, architekci, architektowie). Atmosfera jest wspaniała, cieszę się, że mogę tu być. Do zobaczenia wkrótce.

Pozdrawiam
Ewa

2. Proszę wybrać odpowiedni aspekt czasownika: **...../9 p. (9 x 1 p.)**

Kiedy byłam mała, moi rodzice (przeprowadzali się, przeprowadzili się) często. Pewnego dnia (przyjeżdżaliśmy, przyjechaliśmy) do Łodzi i tam (zostawaliśmy, zostaliśmy) na zawsze. Tam (zaczynałam, zaczęłam) chodzić do szkoły, tam (poznawałam, poznałam) moją przyjaciółkę, tam (kończyłam, skończyłam) studia w szkole filmowej. Moje studia były bardzo interesujące: prawie codziennie (spotykałam, spotkałam) interesujących ludzi kina, kilka razy w roku (wyjeżdżaliśmy, wyjechaliśmy) na praktykę na Mazury. Po szkole filmowej (decydowałam, zdecydowałam), że zostanę na uczelni, a po czterech latach (pisałam, napisałam) doktorat.

Tę stronę można kopiować.

3. Oto plan dnia pana Kowalskiego. Proszę uzupełnić zdania, które informują o tym, co pan Kowalski zrobi jutro (zakładamy, że jest to plan na jutro). **...../5 p. (5 x 1 p.)**

8. 00 – zjeść śniadanie z córką
9. 00 – pojechać na spotkanie z klientem
11. 00 – wrócić do domu na drugie śniadanie
13. 00 – zadzwonić do Jana Długiego
16. 00 – wyjechać na lotnisko po klienta
18. 00 – przeczytać raport miesięczny

Jutro pan Kowalski o ósmej rano ..zje... śniadanie z córką. Następnie o dziewiątej .... na spotkanie z klientem. O jedenastej .... do domu na drugie śniadanie, a o trzynastej .... do Jana Długiego. Po południu, o szesnastej .... na lotnisko po klienta, a wieczorem, o osiemnastej .... raport miesięczny.

4. Proszę wstawić odpowiednią formę przymiotnika lub zaimka *który*. **...../5 p. (5 x 1 p.)**

0. Ludzie, którzy są ...aktywni..., dłużej żyją. (*aktywny*)
1. Osoba, która nie ma przyjaciół, jest .... (*samotny*)
2. Człowiek, ... jest szczęśliwy, często się uśmiecha. (*który*)
3. Ludzie, którzy są ...., są lubiani. (*wesoły*)
4. Osoby, ... pracują na etat, mają stałą pensję. (*który*)
5. Ludzie, ... chodzą na kurs, mają dużo znajomych. (*który*)

5. Proszę wybrać odpowiedni spójnik. **...../5 p. (5 x 1 p.)**

ale✓, a, czy, jednak, że, bo

0. Chciałam zapisać się na ten kurs, ...ale... nie miałam czasu.
1. Długo nie lubiłam Edka, ... ostatnio zmieniłam zdanie na jego temat.
2. Obawiam się, ... nie masz racji.
3. Długo mieliśmy zepsuty komputer, ... informatyk zachorował, ... nikt inny nie umiał go naprawić.
4. Nie wiem, ... będę mogła przyjść, zadzwonię jutro.

CZĘŚĆ C. Rozumienie tekstów

1. Po przeczytaniu poniższych fragmentów proszę zaznaczyć poprawne odpowiedzi: **...../5 p. (5 x 1 p.)**

1. Mój dziadek urodził się w Wilnie w 1930 roku. Kiedy miał osiem lat, wyjechał z rodzicami do Francji. Rodzice dziadka byli artystami, mieli dużo znajomych wśród malarzy, pisarzy i muzyków. Dziadek poszedł do szkoły francuskiej. Bardzo szybko nauczył się języka...

2. Boję się, że kiedy skończę studia, nie będę mógł znaleźć pracy. Kiedy zaczynałem, nie myślałem o przyszłości. Dzisiaj, kiedy mam rodzinę, muszę również myśleć o moich bliskich. Moja żona studiowała razem ze mną, ona też jest pełna obaw...

3. Ludzie telewizji są często aroganccy i pewni siebie. Zarabiają za dużo. Specjaliści mówią, że to normalne. Ich twarz gwarantuje, że program będzie popularny, że będzie wysoka oglądalność, ale myślę, że praca tych ludzi jest tak samo ważna jak praca lekarzy albo nauczycieli. Dlaczego więc lekarze i nauczyciele zarabiają mniej?

4. Dzieci w Polsce idą do szkoły w wieku sześciu lat. Przez sześć lat chodzą do szkoły podstawowej, następnie do gimnazjum. Gimnazjum trwa 3 lata, potem uczeń wybiera liceum, technikum albo szkołę zawodową. Po maturze można zacząć studia.

5. Zajęcia odbywają się przez cały dzień, więc mogą państwo wybrać poranną albo wieczorną grupę. Oferujemy także kursy weekendowe, bezpłatne konwersacje i konsultacje. Nasi lektorzy mają duże doświadczenie. Myślę, że na pewno będą państwo bardzo zadowoleni.

1. Ten tekst to:
a) fragment dyskusji
b) fragment historii rodziny
c) fragment wywiadu radiowego

2. W tym tekście osoba wyraża:
a) nadzieję
b) opinię
c) obawę

3. Ten tekst wyraża:
a) opinię o ludziach
b) obawę
c) sympatię

4. Ten tekst to:
a) opis osoby
b) opis systemu edukacji
c) opis sytuacji na rynku pracy

5. W tym tekście osoba:
a) prosi o informację o kursie
b) udziela informacji o kursie
c) zapisuje się na kurs

lekcja 5

TEKST nagrania

mp3 01 **I Proszę uważnie słuchać i zaznaczyć właściwe odpowiedzi. Nagranie zostanie odtworzone jeden raz.**

1. Przepraszam, chcę coś powiedzieć. Nie zgadzam się z tym, co powiedziałeś.
2. To kiedy twoi dziadkowie wyemigrowali? W trzydziestym dziewiątym, czy po wojnie?
3. Ta praca jest bardzo ciekawa. Daje możliwości awansu. Atmosfera w firmie jest świetna.
4. Moim zdaniem to bardzo interesująca oferta.
5. Mój szef jest ambitny i pracowity. Bardzo tolerancyjny i wyrozumiały.
6. Boję się, że po studiach nie znajdę pracy.

TEKSTY nagrań

mp3 16 **16 Proszę wysłuchać wypowiedzi czterech osób i porównać swoją wersję ćwiczenia 15 z nagraniem.**

1. Jan, 30 lat, makler – Dla mnie najważniejsza w pracy jest możliwość awansu i duże zarobki. Lubię pieniądze i chcę zrobić karierę.
2. Ewa, 33 lata, sekretarka premiera – Dla mnie najważniejszy jest oczywiście prestiż. Lubię moją pracę, bo mam kontakt z różnymi znanymi ludźmi. No i stała pensja!
3. Marta, 50 lat, księgowa – Najważniejsze jest stałe zatrudnienie i samodzielność. Niestety nie mam dużo urlopu.
4. Piotr, 40 lat, biznesmen – Mam rodzinę, więc dla mnie najważniejsze w pracy jest ubezpieczenie. Cieszę się też, bo mam służbowy samochód.

mp3 17 **19 Proszę wysłuchać wypowiedzi przedstawiciela firmy IKEA. Opowiada o osobie, która dostała pracę na stanowisku Szefa Działu Zabawek.**

Ta osoba nie ma doświadczenia na podobnym stanowisku, ale ma odpowiednie kwalifikacje. Szef Działu Zabawek nie musi być projektantem zabawek, nie musi być miłym człowiekiem, nie musi być zbyt kreatywny, ani nie musi mieć dobrego kontaktu z dziećmi. Ważne jest, by była to osoba bezkonfliktowa, która umie zmobilizować ludzi do pracy, która nie toleruje niekompetencji i która potrafi być bezwzględna. Szukaliśmy po prostu dobrego menedżera.

KLUCZ do ćwiczeń

1

1. znanym pisarzem, 2. ten, który widzi nieszczęście ludzi, 3. tak samo, 4. otwarci, 5. którzy, 6. albo, 7. ma swoją firmę, 8. zarobki, 9. nudna, 10. lekarze, 11. wyjeżdżał, 12. pobrali się, 13. 1.05.1899, 14. czterdziestym piątym, 15. liceum, 16. skończę czytać, 17. kupować, 18. moim zdaniem, 19. boję się, 20. w przyszłym roku

4

a) 1. wyjechali, 2. dostała się, 3. spotykali się, 4. pobrali się, 5. zaczęli, 6. dostała, 7. postanowił, 8. urodziła, 9. zrezygnowała

b) 1. kochała, 2. wyjeżdżała, 3. wyjechała, 4. oglądała, 5. robiła, 6. dawała, 7. poszła, 8. poznała, 9. wyszła, 10. umarła, 11. wróciła

11 2. a, 3. e, 4. c, 5. b, 6. d

13 3. a, 6. b, 4. c, 1. d, 2. e, 5. f

15 1. zarobki, 2. prestiż, pensja, 3. urlopu, 4. ubezpieczenie

17

Lidia – **zalety:** energiczna, pewna siebie, otwarta, solidna, punktualna; **wady:** apodyktyczna, uparta; **plusy kandydatury:** otwarta; **ryzyko dla firmy:** interesuje się tylko pieniędzmi;
Ewa – **zalety:** ambitna, kreatywna, inteligentna, konsekwentna; **wady:** egoistka, konfliktowa, nie lubi dzieci; **plusy kandydatury:** kreatywna; **ryzyko dla firmy:** potrafi manipulować ludźmi;
Marek – **zalety:** wesoły, dynamiczny; **wady:** niepunktualny, niekonsekwentny; **plusy kandydatury:** lubi dzieci; **ryzyko dla firmy:** miał własną firmę, ale nie odniósł sukcesów w biznesie, zmienia plany;
Marta – **zalety:** bezkonfliktowa, asertywna; **wady:** bezwzględna, nietolerancyjna; **plusy kandydatury:** dobry organizator i menedżer, bezkonfliktowa; **ryzyko dla firmy:** nie interesuje się zabawkami;
Marcin – **zalety:** sympatyczny, otwarty, ma dużo przyjaciół; **wady:** bywa chaotyczny, nerwowy, niesolidny; **plusy kandydatury:** projektant zabawek, otwarty, sympatyczny, ma dzieci; **ryzyko dla firmy:** nerwowy, niesolidny;

KLUCZ do testu

Część A

1. 2. a, 3. a, 4. c, 5. b, 6. b

Część B

1. weseli, sympatyczni, informatycy, sprzedawcy, inżynierowie, architekci
2. przyjechaliśmy, zostaliśmy, zaczęłam, poznałam, skończyłam, spotykałam, wyjeżdżaliśmy, zdecydowałam, napisałam
3. pojedzie, wróci, zadzwoni, wyjedzie, przeczyta
4. samotna, który, weseli, które, którzy
5. jednak, że, bo, a, czy

Część C

1. 1. b, 2. c, 3. a, 4. b, 5. b

lekcja

6

Miasto

Cele i sytuacje komunikacyjne
- porównywanie, argumentowanie
- **powtórzenie:** wyrażanie gustów i preferencji
- wyrażanie relacji przestrzennych

Słownictwo
- życie w mieście, sklepy, urzędy, miejsca użyteczności publicznej, infrastruktura

Gramatyka i składnia
- stopniowanie przymiotników
- **powtórzenie:** przymiotnik a przysłówek, tworzenie przysłówków
- miejscownik – użycie

Rozumienie ze słuchu
- film: *Rozmowa o miastach, porównanie Warszawy i Krakowa*
- minidialogi w różnych miejscach publicznych; wypowiedzi argumentacyjne; opisy miast

Rozumienie tekstów pisanych
- *Moja przyszłość – miasto* – tekst argumentacyjny; miasta polskie, *Kraków – kilka faktów z życia miasta*

Mówienie
- porównywanie życia w dużym i małym mieście, argumentowanie swoich wyborów; mówienie o swoich preferencjach

Pisanie
- Moje miasto – opis

Proponujemy przy większości ćwiczeń pracę w grupach. O ich liczebności i składzie decyduje nauczyciel bądź sami studenci (w zależności od indywidualnych potrzeb).

Główną funkcją omawianą w lekcji jest *porównywanie* i *argumentowanie*. Wokół tych dwóch problemów budowany jest materiał tematyczny (miasto) i gramatyczny (stopniowanie przymiotników).

POWTÓRZENIE MATERIAŁU

Ćwiczenia 4a i 4b nie wymagają szerszego rozwinięcia od strony leksykalnej. Temat „mieszkanie" został zasygnalizowany w lekcji 14, *PO POLSKU 1*. Dlatego proponujemy nie zagłębiać się w to zagadnienie, a podane ćwiczenia potraktować jako przećwiczenie funkcji: *argumentowanie* i *porównywanie*.

POWTÓRZENIE MATERIAŁU

Materiałem powtórzeniowym jest również tworzenie form i użycie rzeczowników w miejscowniku. Pojawia się on w lekcjach 12, 13, w PO POLSKU 1.

3c

Zalecamy realizację funkcji *porównywanie* nie tylko za pomocą zdań z przymiotnikami w stopniu wyższym czy najwyższym, ale również z użyciem struktur podanych w tabeli obok ćwiczenia.

PROPOZYCJA ZADANIA DOMOWEGO

Jako zadanie domowe proponujemy ćwiczenie 6c.

PODPOWIEDZI I ROZWIĄZANIA ALTERNATYWNE **1a**

Przed wykonaniem ćwiczenia, nauczyciel może podzielić uczestników na grupy i polecić, aby przygotowali listę obiektów typowych dla dużego miasta. Każda grupa zajmuje się tylko jedną kategorią, np.:
– sklepy
– urzędy i instytucje
– obiekty sportowe i rozrywkowe
– zabytki
– obiekty i miejsca związane z komunikacją miejską.

3b DVD 5

Proszę przedyskutować następujące problemy:

a) Czy z rozmowy wynika, że Warszawa i Kraków to miasta, które ze sobą rywalizują? Jeśli tak Pan / Pani uważa, to proszę uzasadnić swoją opinię.

b) Czy w Pana / Pani kraju porównuje się ze sobą miasta? Dlaczego? Według jakich kryteriów?
– wielkości?
– atrakcyjności dla turystów?
– atrakcyjności dla biznesu?
– roli w kulturze / historii?

c) Proszę sobie wyobrazić, że dostaje Pan / Pani ofertę pracy w jednym z polskich miast. Czy chciałby Pan / Pani mieszkać w Krakowie czy w Warszawie? A może w jeszcze innym mieście? Proszę uzasadnić swój wybór. Czy wysłuchane w filmie argumenty są pomocne w podjęciu decyzji o zamieszkaniu w jednym z tych miast?

d) Co jest ważne przy wyborze mieszkania w danym miejscu?
– transport i dojazd?
– praca?
– rozrywki?
– otoczenie (zieleń, parki, miejsca zabaw dla dzieci)?

e) Proszę przygotować prezentację na temat: „Moje miasto jest najlepsze na świecie".

3c

Po wykonaniu zadania nauczyciel może zaproponować uczestnikom „grę w węża". Student, który rozpoczyna grę, mówi np. *mój samochód jest szybki*. Następna osoba mówi: *mój samochód jest szybszy i lepszy niż twój*. Następna osoba mówi: *mój samochód jest szybszy, lepszy i ładniejszy niż twój*. I tak dalej. Nauczyciel powinien zaproponować co najmniej dwie rundy tej gry, tak aby osoby zaczynające grę w następnej rundzie ją kończyły.

4a

Po wykonaniu zadania nauczyciel może polecić studentom, aby zastanowili się, które mieszkanie kupią Bartek i Iza? Co jest lepsze w ich sytuacji? Następnie mogą przygotować rozmowę małżonków w formie dialogu. Iza woli mieszkanie, Bartek chciałby mieć dom.

Iza: Dom jest na pewno wygodniejszy od mieszkania, ale jest droższy; poza tym mieszkanie ma lepszą lokalizację,...
Bartek: ...

5b

Po wykonaniu zadania, nauczyciel może polecić studentom, żeby w parach przygotowali krótką informację o znanym mieście (turystycznym, handlowym), a następnie opowiedzieli o nim pozostałym osobom. Uczestnicy muszą zgadnąć, o jakim mieście jest mowa. Mogą w tym celu zadawać pytania pomocnicze.

MATERIAŁY DODATKOWE

Gra ZGADNIJ, GDZIE JESTEM!

Opis gry

MIEJSCOWNIK, WYRAŻANIE RELACJI PRZESTRZENNYCH

Nauczyciel rozdaje grupom komplety wyciętych karteczek. Studenci odwracają je zapisaną stroną do spodu. Pierwszy z nich bierze kartkę i opowiada, co właśnie robi, a pozostali odgadują, gdzie się znajduje. Student, który odpowiedział poprawnie, zabiera kartkę, jednak pod warunkiem, że użył poprawnej formy miejscownika.

Wygrywa student, który zebrał najwięcej karteczek.

Gra pozwala na utrwalenie form miejscownika, studenci uczą się prawidłowo lokalizować różne obiekty.

Przykład: sklep – *robię zakupy*

Odpowiedź: *Jesteś w sklepie.*

Gra GDZIE MOŻNA TO ROBIĆ?

Opis gry

MIEJSCOWNIK

Nauczyciel dzieli uczestników na pary i rozdaje wycięte karteczki. Zadaniem każdej z par jest wynotowanie jak największej liczby miejsc, w których można wykonywać czynność, której nazwa jest zapisana na wylosowanej karteczce. Czas na wykonanie zadania to 5 minut. Wygrywa para, która podała najwięcej miejsc (1 punkt za każde miejsce). Uwaga! Nauczyciel sprawdza poprawność form gramatycznych. Jeśli odpowiedź zawiera błąd, nauczyciel zabiera kartkę. Następnie wypisuje niepoprawne formy na tablicy i prosi uczestników, aby podali ich poprawne wersje. Grupa, która poprawiła błąd, otrzymuje dodatkowy punkt.

Wygrywa grupa, która zdobyła najwięcej punktów. Gra ma na celu utrwalenie form miejscownika, studenci uczą się prawidłowo lokalizować w przestrzeni.

Przykład: *czytać książkę: w domu, na ławce, w toalecie,...*

Gra POJEDYNEK

Opis gry

STOPNIOWANIE PRZYMIOTNIKA

Nauczyciel dzieli grupę na pary i rozdaje komplety wyciętych karteczek. Studenci siadają naprzeciwko siebie i odwracają je zapisaną stroną do spodu. Zadaniem studentów jest utworzenie możliwie największej ilości porównań. Przegrywa ten, komu skończą się pomysły. Wtedy wyciągają następny zestaw z kupki.

Przykład: samochód – samolot: *szybszy, tańszy, większy...*

ZGADNIJ, GDZIE JESTEM! (lekcja 6)

SKLEP	SZKOŁA	BIURO	DWORZEC
KIOSK	PRZYSTANEK	LOTNISKO	POCZTA
KUCHNIA	ŁAZIENKA	ŁÓŻKO	KOŚCIÓŁ
KAWIARNIA INTERNETOWA	URZĄD	UNIWERSYTET	ULICA
TEATR	KINO	RESTAURACJA	KSIĘGARNIA

GDZIE MOŻNA TO ROBIĆ? (lekcja 6)

czytać książkę	pić kawę	jeść obiad	spać
spędzać wolny czas	spotykać się z przyjaciółmi	płacić kartą	pisać list

Tę stronę można kopiować.

POJEDYNEK (lekcja 6)

ZESTAW 1

1

2

3

4

5

6
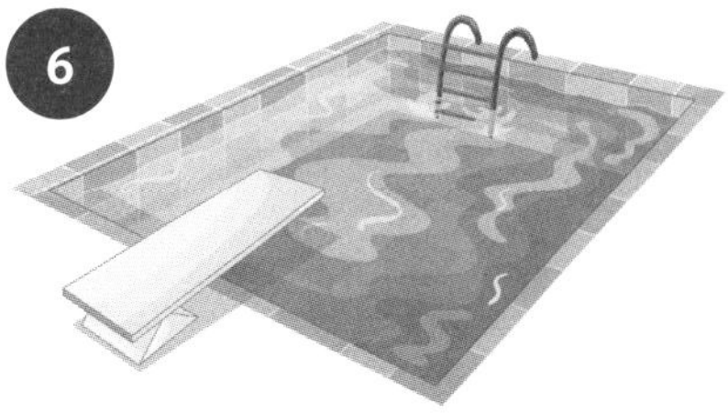
7

8

9

ZESTAW 2

1

2

3
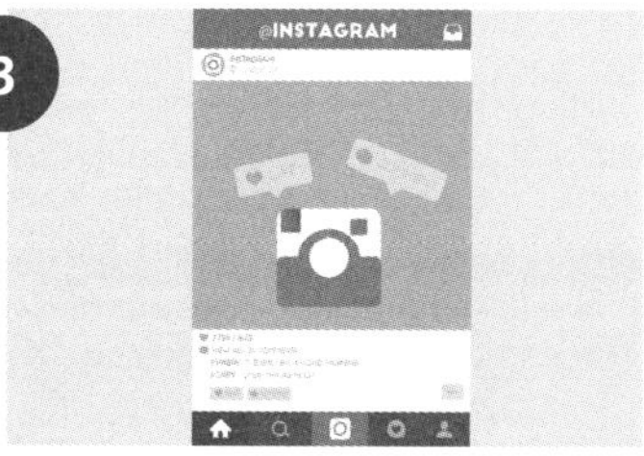

4

5

6

7

8

9

Tę stronę można kopiować.

TEKSTY nagrań

mp3 18 **1c Reporter Adam Śpiewak przeprowadza sondę uliczną. Proszę wysłuchać nagrania i zdecydować, czy wypowiadające się osoby są zadowolone, czy niezadowolone z tego, że są mieszkańcami dużego miasta.**

mp3 18 **1d Proszę wysłuchać nagrania po raz drugi i powiedzieć, jakie argumenty podają wypowiadające się osoby.**

1. Urodziłam się i wychowałam w dużym mieście, więc życie tutaj jest dla mnie czymś naturalnym. W mieście jest wszystko: sklepy, kina, szkoły, instytucje. Uważam, że to bardzo wygodne.
2. Jestem zadowolony, ponieważ w mieście jest więcej możliwości. Na przykład bezrobocie jest mniejsze niż na prowincji, więc łatwiej znaleźć pracę. No i zarobki są dużo wyższe.
3. W dużym mieście żyje się szybko. Ludzie ciągle gdzieś się spieszą, gdzieś biegną... Poza tym jest brudno, głośno i anonimowo.
4. Zaletą mieszkania w dużym mieście jest dobra infrastruktura, ale ja widzę same minusy: jest za dużo ludzi, za dużo samochodów i za dużo hałasu.
5. Kiedy byłam dzieckiem, mieszkałam w dużym domu pod miastem i wszędzie miałam daleko. Od niedawna mieszkam sama w małym mieszkaniu w centrum miasta i jestem zadowolona. Mamy świetną komunikację miejską, więc wszędzie jest blisko, a poza tym mieszkanie jest tańsze niż dom.

mp3 19 **1e Proszę wysłuchać dialogów i zdecydować, gdzie są wypowiadające się osoby.**

1.
– Może napijemy się kawy? O, tu jest fajne miejsce!
– Czemu nie, podoba mi się tutaj. Całkiem sympatyczna atmosfera!

2.
– Tankujemy do pełna?
– Nie, nie. Proszę 30 litrów benzyny bezołowiowej.

3.
– Czy mogę tu nadać list polecony i zapłacić rachunki?
– Tak, proszę.

4.
– Proszę bilet powrotny na pośpieszny do Berlina. Wagon dla niepalących.
– Proszę bardzo. Płaci pan kartą?

5.
– Dzień dobry, mówi Paulina. Czy mogę rozmawiać z Jolą?
– Nie ma Joli, wyszła na angielski. Coś przekazać?

6.
– Przepraszam, którym tramwajem dojadę na ulicę Karmelicką?
– Czwórką, dwunastką, ósemką. Zresztą wszystko jedno, stąd wszystkie tramwaje jadą Karmelicką, to jakieś 5 przystanków.

7.
– Halo, tu nie parkujemy!
– A gdzie mogę zostawić samochód?

8.
– Co się stało?
– Nie wiem dokładnie, ale mam problemy z samochodem. Czy mogą państwo go obejrzeć?

9.
– Proszę nie dotykać eksponatów!
– Och, przepraszam!

DVD 5 **3b Frank i Ola rozmawiają w kawiarni w Krakowie. Proszę obejrzeć film, a następnie podkreślić prawdziwe stwierdzenia.**

Kelnerka: Co dla państwa?
Ola: Prosimy dwie kawy z mlekiem i deser. Frank, zdecydowałeś już? Szarlotka czy sernik?
Frank: Co jest lepsze, jak pani myśli?
K: Szarlotka jest na ciepło, z lodami i bitą śmietaną, sernik na zimno, z karmelem lub sosem czekoladowym.
F: No, ale co jest lepsze?
K: Sernik jest słodszy i bardziej kaloryczny, szarlotka może być bezglutenowa i z sorbetem, więc mniej kaloryczna.
F: Ja nie jestem na diecie, proszę sernik. Ola, chcesz szarlotkę?
O: Jak bezglutenowa, to chętnie.
O: Jak ci się podoba Kraków?
F: Mniejszy od Warszawy, ale rynek większy i ładniejszy. Tak, tu jest dużo sklepów i restauracje w centrum, a w Warszawie tak nie ma.
O: No, bo Warszawa ma kilka centrów: Starówka to tak jak rynek w Krakowie, ale jest jeszcze Krakowskie Przedmieście, gdzie jest Belweder, Sejm, Pałac Kultury i centrum biznesowe.
F: Tam gdzie są te wieże, koło dworca centralnego?
O: Wieżowce.
F: Wieżowce, tak. Albo biurowce się mówi też.
O: Mhmm, szybko się uczysz, Frank. A w Krakowie jest tylko jedno centrum, rynek.
F: To gdzie tu jest centrum biznesowe?
O: Nie ma, biurowce są w różnych miejscach. Kraków jest mniej biznesowy niż Warszawa.
F: A które miasto jest starsze?
O: Kraków, ale niewiele. Oba miasta mają ponad tysiąc lat, ale są inne.
F: Tak, Warszawa ma szersze ulice i wyższe domy.
O: Tak, bo Warszawa była zniszczona w czasie II wojny światowej i nowe ulice były zbudowane inaczej. Ale to nie jedyna różnica.
F: A gdzie jest drożej?
K: W stolicy jest drożej proszę pana, ale my mamy lepszą kawę i ciasto. Zdecydowanie.
F: Zaraz sprawdzę.
O: Tak, w Warszawie jest trochę drożej, ale ceny mieszkań są podobne. W Warszawie ludzie więcej zarabiają, bo tam jest biznes i polityka.
F: To nie rozumiem, dlaczego w Krakowie jest tak samo drogo, jeśli ludzie mniej zarabiają.

O: Bo miasto jest piękne, spokojne, bo jest dużo turystów, bo Kraków ma prestiż. Mówi się, że to miasto artystów. W Warszawie jest więcej aktorów, celebrytów, tam jest telewizja.

F: Czyli Warszawa jest bardziej rozrywkowym miastem?

O: Niekoniecznie. W Krakowie 90% klubów jest na Rynku i na Kazimierzu, więc można chodzić piechotą od imprezy do imprezy. W Warszawie kluby są porozrzucane po całym mieście, więc trzeba jeździć taksówką. W Krakowie jest wygodniej imprezować. Ale z kolei w Warszawie jest dużo klubów nad Wisłą, tam bawią się studenci. Ale generalnie wszędzie trzeba dojechać.

F: To w Warszawie jest pewnie lepsza komunikacja?

O: W Warszawie jest metro, w Krakowie autobusy i tramwaje, ale są mniejsze korki. W Warszawie są straszne korki i wszędzie daleko.

F: Hmm, pyszny ten sernik, lepszy niż ten w Warszawie. To co będziemy dzisiaj zwiedzać?

O: Najpierw spacer po rynku, obejrzymy Sukiennice, potem pójdziemy na Wawel – to jest najstarszy w Polsce zamek królewski, a jutro pójdziemy na Kazimierz, czyli do dzielnicy żydowskiej. To 15 minut piechotą od Wawelu. W Krakowie wszystko jest blisko.

F: Czy wszyscy ludzie z Krakowa są tacy zarozumiali i myślą, że ich miasto jest najlepsze na świecie?

O: Bo jest najpiękniejsze na świecie, za chwilę sam zobaczysz. Możemy prosić rachunek?

mp3 20 **6a Proszę wysłuchać wypowiedzi Polaków. Opowiadają oni o miastach, w których mieszkają, mieszkali dawniej lub które zwiedzili. Proszę dopasować numer wypowiedzi do miasta.**

mp3 20 **6b Proszę podzielić się na dwie grupy, a następnie wysłuchać nagrania po raz drugi. Każda z grup notuje, jakie cechy decydują o unikalnym charakterze wskazanych miast.**

1. Mieszkańcy tego miasta uważają, że jest najładniejsze w Polsce. Dawniej było stolicą Polski i mieszkali w nim królowie. Teraz mieszkają tu głównie studenci i artyści. Znajduje się tu najstarszy w Polsce uniwersytet. Każdy, kto odwiedził moje miasto, mówi, że ma ono magiczną atmosferę.
2. To miasto nie jest stolicą, ale jest chyba najważniejsze dla tego kraju. To miasto leży na wyspie. Znajdują się tam najwyższe wieżowce, a w środku miasta jest największy park na świecie. Można powiedzieć, że aktualnie jest ono centrum kultury światowej.
3. Mieszkam w tym mieście od urodzenia. Leży nad morzem i oczywiście znajduje się tam najstarszy w Polsce port. W centrum miasta można obejrzeć pomnik Neptuna.
4. To miasto ma bardzo długą historię. Po drugiej wojnie światowej zostało podzielone na dwie strefy, jedna z nich była stolicą państwa. Dopiero w 1989 roku mieszkańcy tego miasta zburzyli mur, który je dzielił. Teraz jest to jedno z najbardziej nowoczesnych miast w Europie.
5. Miasto, w którym mieszkam, nie jest zbyt duże i nigdy nie było stolicą Polski. Ale to najstarsze miasto w moim kraju i ma bardzo specyficzny klimat.
6. Studiowałam w tym mieście i chyba chciałabym tam mieszkać. Nie tylko ja uważam, że jest najpiękniejsze na świecie. Nazywa się je miastem artystów i zakochanych.
7. To największe i najważniejsze miasto w Polsce. Jego historia jest długa i skomplikowana. Nie zawsze było stolicą Polski, ale teraz nią jest. To miasto wyglądało kiedyś zupełnie inaczej, potem na kilka lat przestało istnieć. Ale jego mieszkańcy zbudowali je od nowa.
8. Byłam tam tylko raz, na wakacjach. Dla mnie to jest najbardziej romantyczne miasto na świecie. Nie ma tam ulic – są tylko kanały, po których pływają gondole.

mp3 21 **7a Proszę wysłuchać następujących zdań, a następnie powtórzyć je z właściwą intonacją.**

a) z przekonaniem
- On jest niższy? Nieee, on na pewno jest trochę wyższy.
- Ona jest najmilszą osobą, jaką znam.
- Każde miasto różni się od innych!
- Tu jest większy ruch.

b) bez przekonania
- To miasto chyba jest większe niż nasze.
- Tu można kupić fajne rzeczy.
- Rzeszów to miasto przemysłowe?

KLUCZ do ćwiczeń

mp3 18 **1c**

jest zadowolona: osoba 1, 2, 5
jest niezadowolona: osoba 3, 4

mp3 19 **1e**

1. b, 2. c, 3. a, 4. a, 5. c, 6. c, 7. a, 8. b, 9. c

1h

1. Proszę zachować ciszę! – w muzeum, w kinie, w teatrze, w kościele.
2. Przyjazdy / Odjazdy – na dworcu.
3. Kasy – na dworcu, w supermarkecie.
4. Czynna od 7.00 do 18.00 – w aptece.
5. Nie wolno wprowadzać psów! – w muzeum, w teatrze, w kinie, w przychodni, w supermarkecie itd.
6. Zakaz parkowania – na ulicy.
7. Proszę wziąć koszyk! – w supermarkecie.
8. Szatnia – w teatrze, w muzeum, w kinie, w przychodni.
9. Msze codziennie o 18.30 – w kościele.
10. Promocja! 30% – w supermarkecie.
11. Przyjmuje od 9.45 do 13.00 – w przychodni.

2b

1. żyje się szybko
2. nic się nie dzieje
3. nocne życie
4. fajne rzeczy

DVD 5 **3b**

1b, 2a, 3b, 4b, 5b, 6a, 7b, 8a, 9a

3c

proponowane odpowiedzi:
a) Wiedeń jest mniejszy niż Nowy Jork, ale obydwa miasta są bardzo znane.
b) Moskwa jest większa niż Ryga, ale obydwa miasta są stolicami.
c) Gniezno jest starsze niż Nowa Huta, ale obydwa miasta są znane w Polsce.
d) Łódź jest brzydsza niż Gniezno, ale obydwa miasta są znane Polakom.
e) Sopot jest mniejszy niż Gdańsk, ale obydwa miasta znajdują się nad morzem.
f) Zakopane jest mniej popularne niż Chamonix-Mont-Blanc, ale obydwa miasta są dużymi centrami sportów zimowych.

3d

proponowane odpowiedzi:
b) Marilyn Monroe jest najsłynniejszą aktorką świata.
c) Empire State Building jest najbardziej znanym wieżowcem amerykańskim.
d) Paryż jest najbardziej romantycznym miastem Francji.
e) Mount Everest jest najwyższą górą świata.
f) Sahara jest największą pustynią świata.
g) Dunaj jest najdłuższą rzeką w Europie.
h) Himalaje są najwyższymi górami świata.
i) Chopin jest najbardziej znanym polskim kompozytorem.
j) Goethe jest najbardziej znanym niemieckim poetą.

mp3 20 **6a**

a) Kraków	wypowiedź nr 1
b) Paryż	wypowiedź nr 6
c) Gdańsk	wypowiedź nr 3
d) Wenecja	wypowiedź nr 8
e) Kalisz	wypowiedź nr 5
f) Berlin	wypowiedź nr 4
g) Warszawa	wypowiedź nr 7
h) Nowy Jork	wypowiedź nr 2

mp3 20 **6b**

Kraków – miasto studentów i artystów, magiczna atmosfera.
Wenecja – nie ma ulic, najbardziej romantyczne miasto świata.
Kalisz – najstarsze miasto w Polsce, specyficzny klimat.
Berlin – bogata historia, jedno z najbardziej nowoczesnych miast Europy.
Warszawa – bogata historia, stolica Polski.
Nowy Jork – leży na wyspie, centrum kultury światowej.
Gdańsk – leży nad morzem.
Paryż – miasto artystów i zakochanych.

7b

najwięk**sz**y, o**ś**rodek, Najważniej**sz**e, Najpoważniej**sz**ym, zanieczy**sz**czenie, **ś**rodowiska, najwy**ż**szych, Najważniej**si**

NOTATKI
nauczyciela

lekcja

7

Wieś, przyroda i zwierzęta

Cele i sytuacje komunikacyjne
- porównywanie, argumentowanie cd.
- wyrażanie przekonania
- opisywanie życia na wsi
- opowiadanie o środowisku naturalnym
- **powtórzenie:** wyrażanie gustów i preferencji

Słownictwo
- życie na wsi, gospodarstwo domowe, agroturystyka, przyroda, zwierzęta, ekologia

Gramatyka i składnia
- stopniowanie przysłówków

Rozumienie ze słuchu
- film: *Przeprowadzka na wieś*
- wypowiedzi argumentacyjne; opisy wsi

Rozumienie tekstów pisanych
- *Jak zmieniła sie polska wieś po wejściu do Unii Europejskiej*

Mówienie
- argumentowanie swoich wyborów, mówienie o swoich preferencjach, wady i zalety życia na wsi, ekologia

Pisanie
- *Zalety i wady życia na wsi* – tekst argumentacyjny

Proponujemy przy większości ćwiczeń pracę w grupach. O ich liczebności i składzie decyduje nauczyciel bądź sami studenci (w zależności od indywidualnych potrzeb).

To dalszy ciąg problematyki lekcji szóstej, więc warto przeprowadzić te lekcje jedną po drugiej. Po pierwsze mamy tu powrót do funkcji *porównywania*, po drugie, tematy obu lekcji są zbliżone (tym razem to wieś), z problemów gramatycznych wprowadzamy stopniowanie przysłówków.

4a

W ćwiczeniach dotyczących stopniowania przysłówków należy zwrócić uwagę na użycie ich w zdaniach typu: *Jest ciepło. / Dzisiaj jest cieplej niż wczoraj. / Dzisiaj jest najcieplej od kilku dni.* Studenci często pytają, dlaczego znajduje się tam przysłówek, nie zaś przymiotnik. Należy wyjaśnić, że w zdaniach bezpodmiotowych tego typu zawsze występuje przysłówek. Warto przypomnieć z lekcji poprzedniej zdania typu: *W Krakowie jest drogo. Jest łatwo znaleźć pracę.*

5a **5b**

Jednym z najczęstszych błędów popełnianych przez studentów jest używanie czasowników w liczbie mnogiej w zdaniach typu *9 milionów Polaków ma kota.* Aby wyeliminować ten błąd, proponujemy analizę danych statystycznych o zwierzętach domowych, a następnie wykonanie ćwiczenia 5b.

PROPOZYCJA ZADANIA DOMOWEGO

Jako zadanie domowe proponujemy napisanie krótkiego tekstu argumentacyjnego z ćwiczenia 2d lub lekturę tekstu z ćwiczenia 6b i ćwiczeń utrwalających słownictwo z tekstu (6a, 6b, 6c). W drugim wariancie proponujemy wykonanie ćwiczenia 2d na początku lekcji następnej.

PODPOWIEDZI I ROZWIĄZANIA ALTERNATYWNE

1d

Przed wykonaniem zadania nauczyciel może podzielić uczestników na 2 grupy i polecić, aby wypisali na dużych arkuszach papieru 10 powodów, dla których ludzie lubią wieś (grupa 1) i 10 powodów, dla których jej nie lubią (grupa 2).

1e

To ćwiczenie studenci mogą wykonywać w grupach trzyosobowych. Każdy ze studentów uzupełnia tylko jedną wypowiedź.

1f

Studenci najpierw wpisują informacje dotyczące osób, których wypowiedzi uzupełniali w poprzednim ćwiczeniu. Następnie wymieniają się informacjami w obrębie trzyosobowej grupy, w której pracują i uzupełniają pozostałe rubryki.

2a **6b**

Przy pracy z tekstami proponujemy następującą technikę: po przeczytaniu tekstu i wyjaśnieniu niezrozumiałych fragmentów studenci muszą odłożyć tekst na bok i spróbować przypomnieć sobie od pięciu do dziesięciu nowych słów lub zwrotów występujących w tekście. Następnie proszeni są o ułożenie zdań z tymi słowami. Można zaproponować trudniejszą, ale bardziej zabawną wersję tego ćwiczenia. Zamiast zdań, studenci muszą z wypisanych słów ułożyć wspólnie historię. Taka wersja tego ćwiczenia może być użyta również w innych sytuacjach, ale na tych tekstach sprawdza się rzeczywiście bardzo dobrze. Być może jest to wynikiem tego, że słownictwo związane z naturą, wsią, ekologią jest często nieznane studentom (mimo dużego zainteresowania tematem).

2b

To ćwiczenie może być realizowane w 3 grupach. Każda z nich wyjaśnia dwa zwroty, a następnie podaje swoją definicję pozostałym uczestnikom. Uwaga! Nauczyciel powinien zapewnić studentom dostęp do słowników.

2d

Ćwiczenie może być realizowane na dwa sposoby:

a) studenci rozmawiają ze sobą na wybrany temat, pracując w parach.
b) studenci w parach przygotowują krótkie wystąpienie na wybrany temat i wygłaszają je przed grupą. Nauczyciel może wyznaczyć czas, na przykład każda para ma do dyspozycji jedną minutę.

3f

Studenci mogą napisać wymyślone / przetłumaczone idiomy na dużych arkuszach papieru. Nauczyciel rozwiesza je w sali na czas zajęć (taka ekspozycja może stanowić cenną pomoc przy zapamiętywaniu nazw zwierząt). Po rozwieszeniu idiomów nauczyciel zachęca studentów do zadawania sobie pytań dotyczących zwłaszcza wymyślonych „idiomów".

4d

Po wykonaniu tego ćwiczenia można skorzystać z gry LICYTACJA znajdującej się w materiałach dodatkowych.

7a 7b DVD 6

1. Jaki możemy prowadzić tryb / styl życia i co to oznacza w praktyce? Proszę objaśnić swoimi słowami, co rozumiemy pod poniższymi określeniami: Zdrowy styl życia, prawidłowy styl / tryb życia, intensywne życie, nieprawidłowy styl / tryb życia, slow life, zabawowy styl życia, stresujące życie.
2. Proszę napisać, w jakich sytuacjach reaguje Pan / Pani: entuzjazmem, ekscytacją, zdenerwowaniem, znudzeniem.

MATERIAŁY DODATKOWE

Gra LICYTACJA

Opis gry

POPRAWNOŚĆ GRAMATYCZNA

Nauczyciel dzieli studentów na grupy. Każda grupa dysponuje kwotą np. 1000 złotych. Na licytacji można kupić zdania, cena wywoławcza każdego nich to 10 złotych.

Nauczyciel informuje studentów, że nie wszystkie zdania są poprawne, rozpoczyna licytację (każde zdanie znajduje się na osobnej karteczce): odczytuje je kolejno albo, jeśli jest taka możliwość, wyświetla na ekranie.

Studenci licytują zdania. Po zakończeniu licytacji nauczyciel wypisuje na tablicy punktację:

– każde poprawne zdanie: plus 10 punktów,

– każde niepoprawne zdanie: minus 10 punktów.

Grupa, która kupiła najwięcej poprawnych zdań i jednocześnie zostało jej najwięcej pieniędzy, otrzymuje dodatkowo 5 punktów.

Nauczyciel informuje, które zdania są niepoprawne, ale nie wyjaśnia, na czym polega błąd i przystępuje do ponownej licytacji (jeśli po pierwszej licytacji pozostały zdania, których nikt nie chciał kupić, nauczyciel wystawia je ponownie). Na ten cel każda grupa otrzymuje dodatkowo 500 złotych.

Za każde zakupione zdanie studenci mogą dostać dodatkowo 5 punktów, jednak pod warunkiem, że je poprawią. Jeśli nie potrafią tego zrobić, otrzymują 0 punktów.

Po zakończeniu licytacji grupa podsumowuje swoje wyniki.

Na końcu studenci z pomocą nauczyciela poprawiają ewentualne błędy w zdaniach.

Do wykonania ćwiczenia potrzebne będą: kolorowy papier, drewniany młotek do licytacji (lub inny przedmiot), ewentualnie rzutnik.

Ćwiczenie utrwala materiał leksykalny i gramatyczny.

Gra ZWIERZĘTA

Opis gry

ŚRODOWISKO NATURALNE. OPISYWANIE ZWIERZĄT

Praca w parach. Nauczyciel rozdaje grupom komplety wyciętych karteczek. Uczestnicy odwracają je zadrukowaną stroną do spodu, następnie kolejno biorą po jednej kartce. Zadaniem grupy jest odgadnięcie, o jakie zwierzę chodzi. Mogą w tym celu zadawać osobie odpowiadającej różne pytania, np. gdzie mieszka opisywane przez nią zwierzę, jaki ma kolor, czy jest duże, czy jest niebezpieczne itd. Osoba, która wylosowała kartkę, może odpowiadać na pytania wyłącznie „tak" lub „nie". Osoba, która odgadła, zabiera kartkę. Wygrywa ten, kto zbierze najwięcej karteczek.

Przykład:

Student 1 odwraca kartkę z podobizną lwa i mówi:

Mieszka w Afryce, jest królem zwierząt...

Gra OPTYMISTA CZY PESYMISTA?

Opis gry

STOPNIOWANIE PRZYSŁÓWKÓW

Nauczyciel rozdaje parom wycięte kartki. Zadaniem studentów jest ułożenie zdań z użyciem wybranego przysłówka w stopniu wyższym. Oprócz tego mają możliwość powtórzenia dotychczasowego materiału leksykalnego i gramatycznego z poprzednich lekcji (czas przyszły, nauka i edukacja, miasto, życie człowieka).

Gra KARTECZKI

Opis gry

TWORZENIE I STOPNIOWANIE PRZYSŁÓWKA I PRZYMIOTNIKA

Gra ma charakter kompleksowego powtórzenia materiału gramatycznego.

Praca w parach lub w grupach. Nauczyciel rozdaje komplety wyciętych karteczek, studenci odwracają je zapisaną stroną do spodu, a następnie kolejno biorą kartki i odpowiadają na pytania. Jeśli udzielona odpowiedź jest poprawna, zatrzymują kartkę dla siebie, jeśli nie – wkładają ją pod spód.

1. Coraz więcej osób spędza wakacje w gospodarstwach agroturystycznych na wieś, bo można tu naprawdę odpocząć.

2. Zanieczyszczenie środowiska jest powodem wielu chorób i alergii.

3. Ludzie, którzy mają zwierzęta, nigdy nie czują się samotni.

4. Rolniki to ludzie, którzy mieszkają i pracują na wsi.

5. Dzieci, które spędzają wakacje na wsi, są zdrowsze, bo mają duże świeże powietrze.

6. Wieś to atrakcyjne miasto, ale tylko dla turystów.

7. Ludzie, którzy mieszkają w miastach, mają największe problemy ze zdrowiem.

8. Na wsi mieszka więcej zwierzęta niż w mieście.

9. Coraz mniejsze ludzi akceptuje istnienie ogrodów zoologicznych.

10. Infrastruktura w mieście jest o wiele lepiej niż na wsi.

© A. Dixon, A. Jasińska, *PO POLSKU 2*

© Wydawnictwo PROLOG

ZWIERZĘTA (lekcja 7)

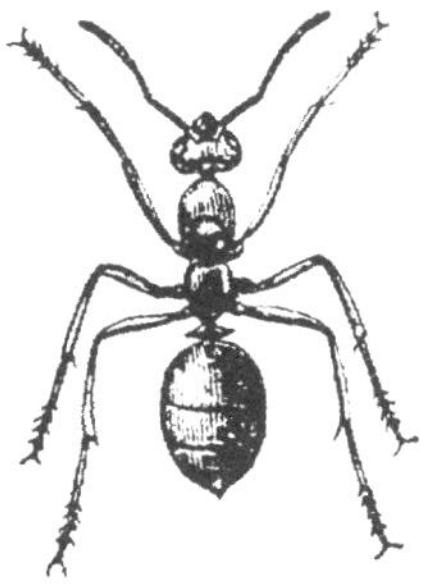

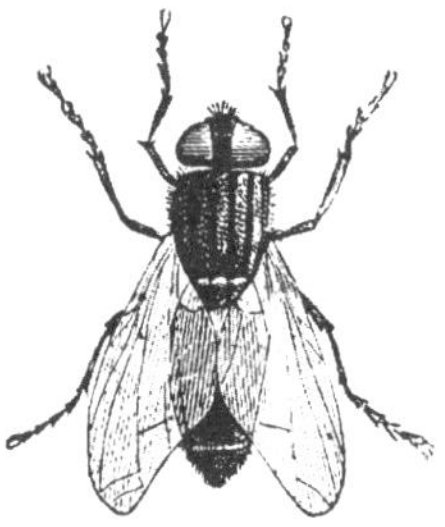

Tę stronę można kopiować.

© A. Dixon, A. Jasińska, *PO POLSKU 2*

© Wydawnictwo PROLOG

ŚRODOWISKO

Jak będzie wyglądał świat za 50 lat?

- Miasta będą (mało / bardzo) zanieczyszczone.
- Będzie (mało / dużo) zwierząt.
- Będzie (trudno / łatwo) kupić naturalne produkty.
- Na świecie będzie (ciepło / zimno).
- Ludzie będą (często / rzadko) mówić o ekologii.
- Na ulicach będzie (czysto / brudno).
- W gospodarstwach agroturystycznych będzie (drogo / tanio).

LUDZIE

Jak będzie wyglądał świat za 50 lat?

- Ludzie będą (krótko / długo) żyli.
- Ludzie będą (szybko / wolno) się starzeć.
- Ludzie będą (często / rzadko) podróżować.
- Ludzie będą mieli (dużo / mało) samochodów.
- Ludzie będą (długo / krótko) pracować.
- Ludzie będą (wcześnie / późno) odchodzić na emeryturę.

TECHNIKA

Jak będzie wyglądał świat za 50 lat?

- Będzie (dużo / mało) samochodów.
- Ludzie będą (często / rzadko) korzystać z komputera.
- Informatycy będą (dobrze / źle) zarabiać.
- W sklepach internetowych będzie (tanio / drogo).
- Ludzie będą (rzadko / często) latać samolotami.
- Będzie (trudno / łatwo) żyć bez komputera.
- Samochody w mieście będą jeździły (szybko / powoli).

DZIECI

Jak będzie wyglądał świat za 50 lat?

- Dzieci będą miały (dużo / mało) elektronicznych zabawek.
- Dzieci będą (krótko / długo) chodziły do szkoły.
- Będą (szybko / wolno) uczyły się języków obcych.
- Dzieci będą (rzadko / często) korzystały z internetu.
- Dzieci będą (często / rzadko) chorować na alergie.
- Dzieci będą (wcześnie / późno) wyprowadzały się z domu rodziców.
- Będzie (trudno / łatwo) skończyć studia.

Tę stronę można kopiować.

© Wydawnictwo PROLOG

KARTECZKI (lekcja 7)

Utwórz przysłówek od przymiotnika GRUBY	Utwórz przymiotnik od przysłówka WYGODNIE	Utwórz stopień wyższy od przysłówka DOBRZE	Utwórz stopień wyższy od przymiotnika DOBRY
Utwórz stopień wyższy od przymiotnika ZŁY	Utwórz przysłówek od przymiotnika WOLNY	Utwórz przymiotnik od przysłówka DOKŁADNIE	Utwórz stopień wyższy od przysłówka ŹLE
Utwórz stopień wyższy od przysłówka CICHO	Utwórz stopień wyższy od przymiotnika SZEROKI	Utwórz przysłówek od przymiotnika DOBRY	Utwórz przymiotnik od przysłówka WOLNO
Utwórz przymiotnik od przysłówka MĄDRZE	Utwórz stopień wyższy od przysłówka WYSOKO	Utwórz stopień wyższy od przymiotnika DROGI	Utwórz przysłówek od przymiotnika ZŁY
Utwórz przysłówek od przymiotnika SZCZERY	Utwórz przymiotnik od przysłówka KIEPSKO	Utwórz stopień wyższy od przysłówka NISKO	Utwórz stopień wyższy od przymiotnika TANI

Tę stronę można kopiować.

© Wydawnictwo PROLOG

MINIDIALOGI (lekcja 7)

– Gdzie kupiłaś tę bluzkę?

– O! Ale tam jest bardzo ....!

– Dlaczego?

– Jesteście zadowoleni z wakacji?

– Zatrzymała mnie policja i musiałam zapłacić mandat.

– Poszedłeś w końcu na ten koncert?

– Nic. Będziemy po prostu odpoczywać, na wsi jest tak ....

– Może 500 osób.

– Było tak ...., że zaczęła mnie boleć głowa.

– Co się stało? Wyglądasz na zmartwioną.

– W butiku, w centrum.

– O której wróciłaś do domu?

– Bardzo ...., było już po 2.00 w nocy.

– Tak, ale nie byłem zadowolony.

– Bardzo, była piękna pogoda! W zeszłym tygodniu było bardzo ...., prawie 32°C.

– A było .... ludzi?

– Niestety... Zawsze jeżdżę bardzo ...., ale dzisiaj się spieszyłam.

– Naprawdę chcesz wyjechać na wakacje na wieś? Co będziemy tam robić?

– Wcale nie, ta bluzka kosztowała 30 złotych.

– Dlaczego, jechałaś za ....?

© A. Dixon, A. Jasińska, *PO POLSKU 2*

© Wydawnictwo PROLOG

TEKSTY nagrań

mp3 22 **1d Proszę posłuchać wypowiedzi trzech osób na temat życia na wsi. Proszę zdecydować, czy poniższe zdania są prawdziwe (P), czy nieprawdziwe (N).**

mp3 22 **1e Proszę posłuchać wypowiedzi po raz drugi i uzupełnić brakujące wyrazy.**

Wypowiedź 1

Mam na imię Adam, jestem rolnikiem, mam 25 lat. Mieszkałem w mieście kilka lat, kiedy chodziłem do szkoły, ale nie chciałem tam zostać. Moim zdaniem na wsi jest lepiej: czyste powietrze, zdrowe jedzenie, spokój. Mam duże gospodarstwo: zwierzęta, 30 hektarów pola i to jest moja firma, moja przyszłość.

Wypowiedź 2

Marian Zarębski, skromny profesor polonistyki na Uniwersytecie Jagiellońskim, 58 lat. Naturalnie uważam, że wieś jest cudowna, naprawdę cudowna: można spacerować po lesie i pić świeże mleko. Słuchać śpiewu ptaków, siedzieć pod drzewem i pisać książki. Chciałbym być rolnikiem!

Wypowiedź 3

Mam na imię Anna, jestem socjologiem wsi, mam 34 lata. Myślę, że wieś to oczywiście piękne miejsce... dla turystów. Ale praca w polu jest naprawdę ciężka i nie ma tu dobrej infrastruktury. Dzieci mają daleko do szkoły, dorośli do urzędów. To jest po prostu inny model życia.

mp3 23 **4e Proszę wysłuchać następujących par wyrazów i zdecydować, czy słyszą Państwo to samo czy nie? Następnie proszę powtórzyć wyrazy.**

1. ładni – ładnie
2. ładniej – ładniej
3. drożej – dłużej
4. taniej – tanie
5. ciekawie – ciekawie
6. dobrze – dobrzy

mp3 24 **5c Proszę wysłuchać trzech nagrań i zdecydować, w jakiej sytuacji znajdują się te osoby i na jaki temat rozmawiają.**

mp3 24 **5d Proszę posłuchać po raz drugi nagrania i odpowiedzieć na pytania.**

1.

Dziecko: Mamooo!

Matka: Nie, nie ma mowy!

Dziecko: Mamo, ale tata się zgadza!

Matka: Nie dyskutuj ze mną, ojciec nie będzie wychodził z psem na spacery ani czyścił akwarium.

Dziecko: Mamo, ale ja będę wychodził na spacery.

Matka: Nie, Mateusz!

Dziecko: A kanarek?

2.

Prezenter: Proszę państwa, obejrzeliśmy reportaż z gminy Wodzisław i teraz zapytajmy może naszego eksperta, co gmina powinna zrobić w tej sytuacji.

Ekspert: Więc proszę państwa, to jest po prostu horror! Ja w ogóle się dziwię, że jeszcze nikt nie znalazł się w szpitalu. Ekspertyzy mówią jasno, woda jest zanieczyszczona odpadami chemicznymi do tego stopnia, że może być niebezpieczna dla życia.

Prezenter: No tak, ale widzieliśmy plażę pełną ludzi, kąpiące się dzieci!

Ekspert: No właśnie, te dzieci! Gdzie są ich rodzice? To jest po prostu kryminał!

3.

Dziewczyna: Tomek? Jesteś już na Mazurach?

Chłopak: No cześć! Słuchaj, dzwonię z takiej wsi koło Mikołajek i słuchaj, znalazłem tu bardzo fajny dom!

Dziewczyna: No, ale mieliśmy mieszkać w hotelu w Mikołajkach!

Chłopak: No tak, ale wiesz, tu jest spokojniej i ciszej! Słuchaj, to jest pięć minut drogi do Mikołajek.

Dziewczyna: Nie wiem, w hotelu jest basen...

Chłopak: A tu jest jezioro! Słuchaj, tu jest na pewno lepiej. Taniej niż w Mikołajkach i wiesz, zarezerwowałem już miejsce.

Dziewczyna: Już?!

Chłopak: No tak, gospodarz mówi, że jest coraz więcej rodzin z dziećmi, które chcą tu przyjechać!

Dziewczyna: Oj!

DVD 6 **7a Proszę obejrzeć materiał filmowy, a następnie odpowiedzieć na pytania. Proszę porównać odpowiedzi w grupie.**

DVD 6 **7b Proszę obejrzeć ponownie wywiad, a następnie wspólnie z kolegą zrobić listę korzyści związanych z przeprowadzką na wieś. Proszę uwzględnić perspektywę dzieci i rodziców.**

Dziennikarka: Dzień dobry.

Matka: Dzień dobry.

D: Dzień dobry.

Ojciec: Dzień dobry.

D: Dzień dobry.

M: Zapraszamy.

D: Czy urodziliście się w Krakowie?

M: Tak, tak, urodziliśmy się w Krakowie obydwoje.

O: Moja rodzina w Krakowie mieszka od połowy dziewiętnastego wieku.

D: Jak długo mieszkaliście w Krakowie?

M: No, całe życie, od urodzenia...

O: Całe życie.

M: ... do momentu przeprowadzki tutaj.

D: Co zdecydowało o przeprowadzce za miasto?

M: No, chęć zmiany trybu życia, kontakt z przyrodą, posiadanie własnego domku, spełnienie marzeń z dzieciństwa, którymi był właśnie taki drewniany domek na wsi z ogródkiem.

O: Właśnie mieć więcej, mieć naokoło siebie więcej przestrzeni.

M: Więcej przestrzeni. Tak, ta przestrzeń, mhm.

D: Dlaczego wybraliście tą właśnie miejscowość?

M: No, przypadkowo. To zdarzyło się tak, że znaleźliśmy ogłoszenie w gazecie... bo na samym początku wynajmowaliśmy tutaj domek i to był przypadek.

D: Jak dzieci zareagowały na wiadomość o przeprowadzce?

O: No, entuzjastycznie. Były ciekawe tego, co się stanie, jak będzie wyglądało nasze życie. Były, no podekscytowane tym faktem, że mamy radykalnie coś zmienić w życiu.
D: Jak wyglądały pierwsze miesiące po przeprowadzce za miasto?
O: Bardzo dobrze. Bardzo no, znaczy no my wiedzieliśmy, gdzie będziemy mieszkać i to nam się podobało, także byliśmy bardzo entuzjastycznie do tego nastawieni i to wszystko nam się zaczęło sprawdzać. Tym bardziej, że zaczęliśmy wchodzić w tę społeczność, poznawać ludzi.
M: Uczyliśmy się też dużo od tutejszej społeczności. Szczególnie takich różnych zwyczajów tutaj panujących na wsi. Wszyscy się znamy, ale nawet jak się z kimś nie znamy to i tak kłaniamy się sobie, rozmawiamy ze sobą. Tego w mieście nie mamy.
D: Jak zmieniło się wasze życie?
O: Diametralnie.
M: Wszystko się zmieniło.
O: Teraz nas budzą ptaki, a nie samochody.
M: I tramwaje.
D: Czy tęsknicie za życiem w mieście? Jeśli tak, to za czym najbardziej?
M: Nie tęsknimy, bo zawsze możemy do miasta pojechać. Mamy blisko. Możemy pojechać na koncert, do kina, na basen. Czasami też jak chcemy popływać w większym basenie. Chociaż tutaj już też mamy w naszych miejscowościach dwa baseny dostępne w szkołach, nowe. Nie, raczej nie tęsknimy.
D: Jakie macie rady dla tych, którzy chcą przeprowadzić się za miasto?
O: Żeby dobrze poznali miejscowość, w której zamierzają mieszkać. To jest bardzo ważne wtedy, kiedy buduje się dom i wtedy kiedy się chce mieć przyjaznych sąsiadów.
M: Żeby poznali troszeczkę mentalności, zwyczajów w lokalnej społeczności, ale też tego, na przykład, skąd wieją wiatry.
O: Tak, bo to jest ważne przy budowie domu, po prostu.
SCENA 2
D: Jak zareagowaliście na wiadomość o przeprowadzce?
Dziecko 1: Chyba bardzo dobrze, ponieważ cieszyliśmy się, że pojedziemy tutaj i będziemy mieli dużo miejsca do zabawy, dużo przestrzeni i swobody.
Dziecko 2: Ja w sumie też nie pamiętam, bo miałam tylko pięć lat.
D: Co wam najbardziej podoba się w waszej miejscowości?
Dz1: Jest tu dużo roślin i zwierząt.
Dz2: No i ma się gdzie pobawić.
D: Za czym tęsknicie?
Dz1: Tęsknimy może za tym, że wtedy w mieście mieliśmy...
Dz2: Było dużo ludzi i znajomych.
Dz1: I nie tylko, ale też mieliśmy mniej czasu do przejścia do kina na przykład.
D: Jak oceniacie decyzję o przeprowadzce?
Dz2: Myślę, że rodzice dobrze postąpili, przeprowadzając się na wieś, bo tutaj rzeczywiście mamy dużo miejsca.
D: Gdzie będziecie mieszkać za dziesięć, piętnaście lat?
Dz1: Na pewno tutaj.
Dz2: Też na wsi.

KLUCZ do ćwiczeń

1a

PIONOWO: 1. sad, 3. lato, 5. świnia, 7. zboże, 9. koń, 11. krowa, 13. kura, 15. ogród, 16. pole
POZIOMO: 2. ul, 4. wieś, 6. warzywa, 8. owoce, 10. gospodyni, 12. łąka, 14. gospodarstwo, 17. rolnik

mp3 22 **1d**

a) N, b) P, c) N, d) P, e) N

mp3 22 **1e**

Wypowiedź 1
kilka, powietrze, jedzenie, spokój, gospodarstwo, pola, przyszłość
Wypowiedź 2
cudowna, cudowna, lesie, świeże, śpiewu, drzewem
Wypowiedź 3
wsi, turystów, ciężka, infrastruktury, daleko, urzędów, inny

1f

Adam
zalety: czyste powietrze, zdrowe jedzenie, spokój
wady: –
prof. Zarębski
zalety: można spacerować po lesie, pić świeże mleko, słuchać śpiewu ptaków, pisać książki
wady: –
Anna
zalety: –
wady: praca w polu jest ciężka, brak dobrej infrastruktury, daleko do szkoły i do urzędów

2b

2. stawiają, 3. źle się działo, 4. widać było, 5. upodobniło się, 6. wszystkiego po trochu

3a

1. motyl, 2. jeleń, 3. niedźwiedź, 4. krowa, 5. owca, 6. pszczoła, 7. mrówka 8. ryba, 9. żaba, 10. królik, 11. kot, 12. kura, 13. koń, 14. mysz, 15. nietoperz, 16. świnia, 17. ptak, 18. pies

3e

1. zdrowy jak ryba, 2. wierny jak pies, 3. silny jak koń, 4. pracowity jak mrówka

4b

1. dłużej – Człowiek żyje coraz dłużej. / Ludzie żyją coraz dłużej.
2. więcej – Mamy coraz więcej problemów.
3. bardziej – Przyroda cierpi coraz bardziej.
4. trudniej – Na wsi jest coraz trudniej.
5. cieplej – Wiosną jest coraz cieplej.

4d

1. brudniej, 2. najgorzej, 3. trudniej, 4. częściej, 5. najpiękniej, 6. więcej, 7. rzadziej, 8. bliżej, mniej

mp3 23 **4e**

to samo: 2, 5
nie to samo: 1, 3, 4, 6

5b

a) 9 milionów Polaków ma kota.
b) Coraz więcej ludzi lubi zwierzęta domowe.
c) Coraz mniej ludzi akceptuje ogrody zoologiczne.
d) Większość ludzi żyje w zgodzie z naturą.
e) Wiele osób w Polsce segreguje śmieci.
f) Większość Polaków mieszka na wsi.
g) Coraz więcej Polaków chce mieszkać w mieście.
h) 60% ludzi w Polsce deklaruje miłość do natury.

mp3 24 **5c**

a) 2, b) 1, c) 3, d) 2, e) 1, f) 3

mp3 24 **5d**

1. Mateusz chce mieć psa i rybki.
2. Boi się, że to ona będzie wychodzić z psem na spacery.
3. O zanieczyszczeniu morza odpadami chemicznymi.
4. Ekspert jest oburzony faktem, że rodzice nie pilnują swoich dzieci.
5. Tomek dzwoni z Mazur.
6. W hotelu w Mikołajkach.
7. Na wsi jest spokojniej, ciszej i taniej. Można popływać w jeziorze.

6c

antonimy: wszędzie – nigdzie
podobne: żyć – przeżyć
synonimy: przyroda – natura, pożywienie – jedzenie, działalność – aktywność

DVD 6 **7a**

a. z Krakowa,
b. chęć zmiany trybu życia, kontakt z przyrodą, posiadania własnego domu, spełnienie marzeń z dzieciństwa,
c. przypadkowo, przez ogłoszenie w gazecie,
d. entuzjastycznie, były ciekawe tego, co sie stanie,
e. miejscowość, sąsiadów, zwyczaje w lokalnej społeczności,
f. rodzice – nie tęsknią, miasto jest blisko; dzieci – tęsknią, w mieście miały więcej znajomych, kino było bliżej.

NOTATKI
nauczyciela

lekcja

8

Relacje z ludźmi

Cele i sytuacje komunikacyjne	• wyrażanie życzenia, oczekiwania, powinności • mówienie o relacjach rodzinnych
Słownictwo	• rodzina, kobieta i mężczyzna, świat uczuć
Gramatyka i składnia	• zdania podrzędne złożone dopełnieniowe ze spójnikiem *żeby* w opozycji do zdań ze spójnikiem *że*
Rozumienie ze słuchu	• film: *Co to jest miłość?* • problemy w rodzinie, problemy w związku; życzenia, oczekiwania, powinności; scenariusze „miłosne"
Rozumienie tekstów pisanych	• *Miłość z internetu* • *Moja druga połowa* – serwis randkowy
Mówienie	• opowiadanie o swoim życiu uczuciowym, wyrażanie życzeń, oczekiwań, powinności
Pisanie	• list z gratulacjami • *Razem czy osobno / Szukanie partnera w sieci* – tekst argumentacyjny

Proponujemy przy większości ćwiczeń pracę w grupach. O ich liczebności i składzie decyduje nauczyciel bądź sami studenci (w zależności od indywidualnych potrzeb).

1a **2a**

Relacje z ludźmi to ważny temat, istotne są również funkcje zaprezentowane w tej lekcji, prosimy zatem zwrócić szczególną uwagę na ich praktyczną realizację. Materiał gramatyczny związany z funkcją *wyrażanie życzenia, oczekiwania* to zdania podrzędnie złożone dopełnieniowe, często ze spójnikiem *żeby*. W języku polskim po czasownikach takich jak *chcieć, pragnąć* itd. wymagany jest spójnik *żeby*, a następnie użyty zostaje czasownik w formie czasu przeszłego w trzeciej osobie liczby pojedynczej lub mnogiej. To często nowość dla studentów, dlatego tego typu konstrukcja została wprowadzona już w rozgrzewce.

5a

Materiał autentyczny w tej lekcji, podobnie jak w całej książce, jest związany ze sprawnością czytania ze zrozumieniem. Zadaniem uczącego się jest więc nie dekodowanie znaczenia wszystkich słów, lecz rozumienie ogólnego sensu wypowiedzi pisemnej. Należy jednak zadbać o to, żeby uczący się wyłowili najważniejsze problemy przedstawione w materiale. Tutaj sugeruje się zwrócenie uwagi na takie aspekty jak:

- zalety poszukiwania partnera na portalach randkowych
- spotkania w sieci i konfrontacja na żywo
- pokazywanie się od lepszej strony

PROPOZYCJA ZADANIA DOMOWEGO **5a**

Trudniejsze teksty możemy zadawać studentom jako pracę domową. Na kolejnych zajęciach dyskusja na poruszony w tekście problem będzie swobodniejsza, jeżeli student wcześniej oswoi się z wykorzystanym w tekście słownictwem.

PROPOZYCJA ZADANIA DOMOWEGO

Proszę wybrać jedno z poniższych zdań i dokończyć historię:

1. „Ostatnio poznałam na imprezie świetnego chłopaka..."
2. „Niedawno poznałem na portalu randkowym bardzo interesującą dziewczynę..."
3. „Spotkaliśmy się w realu, ale czuję, że to nie jest to, czego szukaliśmy..."
4. „Jutro idę na pierwsze spotkanie z kimś, kogo poznałem w sieci..."

PODPOWIEDZI I ROZWIĄZANIA ALTERNATYWNE **2c**

Po wykonaniu ćwiczenia studenci mogą przygotować analogiczną listę oczekiwań Ewy w stosunku do jej rodziny.

3c

Po wykonaniu ćwiczenia nauczyciel może poprosić uczestników, aby napisali na karteczkach kilka zawodów. Nauczyciel miesza karteczki i podaje studentom do wylosowania. Następnie, pracując w parach, studenci wymyślają „powinności" dla osób, które pracują w wylosowanych zawodach. Nauczyciel zaznacza, że w zdaniach powinny zostać użyte formy *powinien / powinna.*

Przykład: *nauczyciel – powinien być cierpliwy, nie powinien się spóźniać,...*

4c

Po wysłuchaniu nagrania studenci mogą przygotować i odegrać scenkę, w której wcielają się w role Magdy, Marka i psychoterapeuty.

5e

Proponujemy dyskusję w grupie na temat: „Spotkania na żywo kontra spotkania w sieci". Można podzielić grupę na dwa „obozy" i narzucić poniekąd opinię w celu zróżnicowania wymiany zdań. Istnieje bowiem ryzyko, że obydwie grupy będą zgodne. Zadanie jest więc rodzajem odgrywania ról.

5b

Jeśli grupa jest kreatywna i ma poczucie humoru, można zaproponować, aby każdy student napisał własne „ogłoszenie matrymonialne", a następnie poszukał dla siebie partnera w grupie.

6e 6f DVD 7

Czy istnieje różnica między opiniami dzieci i dorosłych w następujących kwestiach:

	DZIECI (co mówią te, które występują w filmie)	DOROŚLI (Pana / Pani opinia)
Co to jest miłość?		
Jak rozpoznać osoby zakochane?		
Jak rozumiesz słowo „rodzina"?		
Co chcielibyście zmienić w swojej rodzinie?		

MATERIAŁY DODATKOWE

Gra WSPÓŁLOKATORZY

Opis gry

WYRAŻANIE OCZEKIWAŃ. STAWIANIE WARUNKU

Studenci wypełniają formularze. Ich zadaniem jest znalezienie odpowiedniego współlokatora lub współlokatorów. W tym celu przeprowadzają rozmowę z kilkoma osobami w grupie. W trakcie rozmowy przedstawiają swoje warunki i oczekiwania. Po wykonaniu zadania studenci-współlokatorzy siadają obok siebie i opowiadają grupie, dlaczego postanowili zamieszkać razem. Gra pozwala utrwalić słownictwo dotyczące opisu osoby, zainteresowań, upodobań oraz pozwala realizować funkcję *wyrażanie oczekiwania i życzenia.*

Gra KARTECZKI

Opis gry

Nauczyciel wycina kilka kompletów karteczek, a następnie rozdaje je w kilku grupach. Zadaniem studentów jest dokończenie zdań. Robią to kolejno. Kiedy jeden student odpowiada, pozostałe osoby kontrolują poprawność gramatyczną wypowiedzi. Za każdą poprawną wypowiedź studenci przyznają sobie punkt.

Gra DEFINIOWANIE

Opis gry

TWORZENIE KRÓTKICH TEKSTÓW PISANYCH

Pozwala utrwalić słownictwo związane z relacjami kobieta – mężczyzna. Nauczyciel może wykorzystać poniższe słowa na dwa sposoby:

1. DEFINICJE

Nauczyciel rozdaje grupom wycięte karteczki. Studenci odwracają karteczki zapisaną stroną do spodu, a następnie kolejno je losują. Ich zadaniem jest podać znaczenie wylosowanego słowa. Pozostałe osoby odgadują definiowane słowa. Student, który jako pierwszy zgadnie, o jakie słowo chodzi, zabiera karteczkę. Wygrywa osoba, która zebrała najwięcej karteczek.

2. HISTORYJKI

Studenci pracują w parach. Każda para losuje kilka karteczek, a następnie na dużym arkuszu papieru opisuje krótką historyjkę miłosną. Ich zadaniem jest użycie w opisie wylosowanych słów.

Gra ROZSYPANKA

Opis gry

ZDANIA ZŁOŻONE

Gra umożliwiająca budowanie zdań złożonych z różnymi spójnikami.

Nauczyciel rozdaje parom karteczki z elementami ćwiczenia. Zadaniem studentów jest dopasowanie dwóch elementów zdania, a następnie połączenie ich odpowiednim spójnikiem.

Gra PROFIL

Opis gry

AUTOPREZENTACJA

Nauczyciel wyjaśnia zadanie, rysując i zapisując informacje na tablicy. Nauczyciel podkreśla, że gra ma charakter zabawowy. Nauczyciel mówi:

Teraz stworzę swój profil randkowy na potrzeby aplikacji ...X... To jest moja podobizna (rysuje swoją karykaturę na tablicy). Teraz podam kilka informacji o sobie, uwaga, mogą być prawdziwe lub nieprawdziwe oraz kogo szukam:

Przystojny, czarujący 35-latek pozna: seksownego blondyna / uroczą brunetkę / inteligentnego chłopaka / kobietę z charakterem / przyjaciół / znajomych na wyjazdy, etc.

Jestem towarzyski / jestem introwertykiem...

Interesuje się psychoanalizą / boksem...

W wolnych chwilach...

Po wyjaśnieniu nauczyciel rozdaje każdemu arkusz do wypełnienia i kopertę. Po wypełnieniu swojego arkusza (uwaga, zadanie jest anonimowe, nie można podać swojego nazwiska) studenci wkładają arkusze do koperty, które muszą oznaczyć niewielkim symbolem (np. trzy kropki / krzyżyk) tak, aby nikt nie widział i nie mógł zidentyfikować koperty) Nauczyciel miesza koperty i podaje studentom do wylosowania. Następnie studenci indywidualnie czytają profil wylosowanej osoby, a potem na forum grupy dzielą się swoimi uwagami i wyjaśniają, dlaczego umówiliby się / nie umówiliby się z wylosowaną osobą. Na zakończenie studenci odnajdują swojego wylosowanego partnera.

Nauczyciel podsumowuje zadanie: ile par udało się dobrać, a ile prób zakończyło się niepowodzeniem.

Gra MINIDIALOGI

Opis gry

PRZYSŁÓWKI

Gra pozwala utrwalić materiał gramatyczny i leksykalny. Nauczyciel rozdaje w grupach komplety karteczek. Zadaniem studentów jest połączenie wypowiedzi, tak aby powstały minidialogi, a następnie wpisanie w wolne miejsca odpowiednich przysłówków.

WSPÓŁLOKATORZY (lekcja 8)

1. Które prace domowe lubisz najbardziej?

- sprzątanie
- gotowanie
- pranie
- prasowanie
- robienie zakupów

2. Jakich prac domowych nie lubisz najbardziej?

3. Czy lubisz głośno słuchać muzyki? Jaką lubisz muzykę?

4. Jak często oglądasz telewizję?

5. Czy masz lub chciałbyś mieć w domu jakieś zwierzę? Jakie?

6. O której chodzisz spać?

7. Jakie masz zalety?

8. Jakie masz wady?

1. Które prace domowe lubisz najbardziej?

- sprzątanie
- gotowanie
- pranie
- prasowanie
- robienie zakupów

2. Jakich prac domowych nie lubisz najbardziej?

3. Czy lubisz głośno słuchać muzyki? Jaką lubisz muzykę?

4. Jak często oglądasz telewizję?

5. Czy masz lub chciałbyś mieć w domu jakieś zwierzę? Jakie?

6. O której chodzisz spać?

7. Jakie masz zalety?

8. Jakie masz wady?

© A. Dixon, A. Jasińska, *PO POLSKU 2*

© Wydawnictwo PROLOG

KARTECZKI (lekcja 8)

Ludzie w moim kraju chcą, żeby...	Moi rodzice chcieliby, że- bym...	Chciałbym / chciałabym, żebyś...	Nie chciałbym / chciałabym, żebyś...	Chciałbym / chciałabym, żebyście jutro...
Przyjechałem / przyjechałam do Polski, żeby...	Uczę się pol- skiego, żeby...	Robimy to ćwi- czenie, żeby...	Dzisiaj zadzwo- nię do..., żeby...	Dzisiaj napiszę e-mail do..., żeby...
Uważam, że...	Myślę, że...	Obawiam się, że...	Mam nadzieję, że...	Boję się, że...

DEFINIOWANIE (lekcja 8)

CAŁOWAĆ SIĘ	KŁÓCIĆ SIĘ	ROZWODZIĆ SIĘ	BYĆ ZAZDROSNYM
PRZYTULAĆ SIĘ	MIŁOŚĆ	ROZSTAĆ SIĘ	ZDRADZAĆ
DZIEWCZYNA	CHŁOPAK	PRZECIWIEŃSTWO	ZWIĄZEK

© A. Dixon, A. Jasińska, *PO POLSKU 2*

© Wydawnictwo PROLOG

ROZSYPANKA (lekcja 8)

1. Mam nadzieję...	2. Jeśli chcesz...	3. Nie wiem...
4. Moi rodzice chcieli...	5. Chcę pojechać na kurs do Polski...	6. Prosiłam go kilka razy...
7. Prosiłam...	8. Może pójdziemy do kina...	9. Uważam...
10. Uczyłam się kilka miesięcy...	a) ... zdać egzamin na prawo jazdy.	b) ... jutro będzie ładniejsza pogoda.
c) ... został lekarzem.	d) ... będziesz miała czas w środę.	e) ... pożyczył mi tę książkę.
f) ... przyjdę ci pomóc.	g) ... spotkali się na dworcu.	h) ... w środę będę miała czas.
i) ... nauczyć się lepiej języka.	j) ... nie powinieneś spotykać się z tą dziewczyną.	TO
ŻEBY	ŻEBYŚMY	ŻE
ŻE	ŻEBY	CZY
JEŚLI	ŻEBYM	ŻEBY

Tę stronę można kopiować.

© A. Dixon, A. Jasińska, *PO POLSKU 2*

© Wydawnictwo PROLOG

ARKUSZ RANDKOWY

PODOBIZNA *tu narysuj siebie*	O MNIE *Tu napisz parę słów o sobie:* ____________ ____________ ____________ ____________ ____________ ____________
JAK SPĘDZAM WOLNY CZAS?	____________ ____________ ____________ ____________ ____________
CZYM SIĘ INTERESUJĘ?	____________ ____________ ____________ ____________ ____________
KOGO SZUKAM?	____________ ____________ ____________ ____________ ____________
CZEGO OCZEKUJĘ OD POZNANEJ OSOBY?	____________ ____________ ____________ ____________ ____________

Tę stronę można kopiować.

© A. Dixon, A. Jasińska, *PO POLSKU 2* © Wydawnictwo PROLOG

lekcja 8

TEKSTY nagrań

mp3 25 **2b Ewa ma problem. Proszę wysłuchać wypowiedzi i zaznaczyć, czego oczekuje od Ewy jej rodzina.**

Mam 27 lat, pracuję na uniwersytecie – jestem asystentką na anglistyce. Mieszkam z rodzicami, dziadkami, siostrą i psem, i... mam już tego dość! Moja babcia cały dzień ogląda seriale, dziadek słucha radia „Parlament", mama nie pracuje i chyba się nudzi, a siostra ma trudny okres. Wszyscy czegoś ode mnie oczekują, mają pretensje o coś, nawet ojciec. Nie lubię, jak ktoś ingeruje w moje życie! Od rana słyszę:

Babcia: Nie rozumiem, dziecko, jak można tak żyć. Ciągle tylko praca i praca, a mogłabyś odpocząć i obejrzeć jakiś serial. A poza tym, ja w twoim wieku już dawno miałam męża i dzieci, i uważam, że ty też powinnaś! Masz 27 lat!

Ojciec: Ewuniu, masz 27 lat i powinnaś zdecydowanie zamieszkać sama! Możesz przecież wynająć mieszkanie, a jeśli będziesz miała daleko do pracy, to zawsze możesz sobie kupić samochód. Nie musisz się martwić, pomożemy ci finansowo.

Siostra: Jesteś coraz grubsza, Ewka! Uważam, że powinnaś zacząć chodzić na aerobik. A poza tym nie rozumiem, jak możesz mieszkać z rodzicami! Oni cały czas mają o coś pretensje. Dlaczego nie chcesz jechać na ten staż do Londynu, który proponował ci twój profesor? Miałabyś wreszcie spokój.

Dziadek: Myślisz, że nie wiem, że palisz papierosy? To wszystko dlatego, że nie masz nic do roboty! Powinnaś rzucić palenie i znaleźć sobie jakieś hobby, na przykład zacząć się interesować polityką!

Matka: Kiedy wreszcie zrobisz ten doktorat?! Powinnaś zacząć więcej czytać, bo inaczej do końca życia będziesz asystentką na anglistyce!

mp3 26 **4b Proszę wysłuchać nagrania, a następnie przedyskutować z kolegą / koleżanką następujące problemy i przedstawić grupie Państwa opinię.**

mp3 26 **4c Proszę wysłuchać nagrania po raz drugi i uzupełnić wypowiedzi Magdy i Marka, a następnie zaproponować dalszy ciąg ich historii.**

Magda: To nie ma sensu. Jesteśmy ze sobą prawie dwa lata, ale ciągle mamy problemy. Marek mnie nie rozumie, chce, żebym była kimś innym, nie potrafi mnie zaakceptować. Od roku mieszkamy razem. Marek chciałby, żebym gotowała i zajmowała się domem. Nie chcę być gospodynią domową! Marek ma do mnie pretensje o to, że interesuję się tylko architekturą. Ale ja studiuję architekturę dlatego, że to moja pasja! Uważa, że za mało czytam, chce, żebym chodziła z nim do teatru i czytała trudne książki. Szkoda mi na to czasu. Nie rozumiem go! Najpierw prosi, żebym zrobiła kolację, potem chce, żebym posprzątała, a w końcu mówi, że jestem głupia. Mam dość!

Marek: Magda jest trudna. Mieszkamy ze sobą już prawie rok, ale ciągle jej nie rozumiem. Wiem, że studiuje architekturę, ma mało czasu i dużo pracy. Po prostu chcę jej pomóc. Magda chyba chciałaby być idealną gospodynią domową. Mówię jej, żeby nie sprzątała i nie gotowała, proszę, żebyśmy poszli do teatru, żeby przeczytała jakąś dobrą książkę. Ale ona uważa, że ja myślę, że jest głupia. Ona nigdy nie prosi, żebym pomógł jej zrobić kolację... Nie wiem, może ona chce, żebym to ja się zajmował domem? Chciałbym, żeby nie myślała, że ją ciągle krytykuję. Nie wiem, o co ma do mnie pretensje, mógłbym jej pomóc, gdyby tylko chciała.

mp3 27 **4e Proszę posłuchać wypowiedzi i zaznaczyć, kogo z wymienionych osób dotyczą podane informacje.**

1. Chciałabym, żebyście przyjechali na święta, tak dawno was nie widziałam...
2. Prosiłam, żeby w moim pokoju nie było czarnych mebli!
3. A teraz proszę, żebyście przeczytali ten tekst.
4. Oczekuję, że przygotuje pan ten bilans na poniedziałek!

mp3 28 **6a Aktorzy czytają fragmenty trzech scenariuszy. Proszę wysłuchać nagrania i zdecydować, co jest tematem tych scenariuszy.**

mp3 28 **6b Proszę posłuchać nagrania po raz drugi i powiedzieć:**

Scenariusz 1

On: Zabiję ciebie i mojego brata! Jak mogliście mi to zrobić!

Ona: Eryku, proszę nie rób tego! Twój brat Alfred i ja nie chcieliśmy tego!

On: Lauro, tak bardzo cię kochałem, a ty mnie zdradziłaś!

Ona: Eryku, najdroższy, myślałam, że umarłeś. Kiedy dostałam list z Afryki, że była ta straszna epidemia, i że ty nie żyjesz, byłam w rozpaczy! A twój brat był blisko.

Scenariusz 2

Ona: Proszę, zrozum... Ja nie potrafię dłużej tak żyć.

On: Nie możesz mieć do mnie pretensji, Anno, przecież mówiłaś, że nie chcesz całej tej rutyny, domu, dzieci, psa, całego tego mieszczaństwa... Przecież sama tego chciałaś!

Ona: Masz rację, chciałam tego...

On: Nie chcę, żebyś odeszła, kocham cię.

Ona: Ja też myślałam, że cię kocham, że potrafię zrozumieć sytuację, że potrafię żyć z twoimi depresjami, z twoimi euforiami, z twoją wódką, z twoją żoną... Musimy się rozstać.

Scenariusz 3

Ona: (*odbiera słuchawkę*)

On: Nie śpisz jeszcze?

Ona: Dzwonisz do mnie w środku nocy i pytasz, czy nie śpię? Ale nie, nie spałam jeszcze.

On: Chciałem ci podziękować za dzisiejszy dzień, za ten spacer i za wszystko.

Ona: Nie ma za co, możemy to powtórzyć, kiedy tylko będziesz chciał. Jesteśmy w końcu przyjaciółmi.

On: Wiesz...

Ona: No, co jeszcze?

On: Wiesz ja..., właściwie dzwonię, bo...

Ona: Nie możesz spać?

On: ...bo chciałem cię zapytać, co byś powiedziała, gdybym ci powiedział, że.... zakochałem się w tobie.

Ona: Ty?

On: Kocham cię!

DVD 7 **6e** *Przed obejrzeniem filmu:*
Dzieci będą mówiły o tym, jak rozumieją miłość i problemy w związkach romantycznych i w rodzinie. Pracując wspólnie z partnerem, proszę zgadnąć, co powiedzą dzieci. Swoje propozycje proszę wpisać do tabeli poniżej do rubryki „Prognoza".

DVD 7 **6f** **Proszę obejrzeć wywiad z dziećmi i zanotować ich wypowiedzi w rubryce „Wypowiedzi dzieci". Proszę porównać swoje prognozy z uzyskanymi wypowiedziami. Proszę podzielić się swoimi refleksjami na forum grupy.**

Co to jest miłość?

Dziennikarka: A co to jest miłość?
Dziewczynka 2: Że na przykład jak jest mi smutno, to mama mnie przytula.
Dziewczynka 1: Nie wiem.
Chłopiec: Ja się zakochałem w płatkach z mleka.

Skąd wiadomo, że ludzie się kochają?

Dz: A skąd wiadomo, że ludzie się kochają?
D2: Bo dają sobie kwiaty.
D1: Jak biorą ślub.
Ch: Dają sobie torciki i prezenty, i czekoladki, i buziaki, i kwiaty.

Opowiedz o swojej rodzinie.

D2: Ja mam w swojej rodzinie siostrę, siostrę, tatę, mamę.
D3: Mam młodszego brata, mamę, tatę i psa. I siebie oczywiście.

Co chcielibyście zmienić w swojej rodzinie?

Dz: Co chcielibyście zmienić w swojej rodzinie?
D2: Chciałabym mieć psa.
Ch: Chciałbym, żeby mój tata się zmienił na dobr... na lepszego.

Czy masz dziewczynę albo chłopaka?

Dz: Czy masz dziewczynę?
Ch: Mam. Kornelkę, Nadię i .... za dużo. Mam pięć dziewczyn albo sześć.
P: Masz jakiegoś chłopaka?
D1: Nie mam.
D2: Masz.
D1: Nie.
D2: Masz!
D1: Nie.
D2: Franka i Kostka.
D2: Franka i Kostka.
D1: Nie mam.
D2: Mam kogoś. Takiego Tymka.
Dz: Czy masz jakiegoś chłopaka?
D3: Tak. Takiego Filipa. On się lubi wygłupiać, a ja też się lubię wygłupiać. I on jest fajny. Ogólnie.

Jak będzie wyglądała twoja rodzina?

Dz: Czy wyjdziesz za mąż i jak będzie wyglądała Twoja rodzina?
D3: Nie. Nie.
Ch: Ja chciałbym się ożenić z Kornelką. Jee.
D2: Będę miała taki dom, który cały będzie z waty cukrowej. Dach będzie miał piernikowy, a meble będą z cukierków i lizaków.
D1: A z czego będzie komin?
D2: Komin będzie z laseczek cukrowych.

KLUCZ do ćwiczeń

2a

1. Chcę, żebyś wyjeżdżał z nami w weekendy!
2. Proszę cię, żebyś nie siedział ciągle w internecie.
3. Mówię ci, żebyś mniej pracował.
4. Nie chcę, żebyś kupował mi biżuterię.
5. Proszę cię, żebyś nie mówił do niej po imieniu.
6. Nie chcę, żebyś kupował jej prezenty.
7. Mówię ci, żebyś został / została w domu.
8. Nie chcę, żebyś kłamał.

mp3 25 2b

matka: zrobić doktorat, więcej czytać
ojciec: wynająć mieszkanie, kupić sobie samochód
babcia: wyjść za mąż, urodzić dziecko, oglądać seriale
dziadek: interesować się polityką, rzucić palenie
siostra: pojechać na staż do Londynu, chodzić na aerobik

2c

Babcia chce, żeby Ewa wyszła za mąż, urodziła dziecko i oglądała seriale.
Ojciec chce, żeby Ewa wynajęła mieszkanie i kupiła sobie samochód.
Siostra chce, żeby Ewa pojechała na staż do Londynu i chodziła na aerobik.
Dziadek chce, żeby Ewa interesowała się polityką i rzuciła palenie.
Matka chce, żeby Ewa zrobiła doktorat i więcej czytała.

3a

1. Mieszkałem, 2. miał, 3. robiła, 4. miała, 5. poszedłem, 6. była, 7. studiowały, 8. zaprosiłem, 9. spotykaliśmy się, 10. wyjechały, 11. pisaliśmy, 12. zakochaliśmy się, 13. zamieszkaliśmy, 14. chodziliśmy, 15. rozmawialiśmy, 16. interesowała się, 17. chciała, 18. siedziała, 19. rysowała, 20. miała, 21. gotowałem, 22. sprzątałem, 23. robiła, 24. zaczęliśmy

3c

1. powinieneś, 2. powinienem, 3. powinni, 4. powinna, 5. powinnaś / powinieneś 6. powinienem / powinnam, 7. powinniście

mp3 26 4c

A. Magda: była, gotowała, być, interesuję się, czytam, chodziła, zrobiła, posprzątała, jestem
B. Marek: studiuje, być, sprzątała, poszli, przeczytała, myślę, pomógł, się zajmował, myślała

lekcja 8

4d

a) pobrać się
b) zdobył doświadczenie
c) otworzyła własną firmę
d) jest przeciwieństwem
e) kłócą się i mają siebie dość
f) ratować związek
g) rozstać się

mp3 27 4e

a) 4, b) 2, c) 3, d) 1

5c

1. żeby, 2. żebym, 3. że, 4. że, 5. żebym, 6. że, 7. żebyśmy, 8. żeby, że, 9. żeby, 10. że, 11. że, 12. żeby

mp3 28 6a

a) 1, b) 3, c) 2

NOTATKI nauczyciela

lekcja

9

Przyjaźń

Cele i sytuacje komunikacyjne
- wyrażanie przypuszczenia, warunku
- mówienie o przyjacielskich relacjach z innymi ludźmi
- **powtórzenie:** wyrażanie życzenia, propozycji, prośby, sympatii, antypatii

Słownictwo
- przyjaźń
- relacje z innymi ludźmi

Gramatyka i składnia
- zdania warunkowe
- celownik liczby pojedynczej i mnogiej (rzeczownik i przymiotnik)
- elementy rekcji czasownika
- deklinacja zaimka *się*
- odmiana rzeczownika *przyjaciel* w liczbie pojedynczej i mnogiej
- tworzenie trybu warunkowego

Rozumienie ze słuchu
- film: *Spotkanie ze starą znajomą po latach*
- *Co to jest przyjaźń* – wypowiedzi na temat przyjaźni
- wyrażanie warunku, hipotezy, życzenia, prośby

Rozumienie tekstów pisanych
- psychozabawa *Czy jesteś dobrym przyjacielem?*
- *Co myślą o Ewie jej znajomi i rodzina*

Mówienie
- wyrażanie warunku i przypuszczenia; opowiadanie o swoich przyjaciołach; opisywanie wzajemnych relacji, zaufanie w przyjaźni

Pisanie
- opis osoby

Proponujemy przy większości ćwiczeń pracę w grupach. O ich liczebności i składzie decyduje nauczyciel bądź sami studenci (w zależności od indywidualnych potrzeb). Trzeba zwracać uwagę, żeby przy omawianiu słownictwa dotyczącego wartościowania i oceniania robić to w sposób neutralny. Należy skupić się tylko na funkcjach językowych.

2a 2b

Studenci mieli już możliwość zapoznania się z formami zaimków osobowych w celowniku i ich użyciem (lekcja 19, PO POLSKU 1). Powinni również znać formy *pan, pani, państwo* w tym przypadku (lekcja 19, PO POLSKU 1), ale dopiero teraz wprowadza się tworzenie form rzeczowników w celowniku liczby pojedynczej i mnogiej. Warto zaznaczyć, że końcówki w celowniku dla (rzeczowników) rodzaju żeńskiego w liczbie pojedynczej są takie same jak w miejscowniku, a więc studenci, którzy zapoznali się już z miejscownikiem, będą mieć spore ułatwienie w opanowaniu tych form.

2g 2h 2i 2j

Ćwiczenia z zaimkiem *się* są bardzo ważne. Studenci mają często problemy z jego prawidłowym użyciem, szczególnie kłopotliwe są formy celownika i miejscownika.

3a 3b 3c 4a 4c 4d 5a 5b

Materiał gramatyczny to użycie form trybu warunkowego w zdaniach warunkowych. Sam tryb warunkowy pojawił się już wcześniej przy okazji *formułowania życzenia, prośby lub propozycji* (chodzi głównie o użycie *chcieć, móc* lekcja 19, PO POLSKU 1), tu jednak prezentujemy po raz pierwszy strukturę zdania warunkowego ze spójnikiem *gdyby*.

PODPOWIEDZI I ROZWIĄZANIA ALTERNATYWNE **2b**

Po wykonaniu zadania można wykorzystać grę ŚWIĄTECZNE PREZENTY, która znajduje się w materiałach dodatkowych.

2e

Po wykonaniu tego ćwiczenia nauczyciel może podzielić studentów na małe grupy i polecić, aby każda z nich przygotowała listę 10 powodów, dla których warto mieć przyjaciela.

3d

Nauczyciel może przygotować dodatkowe fotografie, rozdać je grupom i polecić, aby studenci, podobnie jak w ćwiczeniu, zdecydowali, co mówią lub myślą osoby na zdjęciach.

4a

Po wykonaniu zadania nauczyciel może polecić studentom, aby opowiedzieli sobie, pracując w parach, o kilku sytuacjach, w których mogli liczyć na swojego przyjaciela.

4d

Po wykonaniu zadania można wykorzystać grę ANKIETA, która znajduje się w materiałach pomocniczych.

5b

Po wykonaniu tego zadania nauczyciel może polecić studentom, aby zapytali inne osoby w grupie, co zmieniłyby w swoim życiu, gdyby mogły cofnąć czas.

5b

Po wykonaniu ćwiczeń z bloku 5 można wykorzystać grę CO BY BYŁO, GDYBY..., która znajduje się w materiałach pomocniczych.

6a 6b 6c DVD 8

Co by było, gdyby? Proszę skończyć poniższe historie.

„Gdybyśmy z Imranem nie mieli wspólnych przyjaciół, to ....".

„Gdybym dzisiaj była cały czas z Tomkiem, to ....".

„Gdyby Sebastian i Monika nie rozwiedli się, to ....".

„Gdybym mieszkała cały czas z Warszawie, to ....".

„Gdyby dziewczyny nie spotkały się w kawiarni, to ....".

NOTATKI nauczyciela

MATERIAŁY DODATKOWE

Gra ŚWIĄTECZNE PREZENTY

Opis gry

CELOWNIK

Na rysunku przedstawiono rodzinę. Studenci zgadują, kto komu podarował poniższe prezenty. Muszą uzasadnić swoją decyzję. Gra umożliwia utrwalenie form celownika. Nauczyciel może pociąć karteczki i rozdać je studentom podzielonym na małe grupy.

Przykład:

Rodzice podarowali Ani lalkę. Ania jest mała i na pewno lubi bawić się lalkami.

Zgadnij, kto komu podarował te prezenty!

Gra ANKIETA

Opis gry

ZDANIA WARUNKOWE

Nauczyciel rozdaje studentom kserokopie ankiety, studenci zadają sobie pytania. Gra daje możliwość formułowania hipotez.

Gra CO BY BYŁO, GDYBY...

Opis gry

WYRAŻANIE PRZYPUSZCZENIA I WARUNKU

Nauczyciel rozdaje w grupach karteczki z rysunkami. Studenci odwracają je kolejno i budują zdania typu *Co by było, gdyby...*

Przykład:

Mężczyzna, który ma katar – gdyby ubierał się ciepło, nie miałby kataru.

Gra DOPASOWANKA

Opis gry

UTRWALANIE SŁOWNICTWA

Nauczyciel dzieli studentów na pary i rozdaje arkusze ćwiczenia. Zadaniem studentów jest dopasowanie wypowiedzi i ich uzupełnienie poprawną formą czasownika, a następnie zaznaczenie, jak zareagowaliby w takiej sytuacji.

ŚWIĄTECZNE PREZENTY (lekcja 9)

babcia Idalia dziadek Mateusz matka Julia ojciec Paweł syn Adaś córka Klara

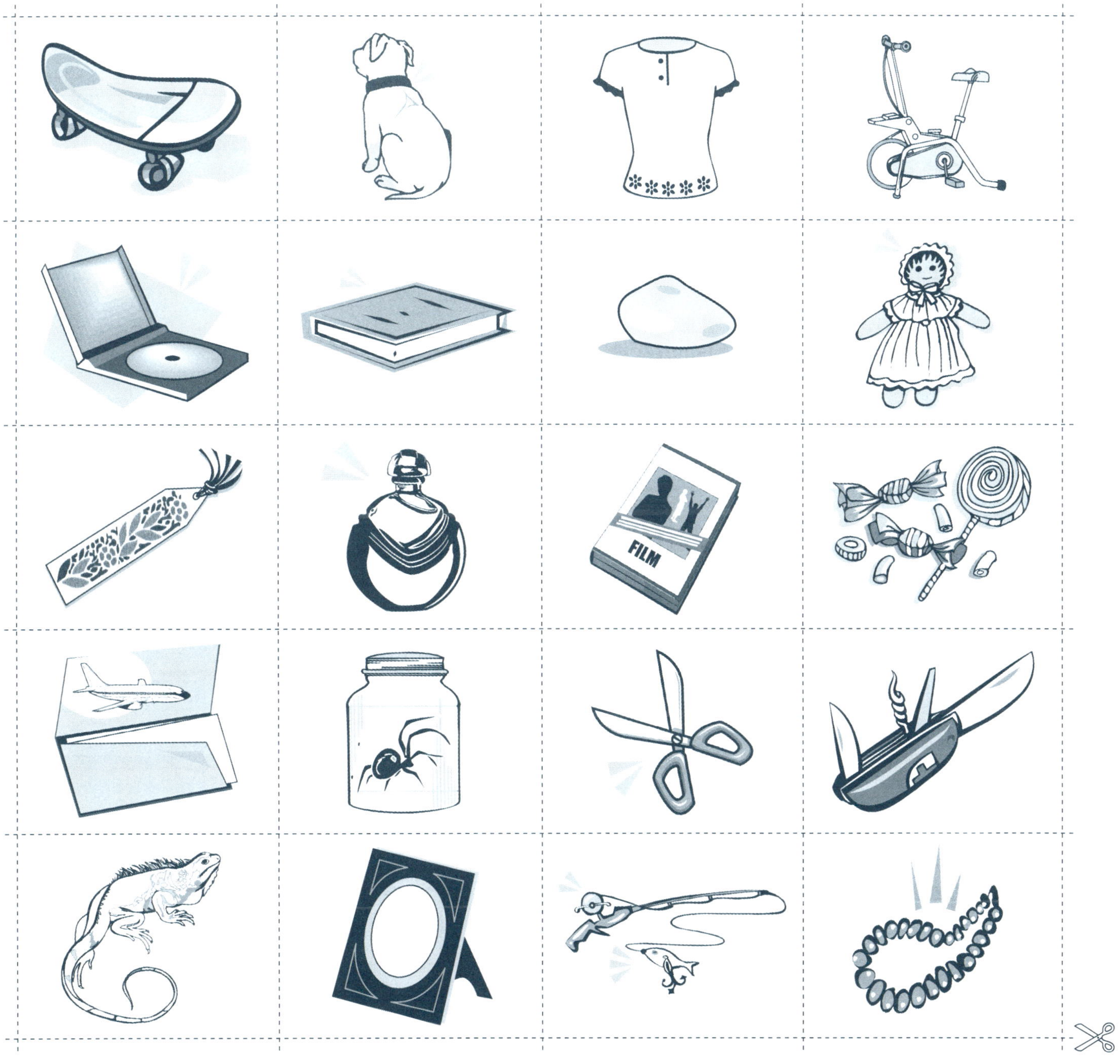

Tę stronę można kopiować.

ANKIETA (lekcja 9)

Pytanie	Imię	Odpowiedź
1. Co zrobiłbyś / zrobiłabyś, gdybyś dostał / dostała atrakcyjną ofertę pracy w Polsce?		
2. Co zrobiłbyś / zrobiłabyś, gdybyś wygrał / wygrała na loterii milion euro?		
3. Co zrobiłbyś / zrobiłabyś, gdybyś znalazł / znalazła na ulicy portfel?		
4. Co zrobiłbyś / zrobiłabyś, gdybyś zobaczył / zobaczyła na ulicy dziecko, które jest samo i płacze?		
5. Kogo zabrałbyś / zabrałabyś ze sobą na bezludną wyspę? Dlaczego?		
6. Dokąd nigdy nie pojechałbyś / pojechałabyś na wakacje? Dlaczego?		
7. Z jaką znaną osobą chętnie zjadłbyś / zjadłabyś kolację?		
8. Co zmieniłbyś / zmieniłabyś w twoim kraju, gdybyś był / była prezydentem?		
9. W jakim mieście / kraju chciałbyś / chciałabyś studiować / pracować?		
10. Co robiłbyś / robiłabyś, gdybyś urodził / urodziła się 100 lat temu?		

© A. Dixon, A. Jasińska, *PO POLSKU 2*

© Wydawnictwo PROLOG

CO BY BYŁO, GDYBY... (lekcja 9)

Tę stronę można kopiować.

© A. Dixon, A. Jasińska, *PO POLSKU 2*

© Wydawnictwo PROLOG

DOPASOWANKA (lekcja 9)

SYTUACJA 1

Twoja córka ma 15 lat i chce jechać na kemping z grupą znajomych

„____"

„____"

SYTUACJA 2

Postanowiłeś / łaś pojechać na wakacje sam/a bez rodziny. Myślisz sobie:

„____"

„____"

SYTUACJA 3

Podoba ci się osoba, z którą jesteś w grupie. Masz wrażenie, że ta osoba często na ciebie patrzy. Myślisz:

„____"

„____"

SYTUACJA 4

Dostajesz awans w pracy. Myślisz:

„____"

„____"

UFAĆ	MYŚLEĆ TEŻ
ODWZAJEMNIAĆ	WYKORZYSTAĆ
MYŚLEĆ TYLKO	ROZCZAROWAĆ SIĘ
TROSZCZYĆ SIĘ	DOCENIAĆ

Tę stronę można kopiować.

© A. Dixon, A. Jasińska, *PO POLSKU 2*

© Wydawnictwo PROLOG

DOPASOWANKA (lekcja 9)

Będzie lepiej, jeśli nie zaproszę jej / go na randkę, bo na pewno się ______________ [1].

Boję się, że ktoś cię ______________ [2].

Ciężko pracuję, więc wakacje mi się należą. Muszę ______________ [3] o sobie.

Gdyby firma się o mnie ______________ [4], dostałbym / dostałabym ten awans w zeszłym roku.

______________ [5] ci, więc się zgadzam, ale musisz do mnie codziennie dzwonić.

Na pewno ______________ [6] moje uczucia.

Wreszcie firma mnie ______________ [7].

Moja rodzina powie, że ______________ [8] o sobie.

1. Twoja córka ma 15 lat i chce jechać na kemping z grupą znajomych.
   - Ufam ci, więc się zgadzam, ale musisz do mnie codziennie dzwonić.
   - Boję się, że ktoś cię wykorzysta.
2. Postanowiłeś / aś pojechać na wakacje sam/a bez rodziny. Myślisz sobie:
   - Ciężko pracuję, więc wakacje mi się należą. Muszę myśleć też o sobie.
   - Mój rodzina powie, że myślę tylko o sobie.
3. Podoba ci się osoba, z którą jesteś w grupie. Masz wrażenie, że ta osoba często na ciebie patrzy. Myślisz:
   - Na pewno odwzajemnia moje uczucia.
   - Lepiej nie zaproszę jej/go na randkę, bo na pewno się rozczaruję.
4. Dostajesz awans w pracy. Myślisz:
   - Wreszcie firma mnie doceniła.
   - Gdyby firma się o mnie troszczyła, dostałbym / dostałabym ten awans w zeszłym roku.

Tę stronę można kopiować.

TEKSTY nagrań

mp3 29 **1b Proszę wysłuchać nagrania i uzupełnić brakujące dane. Czy wyniki sondy są dla Państwa zaskoczeniem?**

Większość Polaków jest bardzo tolerancyjna dla swoich przyjaciół. Aż 25% dałaby szansę przyjacielowi, który wykorzystał ich przyjaźń!

1. Co zrobiłbyś, gdyby twój przyjaciel wykorzystał waszą przyjaźń?
   Skończyłbym z nim znajomość. 35%
   Dałbym mu jeszcze jedną szansę. 25%
   Nic, nikt nie jest doskonały. 40%
2. Czy troszczysz się o swojego przyjaciela?
   Oczywiście! 55%
   Tak. 20%
   Nie. Wiem, że to nie fair. 25%
3. Czy twój przyjaciel rozczarował cię kiedyś?
   Tak. 36%
   Nie. 64%
4. W jakiej sytuacji powinniśmy zawsze móc liczyć na przyjaciela?
   W chorobie. 20%
   Kiedy mamy problemy finansowe. 10%
   Kiedy mamy problemy osobiste. 70%

mp3 30 **1e Proszę wysłuchać wypowiedzi trzech osób. Wypowiedzi zostały nagrane i przedstawione w audycji radiowej, której tematem była przyjaźń. Proszę napisać w rubrykach właściwą odpowiedź: *tak / nie / jest niezdecydowany / niezdecydowana / brak informacji.***

mp3 30 **1f Proszę posłuchać jeszcze raz nagrania i zdecydować, czy te zdania są prawdziwe (P), czy nieprawdziwe (N).**

1.

D.: Zbyszek Zawisza, prezenter telewizyjnych programów rozrywkowych. Co to jest przyjaźń?

Z.Z.: Zaufanie, wspólne pasje, wspólne poczucie humoru.

D.: Czy przyjaźń jest dla ciebie ważna?

Z.Z.: Nie wiem, myślę, że ważniejsza jest miłość. W naszej branży, wiesz sama, przyjaźń jest trudna, jeśli nie niemożliwa. Jest za duża konkurencja i trudno sobie nawzajem ufać. Mam kilku przyjaciół jeszcze z czasów liceum, ale nie spotykamy się, rozumiesz, oni nie mieszkają w Warszawie. Ale myślę, że mógłbym na kilka osób liczyć w każdej sytuacji.

D.: Czy jest możliwa przyjaźń między kobietą i mężczyzną?

Z.Z.: Trudno powiedzieć... Może tak, jeśli kobieta nie byłaby dla mnie atrakcyjna seksualnie, to może tak, ale... nie wiem, nie próbowałem przyjaźni z kobietą.

2.

D.: Gabrysia Młodawska, licealistka. Co to jest przyjaźń?

G.M.: Zaufanie. Moją najlepszą przyjaciółką jest mama, mogę jej powiedzieć wszystko.

D.: Czy przyjaźń jest dla ciebie ważna?

G.M.: Tak, jest bardzo ważna. Mam wielu przyjaciół, nie tylko w szkole, ale też w harcerstwie. To są ludzie, z którymi naprawdę dobrze się czuję.

D.: Czy jest możliwa przyjaźń między kobietą i mężczyzną?

G.M.: Oczywiście, że tak. Mam przyjaciół, w harcerstwie, chłopaków. Razem jeździmy na obozy, mieszkamy często razem na kempingu i wszystko jest OK.

3.

D.: Maria Nawrotna, pisarka. Co to jest przyjaźń?

M.N.: Przyjaźń to jest to samo, co miłość: wspólny system wartości, wspólna wizja świata plus magnetyzm. A miłość to jest przyjaźń plus seks.

D.: Czy przyjaźń jest dla pani ważna?

M.N.: Człowiek nie mógłby istnieć bez trzech elementów: powietrza, jedzenia i miłości, czy jak pani woli, przyjaźni.

D.: Czy jest możliwa przyjaźń między kobietą i mężczyzną?

M.N.: Nie, bo tak jak powiedziałam, przyjaźń między kobietą i mężczyzną to jest miłość. Sama, wyizolowana od seksu przyjaźń, może łączyć tylko dwie kobiety lub dwóch mężczyzn.

mp3 31 **3a Proszę wysłuchać wypowiedzi, a następnie zaznaczyć, w której z nich występuje: prośba, propozycja, przypuszczenie, życzenie.**

1. Mógłbym przyjść, jeśli chcesz.
2. Chciałabym mieć przyjaciela.
3. Może pojechalibyśmy za miasto?
4. Myślę, że ona mogłaby to zrobić.
5. Zjadłbym coś!
6. Poszlibyście z nami?
7. Nie wiem, może zrobiłbym to.
8. Napiłbym się herbaty.
9. Mógłbyś mi pożyczyć słownik?
10. To byłoby możliwe.
11. Mogłabyś mi pomóc?
12. Mogłabym ci w tym pomóc.

mp3 32 **4c Proszę wysłuchać wypowiedzi czterech osób i uzupełnić zdania.**

mp3 32 **4d Proszę przypomnieć, co powiedzieli bohaterowie z poprzedniego ćwiczenia.**

Jan: Gdybym miał przyjaciela, byłbym naprawdę szczęśliwy.

Ewa: Gdybym mieszkała w Warszawie, poznałabym wielu świetnych ludzi.

Piotr: Gdybym miał więcej pieniędzy, pojechałbym na wakacje.

Maria: Gdybym mogła liczyć na Agnieszkę, byłabym spokojna.

DVD 8 **6a Proszę obejrzeć film DVD i powiedzieć, kim są poniższe osoby.**

DVD 8 **6b Proszę zdecydować, czy to prawda (P), czy nieprawda (N).**

DVD 8 **6c Proszę uzupełnić zdania.**

Mariola: Sylwia?! To ty?! Nic się nie zmieniłaś kochana!

Sylwia: A ty się zmieniłaś i to bardzo, ledwie cię poznałam! Co za spotkanie! Ostatnio widziałyśmy się... czekaj, hmm...

na ślubie Sebastiana i Moniki, prawda? A co ty tu robisz, myślałam, że mieszkasz w Gdańsku?!
M: Mieszkałam przez parę lat. Przeprowadziłam się do Warszawy, kilka miesięcy po tym, jak wyjechałaś do Anglii. Ale co ty tu robisz? Przyjechałaś odwiedzić rodziców?
S: Nie, wróciłam do Polski na stałe.
M: Poważnie? Jak długo mieszkałaś w Londynie, 10 lat?
S: Prawie. Postanowiliśmy wrócić i założyć tu firmę, wiesz taki mały startup. Zajmujemy się nieruchomościami.
M: My?
S: Tak, ja i mój mąż Imran, wyszłam za mąż 2 lata temu.
M: Imran?
S: Tak, Imran, mój mąż jest Pakistańczykiem.
M: Ooo? A Tomek? Co się z nim stało? Byliście parą jeszcze w szkole?
S: Tomek został w Londynie. Gdybyśmy nie wyjechali, pewnie bylibyśmy już małżeństwem, mielibyśmy dzieci, a ja bym pracowała w szkole jako anglistka. Całe szczęście, że zdecydowaliśmy się wyjechać do Londynu. Gdyby nie ta decyzja, nigdy nie odkryłabym swojej pasji do inwestowania w nieruchomości i nie poznałabym Imrana.
M: A jak go poznałaś?
S: Mieliśmy wspólnych przyjaciół. Moja najlepsza przyjaciółka i przyjaciel Imrana pracowali razem w agencji rekrutacyjnej i mieli otwarty karnet do fitness clubu, który czasem pożyczałam, a Imran robił to samo. No i poznaliśmy się na siłowni, jeździliśmy na rowerach treningowych i godzinami rozmawialiśmy o inwestowaniu w nieruchomości. Potem zaczęliśmy się spotykać.
M: A Tomek, jak on zniósł rozstanie?
S: Na początku było mu ciężko, ale w sumie to była dobra decyzja. Gdybym go nie zostawiła, nigdy nie poznałby swojego obecnego partnera Jamiego.
M: Partnera? Jak to partnera?
S: Okazało się, że Tomek jest gejem. A co u ciebie, opowiadaj! Wyglądasz rewelacyjnie!
M: Dzięki! Mieszkałam trochę w Gdańsku, gdzie uczyłam angielskiego w prywatnej szkole językowej. Potem przeprowadziłam się do Warszawy, 4 lata temu wyszłam za mąż i mamy dwoje dzieci.
S: Żartujesz?! Dwoje dzieci? Gratulacje! A mąż?
M: Znasz go. Wyszłam za Sebastiana.
S: Jak to Sebastiana? Nowaka?
M: Tak. Rozwiedli się z Moniką rok po ślubie.
S: Ale historia! A co się stało, jeśli mogę zapytać?
M: Monika miała romans z przyjacielem Sebastiana, klasyka. Zostawiła go. Sebastian przeprowadził się do Gdańska i zaczęliśmy się spotykać.
S: Ty i Sebastian, ale numer. Wiesz, ale ja wiedziałam, że tak będzie. Ja mówiłam Monice, żeby nie wychodziła za mąż za Sebastiana, gdyby mnie posłuchała, nie byłoby rozwodu. On był jej najlepszym przyjacielem, ale nie było między nimi chemii.
M: Gdyby Sebastian nie ożenił się z Moniką, ja nie wróciłabym do Gdańska. Może poznałabym kogoś w Warszawie, może wyjechałabym do Anglii tak jak ty.
S: Kto wie, co by było gdyby... Nigdy nie wiadomo. Najważniejsze, że jesteś szczęśliwa. Jesteś, prawda?
M: Tak, bardzo! Musimy się spotkać we czwórkę, Imran mówi po polsku?
S: Hmm, uczy się. Ale musimy koniecznie się spotkać. Koniecznie!

KLUCZ do ćwiczeń

1d

1. b, 2. f, 3. h, 4. d, 5. g, 6. c, 8. e

mp3 30 1e

- Uważa, że przyjaźń to przede wszystkim zaufanie: Zbyszek Zawisza – tak; Gabrysia Młodawska – tak; Maria Nawrotna – nie
- Przyjaźń jest dla niego / dla niej ważna: Zbyszek Zawisza – niezdecydowany; Gabrysia Młodawska – tak; Maria Nawrotna – tak
- Ma wielu przyjaciół: Zbyszek Zawisza – nie; Gabrysia Młodawska – tak; Maria Nawrotna – brak informacji
- Uważa, że przyjaźń między kobietą a mężczyzną jest możliwa: Zbyszek Zawisza – niezdecydowany; Gabrysia Młodawska – tak; Maria Nawrotna – nie
- Często spotyka się ze swoimi przyjaciółmi: Zbyszek Zawisza – nie; Gabrysia Młodawska – tak; Maria Nawrotna – brak informacji

mp3 30 1f

a) N, b) P, c) P, d) N, e) N, f) N, g) N, h) P

2b

a) mojej mamie
b) swojej córce, mojemu dziecku
c) Piotrowi, mojemu mężowi
d) ludziom, moim pacjentom, dzieciom

2c

1. przyjacielem, przyjaciela, 2. przyjacielem, przyjaciela, 3. przyjaciela, 4. przyjaciela, przyjaciela, 5. przyjaciela, przyjaciela, 6. Przyjacielowi, 7. przyjacielu

2g

5. Ania i Paweł znają się długo. *biernik*
3. Ania i Paweł mieszkają ze sobą. *narzędnik*
4. Ania i Paweł ufają sobie. *celownik*
8. Ania i Paweł troszczą się o siebie. *biernik*
6. Ania i Paweł kochają się. *biernik*
9. Ania i Paweł nie mogą bez siebie żyć. *dopełniacz*
1. Ania i Paweł zawsze myślą o sobie. *miejscownik*
7. Ania i Paweł mogą liczyć na siebie. *biernik*

2h

dopełniacz	się, siebie
celownik	sobie
biernik	się, siebie

narzędnik sobą
miejscownik sobie

2i

1. sobie, 2. siebie, 3. sobą, 4. siebie, 5. siebie, 6. sobie, 7. się / siebie, 8. siebie, 9. sobą, 10. sobą, 11. się, 12. sobie, 13. sobie, 14. sobą,15. sobie, 16. sobą

2j

a) sobie, się, się, b) siebie, sobą, sobie, c) sobą, się, d) sobą

mp3 31 **3a**

prośba: 9, 11, **propozycja:** 1, 3, 6, 12, **przypuszczenie:** 4, 7, 10, **życzenie:** 2, 5, 8

3c

b) Mógłbyś / mogłabyś kupić ten samochód.
c) Chcielibyśmy / chciałybyśmy mieć dziecko.
d) Mógłbym / mogłabym ci pomóc.
e) Oni chcieliby studiować.
f) Chciałbyś / chciałabyś mieszkać w Krakowie?
g) Mógłbyś / mogłabyś podać mi długopis?
h) Moglibyśmy / mogłybyśmy mieć psa?

4a

1. a) przynosiłbyś / przynosiłabyś, b) dzwoniłbyś / dzwoniłabyś, c) czekałbyś / czekałabyś
2. a) dałabyś, b) zaproponowałabyś, c) powiedziałabyś
3. a) skoczyłbyś / skoczyłabyś, b) poradziłbyś / poradziłabyś c) zaproponowałbyś / zaproponowałabyś
4. a) zapytałbyś / zapytałabyś, b) zgodziłbyś się / zgodziłabyś się, c) powiedziałbyś / powiedziałabyś
5. a) pogratulowałbyś / pogratulowałabyś, b) powiedziałbyś / powiedziałabyś, poradziłbyś / poradziłabyś, c) poradziłbyś / poradziłabyś
6. a) oddałabyś, założyłabyś, b) pojechałabyś, c) zrobiłabyś, wrzuciłabyś

mp3 32 **4c**

1. ..., byłbym naprawdę szczęśliwy.
2. ..., poznałabym wielu świetnych ludzi.
3. ..., pojechałbym na wakacje.
4. ..., byłabym spokojna.

5b

Paweł: **Gdyby Ewa** była bardziej pewna siebie, **to** zrobiłaby karierę naukową.
Wojtek: **Gdyby Ewa** wyprowadziła się z domu, **to** miałaby wreszcie spokój.
Adam: **Gdyby Ewa** kupiła sobie samochód, **to** miałaby więcej czasu.
Jacek: **Gdyby Ewa** poszła do klubu potańczyć, **to** pomogłoby jej rozładować stres.
Zuzia: **Gdyby Ewa** nie mieszkała z rodzicami, **to** nie kłóciłaby się z nimi.
Irena: **Gdyby Ewa** pojechała do Londynu, **to** byłoby naprawdę smutno.

NOTATKI nauczyciela

lekcja

10

Powtórzenie

NOTATKI
nauczyciela

Cele lekcji • Powtórzenie materiału

1

Decyzja o wyborze testu należy do nauczyciela. W książce proponuje się minitest wyboru, który studenci powinni rozwiązać w ciągu 15 – 20 minut, lub dłuższy test, znajdujący się w *Podręczniku nauczyciela*. Na rozwiązanie tego testu studenci mają 45 minut. Dłuższy test wzorowany jest na formie testów egzaminacyjnych z języka polskiego jako obcego. Należy go powiększyć i skopiować dwustronnie w formacie A3.

3 7 11 12 14 16 19 20

Podobnie jak w lekcji 5, przedstawiony tu materiał jest dobrą okazją do wykonywania zadań bardziej swobodnych, dlatego proponujemy dużo ćwiczeń w mówieniu.

UWAGA!

Nagrania do testu sprawdzającego materiał z lekcji 6 – 9 są do pobrania w Strefie Nauczyciela: www.prologpublishing/download (kod do Strefy Nauczyciela znajduje się na wewnętrznej okładce).

Test nr 2, lekcje 6 – 9 **Data: ....**

Imię i nazwisko: .... **Punktacja: ..../50**

CZĘŚĆ A. Rozumienie ze słuchu

1. Proszę wysłuchać nagrania i zaznaczyć, czy poniższe zdania są prawdziwe (P), czy nieprawdziwe (N). Nagranie zostanie odtworzone dwukrotnie. **...../5 p. (5 x 1 p.)**

Przykład: Szczęście indywidualne jest dla Polaków najważniejsze. P / (N)

1. 80% Polaków deklaruje, że najważniejsze jest dla nich szczęście rodzinne. P / N
2. Drugą najważniejszą wartością dla Polaków jest spokój. P / N
3. Polacy cenią wysoko zdrowie. P / N
4. Większość Polaków uważa, że przyjaciele są ważni. P / N
5. Niewielu Polaków uważa, że bogactwo i sława dają szczęście. P / N

CZĘŚĆ B. Poprawność gramatyczna

1. Podany niżej tekst proszę uzupełnić stopniem wyższym wyrazów podanych w nawiasach: **...../5 p. (5 x 1 p.)**

Niestety, w tym roku spędzam wakacje w mieście. Nie mogę wyjechać na urlop, bo mam ...*więcej*..... (dużo) pracy niż zwykle. Jest to dość trudne, bo jest coraz .... (ciepło) i pracuje się coraz .... (źle). Ruch na ulicach jest na szczęście .... (mały) niż w ciągu roku. To dobrze, bo dzięki temu mogę .... (szybko) dojechać do pracy. Atmosfera w pracy jest .... (nerwowa) niż zwykle, gdyż przygotowujemy bardzo ważny projekt.

2. Proszę wpisać spójnik *że, żeby* lub *żebym*. **...../7 p. (7 x 1 p.)**

Moja żona chce, ..*żebyśmy*.. zamieszkali na wsi, a ja nie. Bardzo dużo dyskutujemy na ten temat. Ona mówi, ... na wsi jest czystsze powietrze, spokój i tak dalej, a ja powtarzam, ... chcę mieć blisko do pracy i .... wieś jest dla mnie dość nudna. Nie chcę, ... wszyscy przyjaciele mieszkali tak daleko, chcę, ... przyjeżdżali w każdym momencie. Moja żona prosi, ... przemyślał jeszcze moją decyzję, ale ja raczej nie zmienię zdania. Nigdy nie lubiłem wsi, ona wie, ... jestem amatorem życia w mieście.

Tę stronę można kopiować.

© Wydawnictwo PROLOG

3. Proszę zamienić podany poniżej tekst na tryb przypuszczający: ...../10 p. (10 x 1 p.)

Jeśli będę mieć kiedyś przyjaciela, na pewno będę go szanować i dbać o niego. Nie będziemy się kłócić i zawsze będę do jego dyspozycji. Jeśli będzie chory, będę do niego przychodził i robił mu zakupy. Będziemy do siebie dzwonić w razie potrzeby. Będziemy mieć wspólne zainteresowania i będziemy spędzać wiele czasu razem.

..Gdybym.. miał przyjaciela, na pewno .... go i ....

o niego. Nie .... się i zawsze .... do jego dyspozycji.

.... był chory, ... do niego i .... mu zakupy.

.... do siebie w razie potrzeby. .... wspólne zainteresowania

i .... wiele czasu razem.

4. Proszę uzupełnić poniższy dialog za pomocą słów podanych w nawiasie: ...../8 p. (8 x 1 p.)

Przykład: – Co kupiłaś ..Piotrowi.. (Piotr) na urodziny?

– Nic specjalnego.
– No, wiesz, dla mojej .... (miłość) kupowałabym tylko superprezenty.
– On nie chce, żebym wydawała pieniądze. Planujemy kupić nowe mieszkanie i Piotr mówi, że w tym roku nie dajemy .... (się) drogich prezentów.
– A .... (dzieci) też nie dajecie?
– Już kupiłam .... (Magda) nowy laptop, a .... (Weronika) – narty.
– No właśnie, więc próba .... (oszczędność) chyba się nie uda.
– Dla dzieci jest trudniej to zrealizować, ale dla .... (się) nie kupujemy nic.
– Rozumiem więc, że nie idziecie na urodziny do Janowskich?
– O, nie, do .... (przyjaciele) zawsze pójdziemy i znajdziemy pieniądze na prezent dla nich.

CZĘŚĆ C. Rozumienie tekstów

1. Proszę dopasować napis do odpowiedniego miejsca: ...../5 p. (5 x 1 p.)

1. ..a...
Proszę zachować ciszę.

2. ......
Nie wolno wprowadzać psów.

3. ......
Msze codziennie o 9:00, 12:00, 15:00, 18:00.

4. ......
Czynna od 8:00 do 16:00.

5. ......
Przyjmuje od poniedziałku do piątku od 15:00 do 18:00.

6. ......
Proszę wziąć koszyk.

a) w muzeum
b) w aptece
c) u dentysty
d) w restauracji
e) w supermarkecie
f) w kościele

CZĘŚĆ D. Pisanie

1. Proszę napisać tekst argumentacyjny na jeden z podanych tematów:
a) Małżeństwo? To nie dla mnie!
b) Przyjaźń jest bardziej bezinteresowna niż miłość.

Składnia	....../2 p.
Słownictwo	....../2 p.
Gramatyka	....../2 p.
Ortografia	....../2 p.
Kompozycja	....../2 p.
Razem:	**....../10 p.**

....

....

....

....

....

....

....

TEKST nagrania

mp3 02 **1 Proszę wysłuchać nagrania i zaznaczyć, czy poniższe zdania są prawdziwe (P), czy nieprawdziwe (N). Nagranie zostanie odtworzone dwukrotnie.**

Szczęście rodzinne zajmuje niezmiennie pierwsze miejsce wśród najważniejszych wartości, jakimi Polacy kierują się w swoim codziennym życiu. W styczniowym badaniu wskazało na nie w tym kontekście aż cztery piąte spośród ogółu ankietowanych (80%). Na drugiej pozycji, ze zdecydowanie mniejszą liczbą wskazań (55%), znalazło się zdrowie, na trzecim – spokój (do najważniejszych wartości zaliczyło go 48% respondentów), a na czwartym – grono przyjaciół (45%). Mniej więcej dwie piąte Polaków za istotne w swoim życiu uznało szacunek innych ludzi (42%) oraz uczciwe życie (42%), a ponad jedna trzecia wskazała w tym kontekście na pracę zawodową (36%). Nieco mniej liczni wymienili wiarę religijną (28%), pomyślność ojczyzny (23%) oraz wolność głoszenia własnych poglądów (18%). Natomiast za stosunkowo najmniej ważne z perspektywy codziennej egzystencji badani uznali: dobrobyt i bogactwo (9%), udział w demokratycznym życiu społeczno-politycznym (8%), życie pełne przygód i wrażeń (5%) oraz sukces i sławę (3%).

www.cbos.pl

TEKSTY nagrań

mp3 33 **5 Proszę wysłuchać wypowiedzi trzech osób. Proszę zdecydować, czy poniższe zdania są prawdziwe (P), czy nieprawdziwe (N).**

mp3 33 **6 Proszę wysłuchać nagrania po raz drugi, a następnie uzupełnić zdania według wzoru.**

1. młody mężczyzna

Zakupy w supermarkecie zajmują mniej czasu i jest na pewno taniej. Nie mam dużo czasu, więc na zakupy jeżdżę głównie w niedzielę albo późno po pracy. No właśnie, to też jest ogromną zaletą supermarketów, że są otwarte dłużej i we wszystkie dni tygodnia. Oczywiście w małych sklepikach jest sympatycznie, ale nie ma dużego wyboru.

2. młoda kobieta

Zdecydowanie wolę uczyć się angielskiego na lekcjach indywidualnych niż na kursie językowym. Praca w grupie jest dla mnie stresująca z kilku powodów: po pierwsze dlatego, że osoby, które uczą się szybciej, chcą, żeby na lekcji było większe tempo. Po drugie, te osoby więcej mówią, a ja muszę mieć dużo czasu, żeby sformułować zdanie. Na lekcjach indywidualnych sama dyktuję tempo pracy i jestem zadowolona.

3. starsza pani

Najbardziej lubię spędzać wakacje w luksusowym hotelu na plaży, najlepiej w jakimś egzotycznym miejscu. To jest oczywiście droższa forma wypoczynku, ale ma swoje zalety. W hotelu jest wygodnie i spokojnie, pokoje są eleganckie, a obsługa miła. Nie wiem, może zwiedzanie świata jest ciekawsze, ale na pewno bardziej męczące.

mp3 34 **17 Proszę wysłuchać dialogów, a następnie zdecydować, w którym z nich występują: życzenie, przypuszczenie, propozycja, prośba.**

mp3 34 **18 Proszę zdecydować, kim są osoby z dialogów i gdzie się znajdują, a następnie proszę dokończyć zdania.**

Dialog 1

– Strasznie tu gorąco... Nie masz klimatyzacji w samochodzie?
– Niestety, nie mam.
– A czy mógłbyś otworzyć okno?
– Oczywiście, już otwieram.

Dialog 2

– Ojej, już 8.15! Szef już przyszedł?
– Na szczęście nie. A co się stało?
– Nic, autobus się spóźnił.
– Wiesz co, mam pomysł! Mieszkam niedaleko, więc moglibyśmy jeździć razem do pracy. Samochodem jest szybciej.
– Ale...
– To żaden problem!

Dialog 3

– Recepcja, słucham.
– Chciałabym napić się szampana!
– Oczywiście, zaraz przyniesiemy. Jakiego szampana pani sobie życzy?
– Najdroższego, oczywiście! Co za pytanie?

Dialog 4

– Wiesz, że Jan mówił mi ostatnio, że planuje kupić dom na wsi?
– Eeee, na pewno nie mówił tego poważnie. Ma tu piękne, duże atelier, a poza tym, co artysta może robić na wsi? Organizować wystawy dla rolników?
– Nie śmiej się, ja myślę, że on mógłby to zrobić. Zresztą sama wiesz, jaki z niego oryginał.

KLUCZ do ćwiczeń

1

1. w muzeum, 2. droga i brudna, 3. mniej, 4. zwierzę leśne, 5. lubi, 6. drzewa, 7. różnią się od siebie, 8. trudniejsze, 9. żebyś, 10. kupili, 11. mogła, 12. gdybyś czuł się, 13. mojemu przyjacielowi, 14. sobie, 15. powinnaś

2

1. najwyższe, 2. zimniejsza, 3. starszym, 4. najbardziej kontrowersyjnym, 5. najdłuższą, 6. najbardziej znanym, 7. szersze, 8. wyższy, 9. najbardziej prestiżową, 10. gorsza

4

1. najniżej, 2. dłużej, 3. więcej, 4. lepiej, 5. mniej, 6. gorzej, 7. dawniej, 8. szybciej, 9. ciekawiej, 10. częściej

mp3 33 5

1. N, 2. P, 3. N, 4. P, 5. N, 6. P, 7. N, 8. P

8

1. mogła, 2. chciała, 3. był, 4. padał, 5. myślała, 6. spotykali się, 7. wyjeżdżali, 8. zostawali, 9. obejrzeć, 10. miał, 11. szli, 12. opowiadał, 13. zdecydowała, 14. spotkali się, 15. przyszła, 16. wypiła, 17. czekała, 18. wszedł

mp3 34 17

dialog 1 – prośba
dialog 2 – propozycja
dialog 3 – życzenie
dialog 4 – przypuszczenie

KLUCZ do testu

Część A

1. 1. P, 2. N, 3. P, 4. N, 5. P

Część B

1. cieplej, gorzej, mniejszy, szybciej, bardziej nerwowa
2. że, że, że, żeby, żeby, żebym, że
3. szanowałbym, dbał (bym), kłócilibyśmy, byłbym, gdyby, przychodziłbym, robił (bym), dzwonilibyśmy, mielibyśmy, spędzalibyśmy
4. miłości, sobie, dzieciom, Magdzie, Weronice, oszczędzania, siebie, przyjaciół

Część C

1. 2. d, 3. f, 4. b, 5. c, 6. e

NOTATKI nauczyciela

lekcja

11

Sprzęty domowe

Cele i sytuacje komunikacyjne
- określanie celu i przeznaczenia przedmiotów z najbliższego otoczenia
- zachęcanie do zakupów, reklamowanie produktów AGD
- porównywanie teraźniejszości z przeszłością
- **powtórzenie:** wyrażanie prośby
- pytanie o informacje
- opis mieszkania

Słownictwo
- gospodarstwo domowe, sprzęty, urządzenia, umeblowanie mieszkania, artykuły pierwszej potrzeby

Gramatyka i składnia
- rzeczowniki odczasownikowe, ich tworzenie i użycie
- formy bezosobowe czasownika w czasie teraźniejszym i przeszłym
- **powtórzenie:** wybrane problemy dotyczące czasownika

Rozumienie ze słuchu
- film: *Opieka nad mieszkaniem podczas nieobecności gospodarzy*
- opisywanie sprzętów domowych, formułowanie prośby

Rozumienie tekstów pisanych
- *Co się zmieniło w Polsce po 1989 roku*
- *Potęga designu*

Mówienie
- opisywanie przedmiotów z najbliższego otoczenia, określanie ich przeznaczenia; zachęcanie i reklamowanie

Pisanie
- streszczenie tekstu *Potęga designu*

Proponujemy przy większości ćwiczeń pracę w grupach. O ich liczebności i składzie decyduje nauczyciel bądź sami studenci (w zależności od indywidualnych potrzeb).

Materiał komunikacyjny w tej lekcji – *określanie przeznaczenia przedmiotów z najbliższego otoczenia* wydaje się o tyle pistotny, że bardzo niewiele podręczników podejmowało do tej pory ten temat. Zwracamy też uwagę na ćwiczenia leksykalne, umożliwiające rozmowę na temat przeznaczenia przedmiotów z najbliższego otoczenia. Praktyka pokazuje, że studenci nie znają większości nazw sprzętów domowych, a więc jest sporo materiału leksykalnego do opanowania przed właściwymi, swobodnymi ćwiczeniami komunikacyjnymi.

3a

Zalecamy, by wyjaśnić przed lekturą tekstu słowa i zwroty pojawiające się w tekście, np. *kupować na kartki*, *PRL*, *przedpłaty*. Te słowa nie należą do obowiązkowego inwentarza leksykalnego na poziomie progowym, ale brak ich znajomości może utrudnić zrozumienie tekstu. W podpowiedziach dla nauczyciela proponujemy rozwiązania dotyczące pracy z tego typu tekstem.

5a 5b 5c 5d 5e

Należy zwrócić uwagę studentów na fakt, że w języku polskim użycie bezokolicznika w zdaniu jest dość ograniczone, zamiast niego w pozycji podmiotu czy dopełnienia powinniśmy używać rzeczowników odczasownikowych. O ile można powiedzieć *lubię odkurzać*, o tyle niedopuszczalna jest forma *odkurzacz służy do odkurzać*. Są to dość częste błędy studentów, które na tym etapie powinny zostać w miarę możliwości wyeliminowane.

6b

W tej lekcji po raz pierwszy pojawia się streszczenie jako forma wypowiedzi pisemnej. Zgodnie z wcześniejszymi zaleceniami proponujemy zadawać ćwiczenia kompozycyjne do domu, ale w tym wypadku należałoby poświęcić tej formie wypowiedzi więcej uwagi na lekcji. Warto ćwiczyć ze studentami umiejętność wyławiania z tekstu najistotniejszych informacji.

PROPOZYCJA ZADANIA DOMOWEGO **3a** **6b**

Ponieważ obydwa teksty zaplanowane w tej lekcji są dość obszerne i trudne słownikowo, proponujemy zadanie jednego z nich do domu. Konstrukcja lekcji pozwala na ominięcie jednego z nich w trakcie realizacji materiału, a więc studenci mogą spróbować zmierzyć się z nim samodzielnie w domu.

PODPOWIEDZI I ROZWIĄZANIA ALTERNATYWNE **1c**

Po wykonaniu tego ćwiczenia nauczyciel może wykorzystać grę URZĄDZENIA DOMOWE znajdującą się w materiałach dodatkowych.

1d

Po wykonaniu tego ćwiczenia nauczyciel może podzielić uczestników na pary i polecić, aby wymyślili inne (oryginalne) zastosowanie kilku dowolnie wybranych sprzętów.

Przykład: *kuchenka – można jej używać, kiedy jest zimno. Trzeba włączyć kuchenkę, otworzyć drzwi piekarnika i można ogrzewać mieszkanie.*

1g

1. Studenci sami opisują i rysują na dużych arkuszach papieru reklamowany sprzęt. Następnie nauczyciel wiesza rysunek na tablicy lub eksponuje w innym miejscu. Autorzy projektu wychodzą na środek sali i opisują swoje urządzenie: jak działa i dlaczego warto je kupić. Po zakończeniu prezentacji nauczyciel organizuje głosowanie. Wygrywa projekt, który zebrał najwięcej głosów.
2. Nauczyciel może wykorzystać grę TARGI SPRZĘTU DOMOWEGO znajdującą się w materiałach dodatkowych.

Tematyka lekcji pozwala na wykorzystanie gry, którą nazwaliśmy BUDŻET. Studenci „dostają od nauczyciela pewną pulę pieniędzy" i katalog sklepu z AGD. Muszą przedyskutować w grupach, jak umeblować mieszkanie dla dwóch osób, uwzględniając posiadaną sumę pieniędzy i ceny z katalogu. Muszą wybrać rzeczy najpotrzebniejsze. Studenci powinni dyskutować ze sobą, mają przekonać się wzajemnie, że dany mebel lub sprzęt są niezbędne, funkcjonalne, wygodne itd. Nie mogą przekroczyć podanej przez nauczyciela sumy pieniędzy, dlatego robią notatki. Można wyznaczyć też limit czasu, maksimum 30 min.

2e

Po wykonaniu ćwiczenia nauczyciel może polecić studentom, aby w parach przygotowali „portret psychologiczny" autora tekstu: gdzie pracuje, jak wygląda, czy lubi swoją pracę itd.

3a

Po lekturze tekstu warto zapytać studentów o słowa i zwroty, które ich zdaniem są ważne lub kluczowe dla tej lekcji i wypisać pięć do dziesięciu z nich na tablicy. Następnie studenci mogą ułożyć zdania z wypisanymi słowami i zwrotami.

4d

To zadanie może być wykorzystane jako praca domowa. Nauczyciel poleca studentom, aby napisali 10 zdań według wzoru podanego w ćwiczeniu.

5f

Po wykonaniu tego zadania nauczyciel może wykorzystać grę RZECZOWNIKI ODCZASOWNIKOWE znajdującą się w materiałach dodatkowych.

5g **5h** DVD 9

1. Proszę napisać, jaki był dalszy ciąg wieczoru, na który Julia i Kacper zaprosili znajomych:

„O dwudziestej do domu ciotki i wujka przyszli znajomi Julii i Kacpra. ....

....

....

....

...."

2. Proszę w grupach przedyskutować następujące zagadnienia:

Jaki sprzęt powinien być w miejscu, w którym:
- pracujesz,
- spędzasz urlop,
- mieszkasz z rodziną,
- spędzasz weekend ze znajomymi,
- jesteś w podróży służbowej,
- regenerujesz się po chorobie,
- spędzasz święta.

Przykład: *W miejscu, w którym pracuję, musi być na pewno laptop, drukarka i skaner. Dobrze, jeśli jest mała lodówka, do której mogę włożyć jedzenie na lunch...*

MATERIAŁY DODATKOWE

Gra URZĄDZENIA DOMOWE

Opis gry

OKREŚLANIE PRZEZNACZENIA PRZEDMIOTÓW Z NAJBLIŻSZEGO OTOCZENIA

Ćwiczenie pozwala utrwalić słownictwo związane ze sprzętami AGD.

Nauczyciel rozdaje w parach wycięte karteczki z obrazkiem urządzenia domowego. Studenci odwracają karteczki, a następnie losują je po kolei. Osoba, która wylosowała karteczkę, ukrywa ją w dłoniach i odpowiada na zadane pytania „tak" lub „nie". Zadaniem każdego studenta jest odgadnięcie, jakie urządzenie wylosował/a jego kolega / koleżanka.

W tym celu może zadawać pytania:

- *Czy to urządzenie znajduje się / stoi / jest zwykle / w kuchni / łazience?*
- *Czy to urządzenie jest małe / duże?*
- *Czy to urządzenie jest elektryczne?*
- *Czy to urządzenie służy do...?*

Gra TARGI SPRZĘTU DOMOWEGO

Opis gry

OPISYWANIE CELU I PRZEZNACZENIA, OFEROWANIE, REKLAMOWANIE, WYRAŻANIE ZADOWOLENIA I NIEZADOWOLENIA

Nauczyciel rozdaje studentom do wypełnienia formularze klientów i sprzedawców. Sprzedający kolejno podchodzą do potencjalnych klientów i oferują im swoje urządzenie, mogą w celu przekonania ich do zakupu obniżać cenę produktu lub oferować dodatki. Nauczyciel ustala czas negocjacji. Po upływie czasu klienci i sprzedawcy zamieniają się rolami. Po odbyciu wszystkich rozmów nauczyciel pyta, jakie sprzęty kupili klienci. Wygrywa sprzedawca, którego urządzenie było kupowane najczęściej.

Uwaga! Klienci i sprzedawcy mogą pracować w parach.

Gra AKADEMIK

Opis gry

RZECZOWNIKI ODCZASOWNIKOWE

Nauczyciel rozdaje parom studentów kserokopie gry. Zadaniem studentów jest wypełnienie ankiety poświęconej czynnościom, jakie wykonują codziennie osoby na rysunku oraz oszacowanie czasu, jaki na nie poświęcają. Nauczyciel zwraca uwagę, aby w ćwiczeniu zastosowano tylko formy rzeczowników odczasownikowych (*sprzątanie*,...). Ćwiczenie jest powtórzeniem materiału leksykalnego i gramatycznego.

Gra POWRÓT DO PRZESZŁOŚCI

Opis gry

UTRWALANIE FORM BEZOSOBOWYCH W CZASIE PRZESZŁYM

Nauczyciel dzieli studentów na grupy i rozdaje materiały do ćwiczenia: Komplety, papier i pisak. Prosi studentów o przeformułowanie zdań z użyciem form bezosobowych w czasie przeszłym i zapisanie ich na arkuszach papieru. Nauczyciel może podać przykład:

Obecnie nauczyciel może używać tablicy interaktywnej.

Dawniej trzeba było pisać kredą na tradycyjnej tablicy.

URZĄDZENIA DOMOWE (lekcja 11)

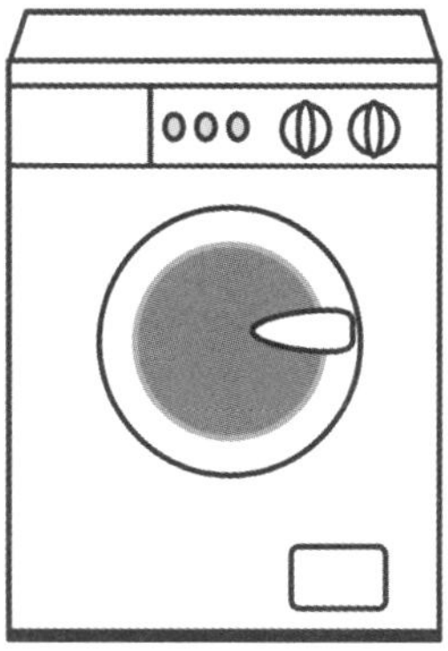
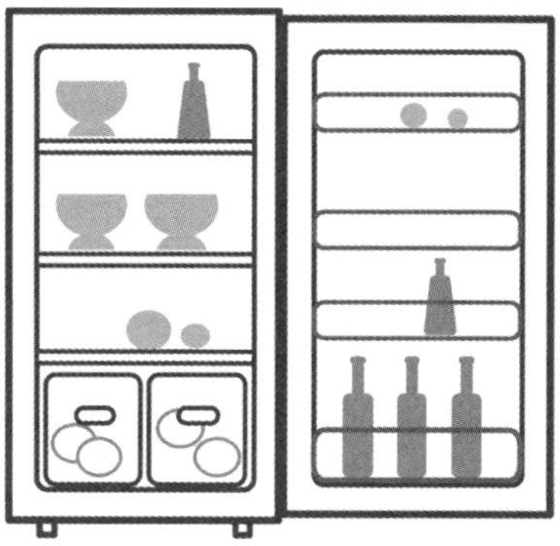

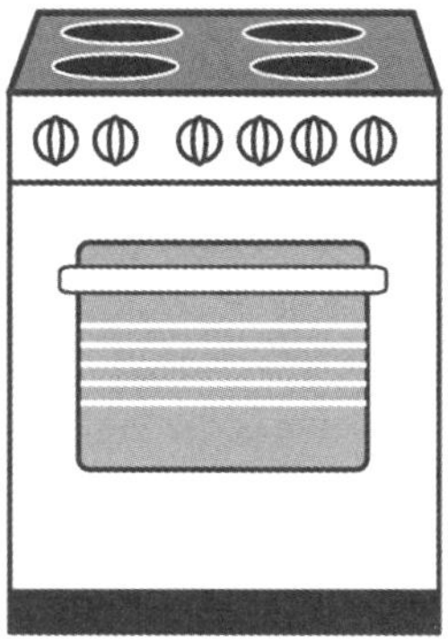
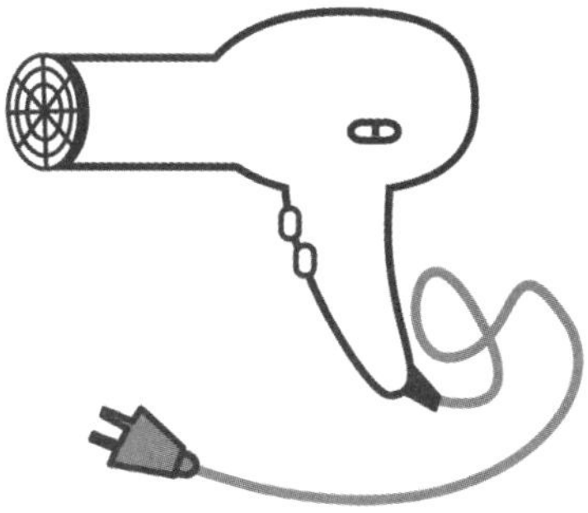

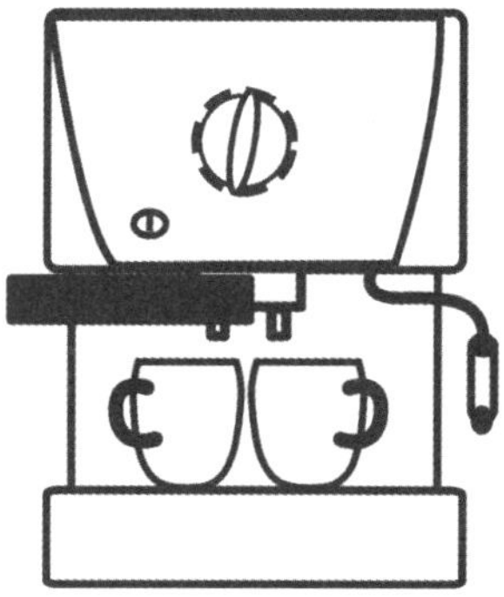
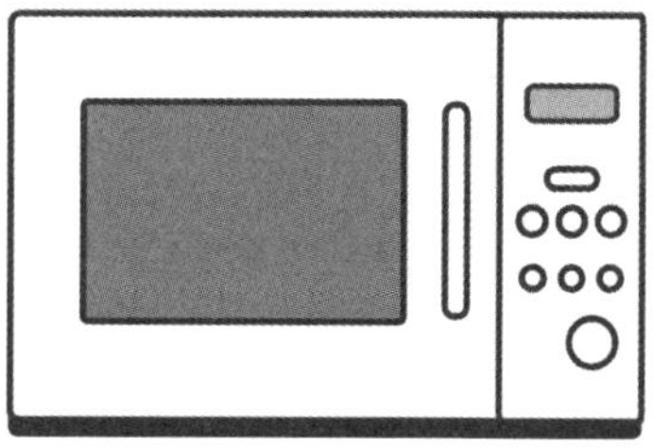
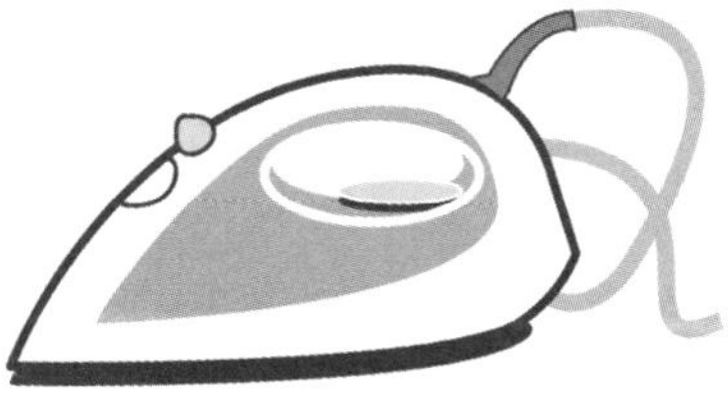
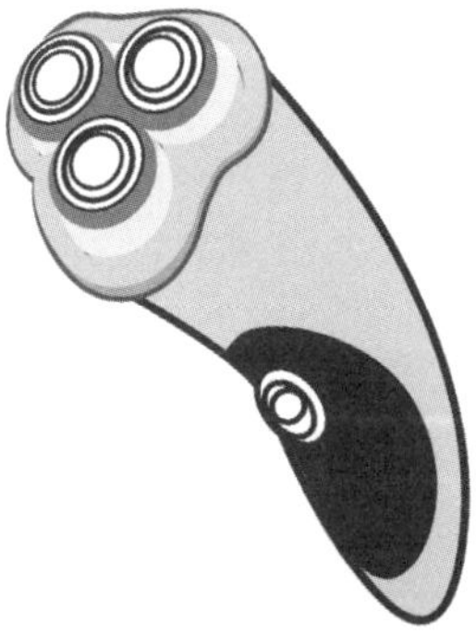

© A. Dixon, A. Jasińska, *PO POLSKU 2*

© Wydawnictwo PROLOG

FORMULARZ KLIENTA

- Jakie urządzenia masz / macie w domu?
- Z jakiego urządzenia jesteś / jesteście najbardziej zadowolony / zadowoleni? Dlaczego?
- Z jakiego urządzenia nie jesteś zadowolony / jesteście zadowoleni? / Dlaczego?
- Jakie urządzenie chciałbyś / chciałabyś / chcielibyście kupić?
- Ile pieniędzy chcesz / chcecie wydać na nowe urządzenie?

FORMULARZ SPRZEDAWCY 1

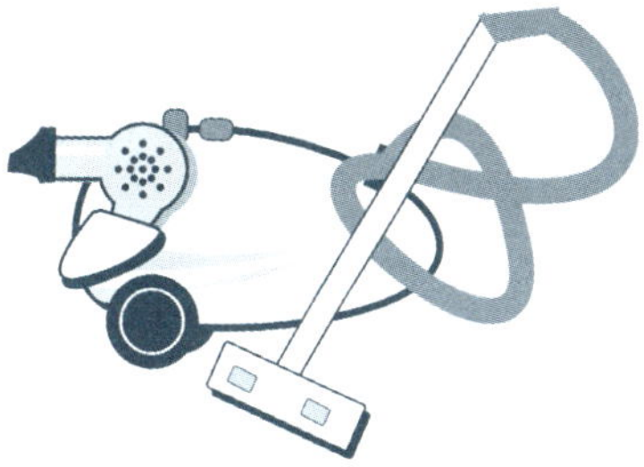

- Jak działa to urządzenie?
- Dlaczego warto je kupić?
- Ile kosztuje?
- Jaka jest najniższa cena, za jaką możesz / możecie sprzedać to urządzenie?
- Co jeszcze możesz / możecie zaproponować klientom?

FORMULARZ SPRZEDAWCY 2

- Jak działa to urządzenie?
- Dlaczego warto je kupić?
- Ile kosztuje?
- Jaka jest najniższa cena, za jaką możesz / możecie sprzedać to urządzenie?
- Co jeszcze możesz / możecie zaproponować klientom?

FORMULARZ SPRZEDAWCY 3

- Jak działa to urządzenie?
- Dlaczego warto je kupić?
- Ile kosztuje?
- Jaka jest najniższa cena, za jaką możesz / możecie sprzedać to urządzenie?
- Co jeszcze możesz / możecie zaproponować klientom?

FORMULARZ SPRZEDAWCY 4

- Jak działa to urządzenie?
- Dlaczego warto je kupić?
- Ile kosztuje?
- Jaka jest najniższa cena, za jaką możesz / możecie sprzedać to urządzenie?
- Co jeszcze możesz / możecie zaproponować klientom?

Tę stronę można kopiować.

© A. Dixon, A. Jasińska, *PO POLSKU 2*

© Wydawnictwo PROLOG

AKADEMIK (lekcja 11)

Jak myślicie, jakie czynności wykonują codziennie te osoby? Ile czasu codziennie na nie poświęcają?

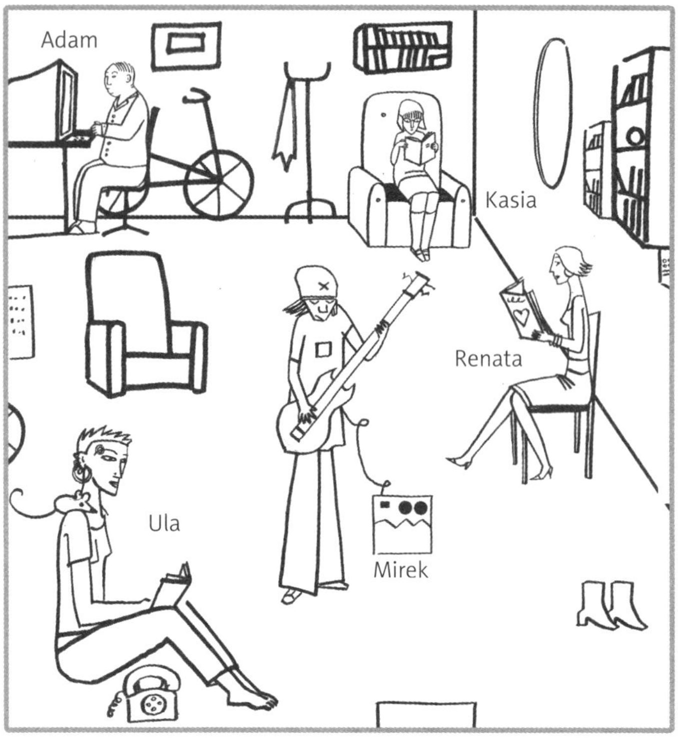

KASIA	
czynność	ile czasu?
1. *sprzątanie*	
2.	
3.	
4.	
5.	
6.	
7.	
8.	
9.	
10.	

MIREK	
czynność	ile czasu?
1. *sprzątanie*	
2.	
3.	
4.	
5.	
6.	
7.	
8.	
9.	
10.	

RENATA	
czynność	ile czasu?
1. *sprzątanie*	
2.	
3.	
4.	
5.	
6.	
7.	
8.	
9.	
10.	

ADAM	
czynność	ile czasu?
1. *sprzątanie*	
2.	
3.	
4.	
5.	
6.	
7.	
8.	
9.	
10.	

ULA	
czynność	ile czasu?
1. *sprzątanie*	
2.	
3.	
4.	
5.	
6.	
7.	
8.	
9.	
10.	

Tę stronę można kopiować.

© A. Dixon, A. Jasińska, *PO POLSKU 2* © Wydawnictwo PROLOG

POWRÓT DO PRZESZŁOŚCI (lekcja 11)

Komplet 1

Jest rok 2050

– w sklepach można płacić tylko czipem,
– samochody są elektryczne, nie trzeba tankować benzyny,
– na świecie nie ma granic,
– żeby pojechać na wakacje, musisz się zaszczepić,
– mieszkania są tanie, łatwo je kupić,
– *twój pomysł*: ______________________________
____
____
____

W roku 2020

Było / nie było / trzeba było / można było / wolno było / trudno było / łatwo było

Komplet 2

Jest rok 2020

– na lotniskach są kontrole,
– jest łatwy dostęp do internetu,
– można kupić tanio telefon komórkowy,
– są tablety,
– można szybko znaleźć informacje w internecie
– *twój pomysł*: ______________________________
____
____
____

W roku 1990

Było / nie było / trzeba było / można było / wolno było / trudno było / łatwo było

Komplet 3

Jest rok 2010

– w wielu domach są telewizory i komputery
– nie można palić w miejscach publicznych,
– łatwo jest podróżować po świecie,
– można się szybko komunikować przez telefon i e-mail,
– kobiety mogą głosować w wyborach
– *twój pomysł*: ______________________________
____
____
____

W roku 1910

Było / nie było / trzeba było / można było / wolno było / trudno było / łatwo było

Tę stronę można kopiować.

TEKSTY nagrań

mp3 35 **1f Proszę wysłuchać wypowiedzi ośmiu osób i porównać swoją wersję ćwiczenia 1e z nagraniem.**

1. Uważam, że mikrofalówka jest bardzo funkcjonalna, można w niej szybko przygotować jedzenie.
2. Chcesz coś do picia? Mam w lodówce zimny sok pomarańczowy.
3. Kupiłam nowoczesny, rewelacyjny ekspres do kawy i teraz codziennie piję cappuccino.
4. To żelazko jest małe i praktyczne. Zabieram je zawsze w podróż, bo lubię, żeby moje ubrania były dobrze wyprasowane.
5. Zupa stoi na kuchence, możesz ją sobie podgrzać, jeśli jesteś głodny.
6. Mój nowy czajnik jest bardzo oryginalny, ma ładny kolor, nowoczesny kształt i bardzo szybko gotuje wodę.
7. Zmywarka do naczyń oszczędza czas, jest wygodna przede wszystkim dla tych, którzy nie lubią zmywać.
8. Mój robot kuchenny ma kilka fajnych opcji, ale najczęściej używam go do robienia sałatek.

mp3 36 **2a Proszę wysłuchać pięciu dialogów, a następnie zdecydować, gdzie się znajdują i o co proszą wypowiadające się osoby.**

Dialog 1

– Haniu, czy mogłabyś wyłączyć ten robot kuchenny? Jest mecz!
(milczenie)
– Haniu, możesz go wyłączyć?
(milczenie)
– Haniu, wyłącz go, bo nic nie słyszę!
(wyłącza)
– Co mówiłeś Janusz? Nic nie słyszę!

Dialog 2

– Czy mogłaby pani się przesunąć? Pod oknem jest wolne miejsce.
– Ale ja wysiadam na następnym przystanku!

Dialog 3

– Przepraszam, czy mógłby mi pan pomóc? Ten plecak waży chyba ze 100 kilo.
– Uff... Faktycznie ciężki... Co pani tam ma?
– Książki. Jadę na weekend do domu.
– A co pani studiuje?

Dialog 4

– Proszę, proszę panie profesorze. Niech pan siada. Co się dzieje?
– Coraz gorzej, pani doktor, coraz gorzej. Nie mogę już prawie czytać, pisanie sprawia mi trudność. Boję się, że niedługo nic już nie będę widział. Czy mogłaby pani doktor dać mi mocniejsze okulary?
– Spokojnie, panie profesorze, zaraz pana zbadamy i na pewno wszystko będzie dobrze.

Dialog 5

– Przepraszam, czy ma pani może komórkę?
– Mam.
– Mogę zadzwonić?
– Ale...
– Proszę pani, ja muszę zadzwonić po karetkę i na policję. Tam był wypadek! Ja widziałem!
– Tam leży człowiek!

mp3 37 **2d Proszę wysłuchać następujących zdań, a następnie powtórzyć je z właściwą intonacją.**

a) grzecznie
b) z irytacją
– Czy mógłbyś wyłączyć telewizor? Mecz się skończył.
– Czy możesz wysuszyć włosy gdzieś indziej? Nic nie słyszę.
– Czy możesz mi powiedzieć, jak to działa?

mp3 38 **3d Proszę posłuchać wypowiedzi czterech osób, a następnie zaznaczyć w tabeli, która z nich podaje poniższe informacje.**

mp3 38 **3e Proszę ponownie wysłuchać nagrania i wpisać brakujące słowa i zwroty.**

Stanisława: Młodzi mają teraz i gorzej, i lepiej. Gorzej, bo trudno znaleźć dobrą pracę. Kiedy ja byłam młoda, nie było bezrobocia, miało się zagwarantowaną pracę w swoim zawodzie. Lepiej, bo mogą kupić tyle wspaniałych rzeczy do domu: lodówki, pralki, zmywarki do naczyń. Kiedyś nie było zmywarek, a i lodówkę trudno było kupić. Stało się w kolejce, czasem i kilka dni. No i mają kolorowe telewizory. Kiedy byłam młoda, nie miałam telewizora, w piątki chodziło się do sąsiadów, którzy mieli czarno-biały „Ametyst". Nic nie było widać, ale... to było święto...

Władysław: Młodzi mają teraz dobrze, mogą bez problemu kupić samochód. Drogi czy tani, ważne że mogą kupić. Kiedyś czekało się na samochód, trzeba było robić przedpłaty, to znaczy najpierw płacić raty, a potem czekać. Dobrze było mieć kogoś znajomego w urzędzie, wie pani, kogoś, kto pomoże... Pierwszy samochód miałem w latach 60. (sześćdziesiątych) – Syrenkę. Jak parkowałem pod blokiem, to sąsiedzi pękali z zazdrości. No i szanowało się ten samochód, myło się w każdą sobotę... A teraz, proszę pani, teraz się nic nie szanuje!

Aniela: Kiedyś to wszystko trudno było kupić. Mąż jeździł za granicę, na delegację, to przywoził, a to suszarkę, a to toster. Mąż był dyrektorem, to mieliśmy bony do Peweksu, można było i kawę rozpuszczalną kupić, i sweterek, i dżinsy dla dziecka. Ale teraz młodzi mają lepiej! Wyjeżdża się za granicę na wakacje... Dawniej, jak się chciało wyjechać za granicę na urlop, to tylko do Bułgarii albo na Krym. Mieliśmy specjalne paszporty na „demoludy", a do Europy Zachodniej nie wolno było. Mąż był dyrektorem, to jeździł...

Marian: Teraz, proszę pani, jak się ma pieniądze, to można kupić wszystko. Chce się mieć telefon? Proszę bardzo! Stacjonarny czy komórkowy kupuje się „od ręki". Dawniej, proszę pani, to na telefon czekało się i 10 lat. Tak samo na mieszkanie w bloku, czekało się po kilkanaście lat. A teraz? Do agencji, pieniążki na stół i można się wprowadzać. A jak mój syn idzie na zakupy, to nawet nie musi mieć gotówki, bo teraz, proszę pani, to się kartą płaci.

mp3 39 **5f Proszę wysłuchać wypowiedzi osób na fotografii, a następnie uzupełnić poniższą tabelkę.**

Babcia: Do moich obowiązków domowych należy przede wszystkim wychowywanie wnuków, poza tym codziennie przygotowuję kolację dla całej rodziny. Lubię też prasować. Moim ulubionym zajęciem jest surfowanie po internecie. Natomiast bardzo nie lubię oglądać telewizji.

Ojciec: Bardzo lubię gotować, dlatego do moich obowiązków domowych należy robienie zakupów i gotowanie obiadów dla całej rodziny. Nie lubię prania ani zmywania naczyń. Moim ulubionym zajęciem jest oczywiście czytanie dobrych książek.

Matka: Do moich domowych obowiązków należy sprzątanie, które bardzo lubię, i pranie, którego niestety nie lubię. W czasie weekendu chodzimy z mężem i z przyjaciółmi do teatru albo na koncert. To są fantastyczne wieczory! Ale moim ulubionym zajęciem jest malowanie portretów moich dzieci.

Syn: Podobnie jak babcia, lubię surfowanie po internecie, ale jest to problem, bo mamy tylko jeden komputer. Nie lubię wynoszenia śmieci, które należy do moich obowiązków domowych, ale cóż… Lubię robić zakupy z tatą i chodzić do kina. Ale moim ulubionym zajęciem jest jedzenie!

Córka: W weekendy lubię chodzić z moimi przyjaciółkami do klubu albo na imprezy, lubię też pisać e-maile. Nie lubię zajęć domowych, żadnych! Niestety do moich obowiązków należy zmywanie naczyń. Moim ulubionym zajęciem jest pisanie – kiedyś będę znaną pisarką.

DVD 9 **5g Proszę obejrzeć film i zaznaczyć, o których sprzętach i urządzeniach domowych oraz środkach czystości jest mowa.**

DVD 9 **5h Proszę ponownie obejrzeć film i zdecydować, czy poniższe sformułowania są prawdziwe (P), czy nieprawdziwe (N).**

Ciocia: Kochani, tacy jesteśmy wdzięczni, że zaopiekujecie się naszym Filemonem, no i oczywiście domem.

Julia: Nie ma za co ciociu, dla nas to przyjemność.

C: Mam nadzieję, że będziecie się tu czuć jak u siebie w domu.

Wujek: Ekhmm… Do pewnego stopnia oczywiście… Urządzanie imprez w tej okolicy jest niemile widziane. Sąsiedzi to spokojni ludzie, nie lubią hałasu.

C: Kochanie, nie przesadzaj, Julcia i Kacperek to nie są dzieci, tylko odpowiedzialni, młodzi ludzie, prawda Juleczko?

J: Prawda ciociu. Wujku, jakie imprezy! My musimy się uczyć do egzaminów. W waszym domu będziemy przynajmniej mieli ciszę i spokój.

C: No widzisz! Zaraz wam wszystko pokażę. No więc tak, zmywarka do naczyń, o tutaj. Zawsze puszczaj program ECO, jest energooszczędny, tu w szafce macie tabletki do zmywarki, macie tu też proszek do prania, płyny, środki czystości. Pralka jest prosta w obsłudze, te programy są dość długie, ja używam najczęściej tego: kolorowe, syntetyczne i na 40 stopni. Jeśli będziecie używać suszarki, pamiętaj, żeby nie wkładać swetrów, bo się zniszczą. Jest też opcja delikatne, ale ja nie mam zaufania.

W: Kochanie, no przecież sobie poradzą z obsługą prostych sprzętów domowych.

Kacper: A czy możemy korzystać z tego ekspresu do kawy?

C: Oczywiście Kacperku, zaraz ci pokażę, jak się go obsługuje.

K: A nie, dziękuję, pracowałem w kawiarni, mieliśmy tam taki sam. Umiem go obsługiwać.

C: Ach, wspaniale! Kawa i herbata są w tamtej szafce, jest duży zapas.

C: Tutaj macie zapasy Filemona. Prawda kochanie? Jedzonko dla syneczka, prawda? On niczego innego nie jada. I pamiętajcie o przekąsce na noc i zawsze zostawiajcie mu włączone światło, Filemon nie lubi ciemności.

C: Co jeszcze… aha, żelazko jest tutaj i deska do prasowania za lodówką. No właśnie, lodówka jest pełna, proszę wszystko zjeść. W zamrażalniku macie mięso. Gdyby coś się zepsuło, wszystko jedno co, awaria wody, prądu, sprzętu, proszę dzwonić do pana Rysia. O, tutaj jest jego numer. Pan Rysio potrafi naprawić wszystko.

W: Kochanie, taksówka czeka, musimy jechać, bo spóźnimy się na samolot.

C: Tak, Fileeeemon! Pożegnaj się z rodzicami!

K: Ja mam jeszcze pytanie o hasło do wi-fi.

W: Jest na ruterze, obok telewizora. Kochanie, wychodzimy.

C: Filemon! Filemon! Pożegnaj się z mamusią.

W: Wychodzimy.

C: Obraził się, że go nie zabieramy na wakacje. Juleczko, Kacperku, pożegnajcie ode mnie Filemonka, opiekujcie się moim skarbem. Do widzenia, do widzenia kochani. Do zobaczenia za dwa tygodnie.

J: Ciociu nie martw się, wszystko będzie dobrze.

K: Uff… No chodź tu kocie, chodź. Masz ochotę na kiełbasę? Nie będzie przecież jadł tego syfu z puszki.

J: Cześć Ala. Pojechali, …wpadajcie wieczorem, … tak, chata wolna. … Tak… jest gdzie spać… No pewnie… Jasne… Nie, pełna lodówka jedzenia… alkohol też, tak… cała piwnica wina… no jasne, powiedz wszystkim. Tak, widzimy się o ósmej. Pa!

K: Ha, wakacje czas zacząć! Jula, przybij piątkę!

KLUCZ do ćwiczeń

1d

1\. c, 2. a, 3. c, 4. a, 5. b, 6. b, 7. b, 8. c, 9. a

1e

2. lodówce
3. ekspres do kawy
4. żelazko
5. kuchence
6. czajnik
7. zmywarka do naczyń
8. robot kuchenny

1h

b) zepsuta, c) wyłączyć, d) nie działa, e) chodzi, f) naprawiona lekcja **11**

mp3 36 **2a**

Dialog	Gdzie się znajdują?	O co proszą?
1.	W mieszkaniu, w domu.	Janusz prosi, żeby Hania wyłączyła robot kuchenny.
2.	W autobusie / w tramwaju.	Pasażer prosi o przesunięcie się.
3.	Na dworcu.	Prosi o pomoc w przesunięciu plecaka.
4.	W gabinecie lekarskim, u okulisty.	Prosi o mocniejsze okulary.
5.	Na ulicy.	Prosi o telefon komórkowy.

2c

1. dawać, 2. włączać, 3. dzwonić, 4. naprawiać, 5. wyłączać

2e

1. działa, 2. zepsuł, 3. naprawić, 4. włączyłem, 5. zepsuł, 6. chodzi, 7. włączyłem, 8. działało, 9. zepsuło

3b

2. b, 3. a, 4. e, 5. i, 6. c, 7. k, 8. f, 9. h, 10. j, 11. d, 12. l

3c

1. N, 2. N, 3. P, 4. N, 5. P, 6. N, 7. N, 8. N, 9. P

mp3 38 **3d**

0. Kiedy była młoda, nie było bezrobocia. – Stanisława;
1. Jej mąż był dyrektorem. – Aniela;
2. Sąsiedzi zazdrościli mu samochodu. – Władysław;
3. Jej sąsiedzi mieli czarno-biały telewizor „Ametyst". – Stanisława;
4. Kiedy był młody, na telefon czekało się 10 lat. – Marian;
5. Robiła zakupy w Peweksie. – Aniela;
6. Robił przedpłaty na Syrenkę. – Władysław;
7. Miała specjalny paszport do krajów demokracji ludowej. – Aniela;
8. Jego syn płaci w sklepie kartą. – Marian

mp3 38 **3e**

Stanisława
miało się; lodówki, pralki, zmywarki do naczyń; stało się; chodziło się;
Władysław
czekało się; trzeba było; szanowało się; myło się;
Aniela
trudno było; można było; wyjeżdża się; się chciało
Marian
chce się, kupuje się, czekało się; się ... płaci.

4a

1. Dawniej nie było w sklepach kolorowych telewizorów.
2. Dawniej nie wolno było mieć w domu paszportu.
3. Dawniej trzeba było stać w długich kolejkach.
4. Dawniej trzeba było czekać na decyzję o przyznaniu mieszkania / samochodu.
5. Dawniej nie było bezrobocia.

5b

1. pisanie listu, 2. rozumienie tekstu, 3. picie kawy, 4. noszenie okularów

5c

1. Kuchenka służy do gotowania.
2. Ekspres służy do robienia kawy.
3. Żelazko służy do prasowania.
4. Pralka służy do prania.
5. Zmywarka służy do zmywania.

mp3 39 **5f**

babcia: (Do jej / jego obowiązków domowych należy...) wychowywanie wnuków, przygotowywanie kolacji (Jego / jej ulubionym zajęciem jest...) surfowanie po internecie; (Lubi też...) prasować; (Nie lubi...) oglądać TV
ojciec: (Do jej / jego obowiązków domowych należy...) robienie zakupów, gotowanie obiadów; (Jego / jej ulubionym zajęciem jest...) czytanie dobrych książek; (Lubi też...) gotować; (Nie lubi...) prać, zmywać naczyń
matka: (Do jej / jego obowiązków domowych należy...) sprzątanie i pranie; (Jego / jej ulubionym zajęciem jest...) malowanie portretów dzieci (Lubi też...) teatr, koncerty, sprzątanie; (Nie lubi...) prania
syn: (Do jej / jego obowiązków domowych należy...) wynoszenie śmieci; (Jego / jej ulubionym zajęciem jest...) jedzenie; (Lubi też...) robić zakupy, chodzić do kina, surfowanie po Internecie (Nie lubi...) wynosić śmieci
córka: (Do jej / jego obowiązków domowych należy...) zmywanie naczyń; (Jego / jej ulubionym zajęciem jest...) pisanie; (Lubi też...) chodzić do klubu, na imprezy; (Nie lubi...) zajęć domowych

DVD 9 **5g**

zmywarka do naczyń, suszarka, ekspres do kawy, płyn do mycia naczyń, lodówka, deska do prasowania, ruter, telewizor, proszek do prania, pralka

DVD 9 **5h**

1. P, 2. N, 3. P, 4. P, 5. N, 6. P, 7. N, 8. P, 9. P, 10. N

6d

działanie – działać
promocja – promować
projekt / projektowanie – projektować
kształtowanie – kształtować
czytanie – czytać
obsługa – obsługiwać
wygląd – wyglądać
manipulacja – manipulować

lekcja

12

Technika i wynalazki

Cele i sytuacje komunikacyjne
- opisywanie wynalazków i odkryć i ich roli w życiu codziennym
- składanie reklamacji, skargi
- wyrażanie zadowolenia i niezadowolenia
- **powtórzenie:** wyrażanie przypuszczenia, formułowanie hipotez
- określanie przeznaczenia urządzeń i sprzętów AGD

Słownictwo
- odkrycia i wynalazki

Gramatyka i składnia
- tworzenie i użycie imiesłowu przymiotnikowego biernego
- tworzenie i użycie strony biernej (wstęp)

Rozumienie ze słuchu
- film: *Wizyta w salonie sieci komórkowej*
- wypowiedzi na temat przedmiotów niezbędnych do życia, dialogi w punktach usługowych, rola wynalazków w naszym życiu – opinia psychologa

Rozumienie tekstów pisanych
- list z reklamacją
- wynalazki, które zmieniły naszą rzeczywistość
- polscy wynalazcy i ich wynalazki

Mówienie
- opisywanie urządzeń, wynalazków, celu ich przeznaczenia; wyrażanie zadowolenia i niezadowolenia; dialogi w punktach usługowych; formułowanie hipotez *Co by było, gdyby...*

Pisanie
- reklamacja

Proponujemy przy większości ćwiczeń pracę w grupach. O ich liczebności i składzie decyduje nauczyciel bądź sami studenci (w zależności od indywidualnych potrzeb).

Tematycznie jest to lekcja zbliżona do poprzedniej, powtarza się słownictwo związane z przedmiotami z najbliższego otoczenia, ale funkcje komunikacyjne i materiał gramatyczny są inne. Podkreślamy bowiem funkcję *wyrażanie zadowolenia i niezadowolenia*.

4b 4d

Krótki tekst o najważniejszych wynalazkach minionego wieku nie powinien nastręczać żadnych trudności. Zwracamy jednak uwagę na słowa, które należy objaśnić na początku. Chodzi o: *dostęp*, *rozwój*, *wpływ*.

5a 5b 5c 5d 5e 5f 5g

Materiał gramatyczny wychodzi poza inwentarz gramatyczny dla poziomu progowego, ale tematyka lekcji narzuca w pewien sposób użycie imiesłowów przymiotnikowych biernych i strony biernej.

Uwaga! Formy bezosobowe wprowadzono w lekcji poprzedniej, więc pod tym względem lekcja 12 stanowi kontynuację tego zagadnienia gramatycznego.

PROPOZYCJA ZADANIA DOMOWEGO

Prosimy polecić studentom napisanie listu z reklamacją (ćwiczenie 2f).

PODPOWIEDZI I ROZWIĄZANIA ALTERNATYWNE **2e**

Ćwiczenie może być wykonywane na dwa sposoby.

1. Studenci przygotowują dialog, a następnie wychodzą na środek klasy i odgrywają krótką scenkę.
2. Studenci przeprowadzają dialog spontanicznie w parach lub grupach i robią to równocześnie. Nauczyciel musi starać się kontrolować każdą z przeprowadzanych rozmów.

3a 3b 3c DVD 10

Proszę przedyskutować następujące zagadnienia:

– Czy to prawda, że w dzisiejszych czasach wnuki pomagają dziadkom w obsłudze urządzeń mobilnych?
– Czy w kontekście używania urządzeń mobilnych babcia i wnuczka z filmiku to typowe przedstawicielki swojego pokolenia?
– Czego może się nauczyć wnuczka od babci?
– Jak, Pana / Pani zdaniem, będzie wyglądać w przyszłości komunikacja między ludźmi? Czy będą używać komunikatorów, czy będą woleli spotykać się na żywo.

4c

Po wykonaniu zadania nauczyciel może polecić, aby studenci przygotowali w parach notatkę prasową (podobną do tych z ćwiczenia 4b) o dowolnie wybranym wynalazku, a następnie odczytali ją grupie. Pozostali uczestnicy muszą zgadnąć, o jaki wynalazek chodzi.

5e

Po wykonaniu zadania nauczyciel może polecić, aby studenci, pracując w grupach, wybrali jeden z tytułów i napisali krótką notatkę prasową na ten temat.

5i

Po wykonaniu zadania nauczyciel może polecić, aby studenci przygotowali w grupach krótki quiz (5 pytań) z użyciem strony biernej.

Przykład:

Ameryka została odkryta przez:

a) Kolumba
b) Kopernika
c) Magellana

Studenci wymieniają między sobą przygotowane quizy, a następnie odpowiadają na zawarte w nich pytania.

MATERIAŁY DODATKOWE

Gra ZAKUPY

Opis gry

PRZEKONYWANIE, WYRAŻANIE ZADOWOLENIA I NIEZADOWOLENIA, OKREŚLANIE PRZEZNACZENIA PRZEDMIOTÓW

Nauczyciel dzieli studentów na 3 grupy. Każda grupa stanowi rodzinę. Nauczyciel rozdaje im (lub uczestnicy je losują) role. W każdej rodzinie może być 2–6 osób (liczba członków rodziny zależy od liczebności grupy). Kiedy studenci zapoznają się już ze swoimi rolami, nauczyciel informuje ich, że każda rodzina ma do dyspozycji kwotę 10 000 złotych, którą może wydać zgodnie ze swoimi potrzebami. Następnie grupy dostają karteczki z rysunkami urządzeń i ich ceną i wspólnie podejmują decyzję o zakupach. Zadaniem uczestników jest przekonanie innych członków rodziny do zakupu urządzenia, które im odpowiada.

Po wykonaniu zadania członkowie każdej grupy opowiadają, jakie urządzenia kupili oraz dlaczego podjęli taką decyzję.

Gra KOLEKCJONER

Opis gry

OFEROWANIE, WYRAŻANIE ZADOWOLENIA I NIEZADOWOLENIA, OKREŚLANIE PRZEZNACZENIA PRZEDMIOTÓW, STRONA BIERNA

Nauczyciel dzieli uczestników na 4 grupy. Każda osoba w grupie dostaje karteczki z rysunkami starych, zabytkowych przedmiotów. Zadaniem studentów jest zgromadzenie jak największej liczby przedmiotów, które pasują do kolekcji. Nie mogą ich jednak kupować ani sprzedawać, zdobywają je na zasadzie wymiany. Studenci, pracując w obrębie grupy, oferują sobie przedmioty, które chcą wymienić. Podają przy tym niezbędne informacje:

– z jakiego kraju pochodzi przedmiot
– kiedy został wynaleziony
– ile ma lat
– jak i czy jeszcze działa
– ile jest wart.

Wygrywa osoba, która zgromadziła kolekcję przedmiotów najlepiej do siebie pasujących.

Gra WYWIAD Z WYNALAZCĄ

Opis gry

TWORZENIE KRÓTKICH WYPOWIEDZI PISEMNYCH

Nauczyciel dzieli grupę na dziennikarzy oraz wynalazców i rozdaje im formularze do wypełnienia. Po wykonaniu zadania dziennikarze podchodzą do wynalazców i przeprowadzają z nimi wywiady. Następnie każda para dziennikarz i wynalazca spisuje na dużych arkuszach papieru notatkę prasową. Nauczyciel przypina artykuły na tablicy lub eksponuje w taki sposób, aby studenci mogli przeczytać wszystkie teksty.

Na zakończenie nauczyciel zachęca studentów, aby zadali kilka dodatkowych pytań dotyczących każdego z opisywanych wynalazków.

Gra WWW.KACZKA_DZIENNIKARSKA.PL

Opis gry

IMIESŁÓW PRZYMIOTNIKOWY / STRONA BIERNA

Nauczyciel dzieli studentów na grupy i rozdaje wycięte komplety karteczek. Prosi, aby połączyć elementy tak, aby powstały tytuły nagłówków artykułów w fikcyjnym portalu www.kaczka_dziennikarska.pl. Studenci mogą dowolnie połączyć elementy, ale warunkiem jest zastosowanie imiesłowów przysłówkowych biernych.

Nauczyciel podaje przykład, zapisując go na tablicy:

Opublikować / podręcznik / wydawnictwo

*Długo oczekiwany, nowy **podręcznik** do nauki języka polskiego **opublikowany** przez **Wydawnictwo** Prolog.*

ZAKUPY (lekcja 12)

ROLE

BABCIA	**DZIADEK**	**MATKA**
OJCIEC	**CÓRKA**	**SYN**

URZĄDZENIA

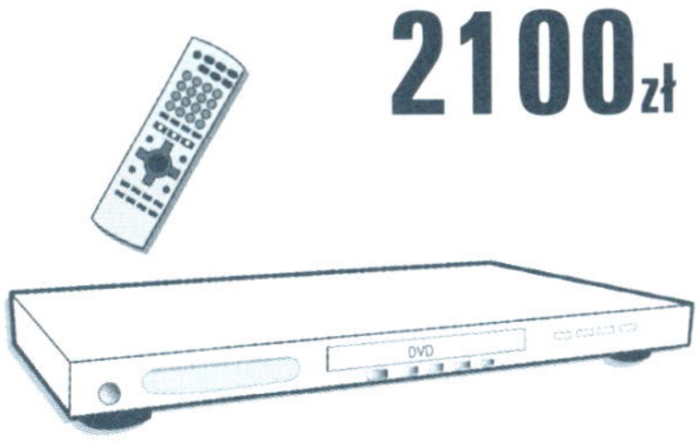

2100zł

340zł

3900zł

6100zł

2600zł

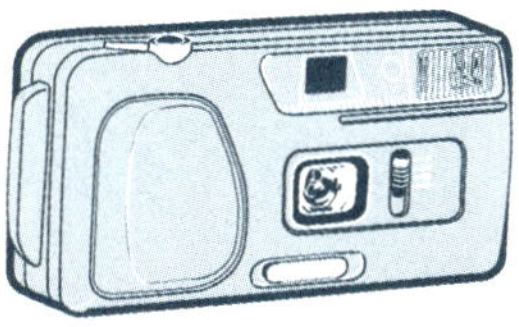

120zł

720zł

630zł

4800zł

1600zł

2550zł

340zł

© A. Dixon, A. Jasińska, *PO POLSKU 2*

© Wydawnictwo PROLOG

KOLEKCJONER (lekcja 12)

Tę stronę można kopiować.

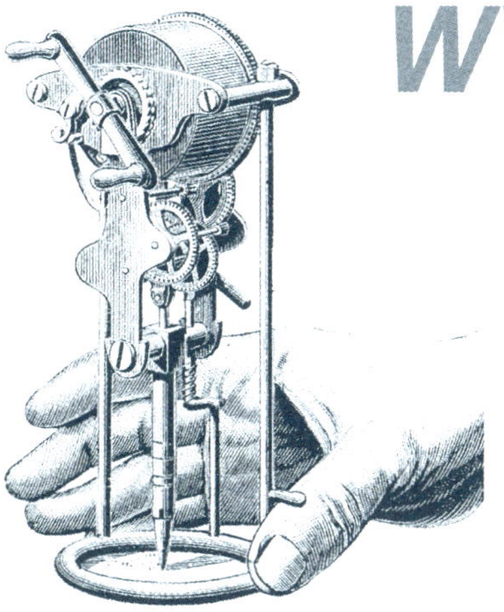

WYNALAZEK ROKU

– wyniki już za tydzień!

W ogłoszonym w zeszłym roku konkursie wzięło udział prawie 200 osób!

Nasze jury wybrało 10 osób, które będą walczyć o tytuł wynalazcy roku i wysoką nagrodę pieniężną.

Już dzisiaj publikujemy informacje o kandydatach, którzy naszym zdaniem mają największe szanse, aby zostać zwycięzcą konkursu.

FORMULARZ WYNALAZCY

Jesteś wynalazcą. Prasa chce przeprowadzić wywiad o tobie i twoim wynalazku. Przygotuj krótkie informacje o sobie.

• wiek	
• miejsce zamieszkania	
• rodzina	
• wynaleziony przedmiot: – do czego służy? – jak działa?	
• nagrody	
• dlaczego postanowiłeś / postanowiłaś zostać wynalazcą?	
• plany na przyszłość	

FORMULARZ DZIENNIKARZA

Jesteś dziennikarzem, który będzie przeprowadzał wywiad z wynalazcą. Przygotuj pytania do wywiadu.

• wiek	
• miejsce zamieszkania	
• rodzina	
• wynaleziony przedmiot: – do czego służy? – jak działa?	
• nagrody	
• dlaczego postanowił / postanowiła zostać wynalazcą?	
• plany na przyszłość	

Tę stronę można kopiować.

© A. Dixon, A. Jasińska, *PO POLSKU 2*

© Wydawnictwo PROLOG

WWW.KACZKA_DZIENNIKARSKA.PL (lekcja 12)

A.

WYSŁAĆ	ODKRYĆ	ARESZTOWAĆ
ZAMKNĄĆ	ZNALEŹĆ	OTWORZYĆ

B.

MAŁPA	RĘKOPIS PLATONA	CELEBRYTA
POLITYK	DIAMENT	WIĘZIENIE

C.

KSIĘŻYC	ŚWIĄTYNIA	TOALETA
LOCHY WATYKANU	KOPALNIA SOLI	DNO OCEANU

© A. Dixon, A. Jasińska, *PO POLSKU 2*

© Wydawnictwo PROLOG

TEKSTY nagrań

mp3 40 **1c Proszę wysłuchać wypowiedzi tych osób, a następnie uzupełnić tabelę.**

Małgosia, 16 lat
Co jest mi najbardziej potrzebne? Nie mogłabym żyć bez smartfona! Mam dużo znajomych na Instagramie i na Snapchacie, lubię wiedzieć, co u nich słychać, ja też wrzucam dużo zdjęć. Mogłabym spokojnie żyć bez laptopa. Mam tableta, którego zabieram do szkoły, używam do czytania i do robienia notatek. Nie korzystam z telewizora. Rodzicie mają, ale ja wolę oglądać na tablecie. Mam telewizję internetową. Lubię oglądać, co chcę i kiedy chcę, najlepiej w łóżku. Czasem oglądam filmy na telefonie.

Renata, 45 lat
Bardzo jest mi potrzebny laptop, zresztą mam już, ale chciałabym kupić nowy. Jest mi potrzebny, bo ciągle gdzieś wyjeżdżam, a muszę pracować i mieć stały dostęp do internetu. Mam też w domu normalny komputer, ale teraz prawie w ogóle z niego nie korzystam, bo wszystkie dokumenty mam na moim laptopie. Co nie jest mi potrzebne do życia...? Selfie stick. Irytują mnie ludzie, którzy cały czas chodzą ze swoimi smartfonami na tym patyku i filmują wszystko, albo cały czas robią sobie sweetfocie. Bez sensu. Ja nie używam kamery, wystarczy, że inni cały czas mi robią zdjęcia albo filmują. Natomiast zawsze zastrzegam, że nie zgadzam się na publikowanie moich zdjęć w internecie. Nie chcę żeby moje zdjęcia były dostępne na Facebooku, czy jakimś innym portalu społecznościowym.

Jan, 73 lata
Mam kamerę, ale chciałbym kupić taką nowoczesną, cyfrową... Zawsze dużo podróżowałem i lubiłem filmować, przede wszystkim zwierzęta, ale i ludzi. Mam też aparat fotograficzny, ale prawie wcale z niego nie korzystam, bo wolę filmować. Nigdy nie kupiłbym... smartfona. Po pierwsze nie jest mi potrzebny, bo już nie pracuję, a w domu mam internet, a po drugie, dlatego że człowiek z telefonem komórkowym nie jest wolny.

mp3 41 **2b Proszę posłuchać trzech rozmów telefonicznych i zdecydować:**
Która rozmowa to:
a) pytanie o realizację zamówienia
b) prośba o naprawę urządzenia
c) reklamacja
O jakim urządzeniu rozmawiają te osoby?

mp3 41 **2c Proszę posłuchać nagrania po raz drugi i zanotować, jakie problemy mają te osoby oraz jaki jest proponowany sposób ich rozwiązania.**

1.
– Salon sieci „Halostrada", słucham!
– Dzień dobry. Proszę pani, mam problem, wczoraj kupiłem u państwa aparat, ale niestety nie działa. Czy przyjmujecie państwo reklamacje?
– Dlaczego nie działa?
– Jak to dlaczego? Nie działa! Nie mogę zadzwonić, nie mogę wysłać SMS-a, nie mogę w ogóle go włączyć.
– A czy włożył pan kartę SIM?
– Jaką kartę?
– SIM. Proszę przeczytać instrukcję i włożyć kartę SIM, jeżeli będzie pan miał problemy, proszę do nas przyjechać.
– Eeee, dziękuję. Do widzenia.

2.
– „Studio Foto", słucham.
– Dzień dobry, panie Krystianie, Grzesiek Żuwała z tej strony.
– A dzień dobry, panie Grześku! Mamy dla pana tę lampę, którą pan zamawiał, ale niestety, na obiektyw trzeba poczekać jeszcze tydzień.
– No to fatalnie! W sobotę jedziemy do Chorwacji i myślałem, że zrobię jakieś fajne zdjęcia...
– Panie Grześku, przykro mi bardzo, ale ten obiektyw jest naprawdę specjalistyczny, nie mamy go w magazynach i dopiero muszą nam go przysłać z zagranicy.

3.
– „Ultima", słucham.
– Mówi Marta Wąsowska, dzień dobry,
– Aaa, dzień dobry pani Marto. Co się stało?
– Nie wiem, chyba mam jakiegoś wirusa, bo nie sądzę, żeby to był problem z twardym dyskiem.
– A co się dzieje?
– Monitor gaśnie.
– Hmm, to dziwne... Monitor był ostatnio wymieniany na nowy. No nic, Jurek przyjedzie do pani jutro rano, dobrze?

DVD 10 **3a Proszę obejrzeć film, a następnie zaznaczyć, w jaki sposób bohaterka używa smartfona. Proszę podkreślić czynności, o których mowa w nagraniu.**

DVD 10 **3b Proszę po dwukrotnym obejrzeniu filmu podkreślić sformułowania, które najbardziej pasują do kontekstu.**

DVD 10 **3c Po obejrzeniu filmu proszę znaleźć w grupie osobę, która używa smartfonu / telefonu w podobny sposób do Pana / Pani. Proszę skorzystać z poniższych pytań.**

Sprzedawca: W czym mogę państwu pomóc?
Babcia: Chciałabym zmienić telefon, przyszłam z wnuczką, żeby mi doradziła.
S: Interesuje panią telefon w abonamencie?
B: To zależy od oferty, może być, ale niekoniecznie. Teraz mam telefon na kartę i jestem zadowolona, ale potrzebuję więcej internetu.
S: A wie pani, ile danych pani teraz zużywa?
Wnuczka: Babcia kupuje doładowanie z ofertą 6 giga, ale to zdecydowanie za mało.
S: A mogę zapytać, w jaki sposób pani wykorzystuje dane?
B: Normalnie, czytam prasę, oglądam wiadomości, oglądam filmiki na Facebooku.
W: No i komunikatory internetowe. Babcia używa WhatsAppa, Messangera, Vibera i Skype'a.
B: Instagram i Snapchat też. Chociaż od niedawna.
S: W takim razie 20 giga powinno wystarczyć, chyba że jeszcze do czegoś pani potrzebuje internetu.

B: Chciałabym móc oglądać moje seriale, kiedy na przykład idę do parku czy do lekarza.
S: Rozumiem, to może chciałaby pani ofertę rozszerzoną z tabletem? Na tablecie lepiej się ogląda.
W: Babcia ma iPada.
B: Tak, na iPadzie oglądam w domu. Jest za duży, nie mieści się do torebki. Chciałabym po prostu większy telefon, żeby się wygodnie oglądało, ale żeby zmieścił się też do torebki.
W: Najlepiej 7 cali.
S: Oczywiście, mamy kilka modeli. Jeszcze proszę powiedzieć, jaka oferta panią interesuje, nielimitowane połączenia, SMS-y?
B: Wie pani, ja praktycznie korzystam tylko z komunikatorów internetowych i oczywiście maili. Pewnie musi być opcja połączeń telefonicznych, żebym mogła zadzwonić po pogotowie czy po policję. Ale wszyscy moi znajomi mają Facebooka. Z dziećmi rozmawiam przez Skype'a, a z wnukami przez Snapchat. Takie czasy, proszę pani.
S: Takie czasy. No dobrze, to chyba mam dla pani ofertę, internet bez limitu i duży smartfon. Ma pani jakieś preferencje? Android czy iOS?
B: iPhone byłby dobry, ale to zależy od ceny. Jestem przyzwyczajona do Androida, ale chyba oba systemy mają takie same apki, więc wszystko jedno.
W: Babciu, pamiętaj o kamerze.
B: A właśnie, jeszcze zależy mi na dobrej kamerze. Tak, żeby miała dobre filtry, bo wie pani, ja już mam swoje lata i jak wrzucam selfika na Facebooka, to chciałabym wyglądać dobrze. Zwłaszcza, że poważnie myślę o zarejestrowaniu się na portalu randkowym.
S: Naprawdę?
B: Ja jestem wdową proszę pani!
W: Babciu, nie musisz się tłumaczyć.
S: Oczywiście, oczywiście... Zaraz przyniosę kilka modeli...

mp3 42 **4e** **Marian Lipko, psycholog, opowiada o tym, w jaki sposób wynalazki XX wieku zmieniły naszą wizję świata. Proszę posłuchać wypowiedzi, a następnie zdecydować, czy te zdania są prawdziwe (P) czy nieprawdziwe (N).**

mp3 42 **4f** **Pan Marian Lipko mówi, że rozwój techniki zmienił naszą wizję świata i dzieli ten proces na dwa etapy. Jakie to etapy?**

mp3 42 **4g** **Proszę zdecydować, w jaki sposób, według opinii psychologa, omawiane wynalazki zmieniły naszą wizję świata.**

mp3 42 **4h** **Proszę wysłuchać nagrania po raz ostatni i dokończyć zdania.**

Psycholog Marian Lipko, 45 lat

Często nawet nie zdajemy sobie sprawy, jak bardzo wynalazki ubiegłego wieku zmieniły naszą wizję świata. Ludzie XX wieku, jako pierwsi w historii zaczęli myśleć globalnie, świat stał się nagle mniejszy i bardziej dostępny. Ten proces możemy podzielić na co najmniej dwa etapy. Po pierwsze, upowszechnienie telefonu i rozwój komunikacji, czyli najpierw pociągi, potem samochody i samoloty sprawiły, że zniknął dystans między ludźmi. Ta odległość nagle stała się łatwa do pokonania, mała... Wymiana informacji stała się nagle prosta. Wcześniej wymieniano informacje tylko i wyłącznie za pomocą poczty, a wiemy, że korespondencja mogła trwać miesiącami. Potem pojawił się telefon i komunikacja między ludźmi nabrała tempa. I to nie chodzi tylko o relacje rodzinne, nie. To był przede wszystkim impuls dla biznesu. No i potem rozwój motoryzacji oczywiście ten proces przyspieszył. W ogóle możemy się zastanawiać, czy współczesna forma kapitalizmu mogłaby istnieć bez rozwoju techniki. Moim zdaniem, nie. Co więcej, bez telefonu i samolotu nie byłoby globalizacji. Ale wracając do tematu, drugim etapem był rozwój telewizji. I choć możemy powiedzieć o niej wiele złego, pełni ona przede wszystkim funkcję edukacyjną. Dzięki telewizji dowiedzieliśmy się, jak naprawdę wygląda świat, poznaliśmy nieznane dotąd kontynenty, dowiedzieliśmy się, jak żyją ludzie. I znowu można powiedzieć, że telewizja przyspieszyła proces globalizacji, mówię tu o popularyzowaniu pewnego stylu życia, zachodniego stylu życia. Tak, zawdzięczamy to właśnie telewizji.

KLUCZ do ćwiczeń

mp3 40 **1c**

Małgosia – (Jest mu / jej potrzebny / potrzebna / potrzebne) smartfon, bo ma dużo znajomych na Instagramie i na Snapchacie, lubi wiedzieć, co u nich słychać i wrzuca dużo zdjęć; (Ma, ale rzadko korzysta) z tabletu; (Nie jest mu / jej potrzebny / potrzebna / potrzebne) telewizor
Renata – (Jest mu / jej potrzebny / potrzebna / potrzebne) nowy laptop, bo wyjeżdża, a musi pracować; (Ma, ale rzadko korzysta) z komputera stacjonarnego; (Nie jest mu / jej potrzebny / potrzebna / potrzebne) kamera
Jan – (Jest mu / jej potrzebny / potrzebna / potrzebne) kamera cyfrowa, bo lubi filmować; (Ma, ale rzadko korzysta) z aparatu, bo lubi filmować; (Nie jest mu / jej potrzebny / potrzebna / potrzebne) smartfon

mp3 41 **2b**

a–2, b–3, c–1
d) rozmowa 1 – telefon komórkowy
e) rozmowa 2 – aparat fotograficzny
f) rozmowa 3 – komputer

mp3 41 **2c**

1. problem: nie działa telefon, rozwiązanie problemu: trzeba włożyć do telefonu kartę SIM.
2. problem: na specjalistyczny obiektyw trzeba czekać jeszcze tydzień, rozwiązanie problemu: trzeba czekać.
3. problem: gaśnie monitor, chyba w komputerze jest jakiś wirus, rozwiązanie problemu: serwisant przyjdzie następnego dnia.

mp3 41 **2d**

A. 2–4–1–7–6–3–5
B. 3–4–2–5–1

3a

czytać i pisać maila, dzwonić, wrzucać zdjęcia do sieci, oglądać filmy i seriale, czytać książki i prasę, rozmawiać ze znajomymi

3b

1. doradziła, 2. telefon, 3. na kartę, 4. zużywa, 5. doładowanie, 6. używa, 7. wystarczyć, 8. ofertę, 9. cali, 10. Nielimitowane, 11. przez Skype'a, przez Snapchat, 12. Zależy mi na, 13. wrzucam, 14. zarejestrowaniu się na

4b

1. samochód, 2. samolot, 3. telefon

4c

a) rozwój, b) dostęp, c) wpływ, d) jest dostępny, e) rozwijają się, f) wpływa;

mp3 42 **4e**

1. P; 2. P; 3. N; 4. N; 5. P; 6. N

mp3 42 **4h**

1. myśleć globalnie, mniejszy i bardziej dostępny
2. zniknął dystans między ludźmi
3. za pomocą poczty, a wiemy, że korespondencja mogła trwać miesiącami
4. globalizacji
5. proces globalizacji

5b

zablokowane – zablokować, zrobiony – zrobić, wynaleziony – wynaleźć, wyprodukowany – wyprodukować, wybrana – wybrać

5d

student A
mrożone jedzenie – 1924, margaryna – 1869, koło – 6500 r. p.n.e., spinacz biurowy – 1900, płyta kompaktowa – 1972

student B
komputer – 1944, samolot – 1903, zapałki – 1855, magnetowid – 1956, kinematograf – 1895, telefon – 1876

5g

1. Książka została skończona przez pisarza.
2. Telefon został wyłączony przeze mnie.
3. Faktura została wysłana przez biuro.
4. Model został opracowany przez fizyka.
5. Biurowiec został zaprojektowany przez architektów.
6. Projekt został zrealizowany.
7. Podręcznik został napisany w ciągu kilku lat.
8. Nowy samochód był testowany przez klientów.

5h

1. Akademia Szwedzka w Sztokholmie przyznała Nagrodę Nobla polskiej pisarce Oldze Tokarczuk.
2. Steven Jobs wykreował znaną markę Apple.
3. Marilyn Monroe wypromowała perfumy Channel No 5.
4. Leonardo da Vinci namalował Monę Lisę.
5. Polscy matematycy: Henryk Zygalski, Jerzy Różycki i Marian Rejewski złamali szyfr Enigmy.

5j

1. Po tragedii w Tatrach została zamknięta trasa na Giewont.
2. Po karambolu został zablokowany wjazd na autostradę A4.
3. Zaginiony Marian Kowalski po raz ostatni był widziany w Wigilię Bożego Narodzenia.
4. Na potrzeby kampanii społecznej promującej poruszanie się rowerem zostało zepsutych kilkanaście samochodów.
5. Wraz ze wzrostem popularności serialu „Przyjaciele" wracają do mody ubrania, które były noszone na przełomie lat 80. i 90.

NOTATKI
nauczyciela

lekcja

13

Samopoczucie

Cele i sytuacje komunikacyjne	• pytanie o samopoczucie • wyrażanie uczuć: nadziei, obawy, strachu, zmartwienia • **powtórzenie:** opisywanie stanu zdrowia • doradzanie i odradzanie
Słownictwo	• zdrowie, zdrowy styl życia, samopoczucie
Gramatyka i składnia	• tryb rozkazujący w formie twierdzącej i przeczącej • aspekt w trybie rozkazującym • **powtórzenie:** użycie zaimków osobowych w bierniku i celowniku • użycie form aspektowych czasownika (np. bezokolicznik po czasownikach modalnych)
Rozumienie ze słuchu	• film: *Co ma wpływ na nasze samopoczucie?* • Moje samopoczucie – krótkie wypowiedzi, doradzanie i odradzanie – krótkie wypowiedzi
Rozumienie tekstów pisanych	• *Co decyduje o naszym samopoczuciu?* • *Dieta naszych dzieci*
Mówienie	• doradzanie, odradzanie, mówienie o stanie zdrowia, o zdrowym trybie życia
Pisanie	• artykuł o zmianie nawyków żywieniowych

Proponujemy przy większości ćwiczeń pracę w grupach. O ich liczebności i składzie decyduje nauczyciel bądź sami studenci (w zależności od indywidualnych potrzeb).

2a **5a**

W lekcji znajdują się dwa długie i dość trudne teksty do czytania, jeden z nich (*Co decyduje o naszym samopoczuciu?*) jest ściśle związany z tematem lekcji, warto więc popracować nad nim podczas zajęć, drugi natomiast (*Dieta naszych dzieci*) można zadać do domu. Ze względu na stopień trudności zaleca się pracę ze słownikiem. W części *Podpowiedzi dla uczących i rozwiązania alternatywne* znajduje się propozycja pracy z tekstem.

2f

Ćwiczenie zwraca uwagę na funkcję komunikacyjną: *dawanie rady, doradzanie i odradzanie*. Warto zrobić to ćwiczenie ze studentami, mimo że druga jego część jest „mało poprawna politycznie" i wydaje się zachęcać do postaw negatywnych. Można potraktować ją z przymrużeniem oka.

2g

Powraca zagadnienie aspektu czasownika, tym razem w konstrukcjach z czasownikami modalnymi. Należy zwrócić uwagę studentów na fakt, że w formie przeczącej, niezależnie od kontekstu, używa się aspektu niedokonanego czasowników w bezokoliczniku.

3a

Funkcja *doradzanie i odradzanie* realizowana jest również za pomocą trybu rozkazującego. Po wprowadzeniu reguł tworzenia trybu rozkazującego warto podkreślić, że w zdaniach przeczących formy trybu rozkazującego tworzy się od form niedokonanych czasowników.

POWTÓRZENIE MATERIAŁU **4a** **4b** **4c**

Warto przypomnieć formy zaimków osobowych w celowniku i bierniku, gdyż studenci często popełniają błędy w zdaniach typu *Jest mi zimno. Boli mnie głowa* itd. Ten problem gramatyczny pojawił się już wcześniej w lekcjach 8 i 15, PO POLSKU 1.

PROPOZYCJA ZADANIA DOMOWEGO

Proponujemy przeczytanie tekstu *Dieta naszych dzieci* i przygotowanie się do dyskusji na forum grupy na ten temat.

Inną propozycją jest ćwiczenie 5g – napisanie krótkiego tekstu (120 – 180 słów) o zdrowym stylu życia i zdrowej kuchni.

PODPOWIEDZI I ROZWIĄZANIA ALTERNATYWNE **1c**

Po wykonaniu zadania nauczyciel może podzielić studentów na grupy i polecić, aby przygotowali własną ofertę formy wypoczynku skierowaną do:

a) dzieci
b) studentów
c) gospodyń domowych
d) pracoholików
e) emerytów

Nauczyciel wyznacza czas na wykonanie zadania, a następnie każda grupa kolejno przedstawia swoją ofertę pozostałym studentom.

1f

Po wykonaniu zadania można wykorzystać grę POSZUKAJ BŁĘDÓW W WYPOWIEDZIACH znajdującą się w materiałach dodatkowych.

2a

Nauczyciel może przed lekcją zrobić kserokopię tekstu i pociąć go na małe fragmenty. Kiedy studenci przeczytają już tekst, nauczyciel może rozdać każdemu uczestnikowi karteczkę z fragmentem tekstu. Studenci zamykają książki i rekonstruują tekst, odczytując jego fragmenty.

2f

Po wykonaniu zadania można wykorzystać grę CO BYŚ ZROBIŁ... znajdującą się w materiałach dodatkowych.

3d

Po wykonaniu zadania można wykorzystać grę DOBRE RADY znajdującą się w materiałach dodatkowych.

4a

Po wykonaniu zadania nauczyciel może polecić, aby każdy ze studentów wybrał jedną z wypowiedzi znajdujących się w ćwiczeniu i napisał ją na karteczce (*jest mi zimno, chce mi się pić,...*). Studenci wychodzą kolejno na środek sali, losują karteczkę i za pomocą pantomimy przedstawiają swoją wypowiedź grupie. Zadaniem pozostałych studentów jest odgadnięcie przedstawianej wypowiedzi.

5a

Tekst *Dieta naszych dzieci* jest materiałem o dużym stopniu trudności. Warto przygotować studentów do lektury, np. pytając o tytuł przed rozpoczęciem czytania. Czy na podstawie tytułu studenci mogą sformułować kilka tez dotyczących problemu? Co dla nich oznacza ten tytuł, czy mogą powiedzieć, jakie ich zdaniem są konsekwencje niezdrowego odżywiania? W pytaniach powinny się znaleźć słowa i zwroty użyte potem w tekście. Nauczyciel może notować odpowiedzi studentów na tablicy.

Kiedy mamy sformułowanych kilka takich tez, możemy przystąpić do lektury. W tekście koncentrujemy się na konfrontacji naszych tez z danymi przedstawionymi w tekście. Jeżeli zgadzają się, przy naszej tezie piszemy „prawda". Jeżeli nie – „fałsz" albo „brak informacji".

6a **6b** DVD 11

W zajęciach relaksacyjnych bierze udział dyrektor kreatywny, właścicielka baru wegańskiego i instruktorka narciarstwa.

Proszę powiedzieć, która z tych osób Pana / Pani zdaniem:

- prowadzi najzdrowszy tryb życia,
- odżywia się najzdrowiej,
- ma najwięcej ruchu w ciągu dnia,
- ma najbardziej stresującą pracę,
- może decydować o planie dnia,
- ma najwięcej czasu na rozwijanie swojego hobby i zainteresowań,
- ma najmniej czasu na wszystko.

MATERIAŁY DODATKOWE

Gra POSZUKAJ BŁĘDÓW!

Opis gry

OPISYWANIE SAMOPOCZUCIA

Nauczyciel rozdaje parom studentów kserokopie ćwiczenia. Zadaniem uczestników jest odnalezienie i poprawienie błędów w tekstach. Po zakończeniu zadania grupy kolejno odczytują poprawione teksty. Błędy mogą być poprawiane na kilka sposobów, nauczyciel akceptuje każde rozwiązanie pod warunkiem, że jest ono poprawne. Ćwiczenie pozwala utrwalić słownictwo związane z tematem *samopoczucie*.

Gra CO BYŚ ZROBIŁ / ZROBIŁA NA MOIM MIEJSCU?

Opis gry

PROŚBA O RADĘ, DAWANIE RADY

Nauczyciel przydziela studentom role. Uczestnicy dobierają się w pary, opisują sytuację, w jakiej się znaleźli, pytają się nawzajem o radę i udzielają sobie porad. Po kilku minutach zmieniają partnera. Nauczyciel decyduje, ile razy nastąpi taka zmiana. Po zakończeniu zadania każdy z uczestników opowiada, która z udzielonych rad podobała mu się najbardziej i dlaczego. W ćwiczeniu realizuje się funkcję komunikacyjną *prośba o radę*, *doradzanie* i *odradzanie*.

Gra DOBRE RADY

Opis gry

TRYB ROZKAZUJĄCY

Nauczyciel rozdaje parom rozcięte karteczki. Zadaniem studentów jest sformułowanie minimum pięciu rad w każdej z przedstawionych sytuacji. Nauczyciel zwraca uwagę, aby uczestnicy zastosowali formy trybu rozkazującego. Tu także realizowana jest funkcja *dawanie rady, doradzanie i odradzanie*.

Gra WUJEK DOBRA RADA

Opis gry

TRYB ROZKAZUJĄCY. DORADZANIE, ODRADZANIE

Do przeprowadzenia gry będą potrzebne kości. Nauczyciel dzieli studentów na grupy – maksymalna ilość to 6 osób.

Nauczyciel rozdaje studentom wycięte komplety karteczek. Studenci rzucają kośćmi przy każdej rundzie. Osoba, która wylosowała 1 lub najniższą liczbę oczek, losuje karteczkę, odczytuje ją pozostałym członkom grupy, których zadaniem jest udzielenie rady z perspektywy wylosowanej postaci. Liczba oczek określa postać:

	jesteś osobą, która prosi o radę
	jesteś matką / ojcem
	jesteś lekarzem
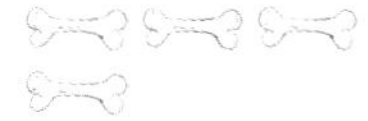	jesteś przybyszem z przyszłości
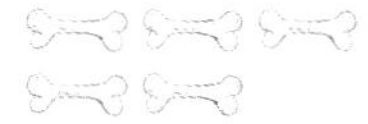	jesteś zmarłym 200 lat temu przodkiem
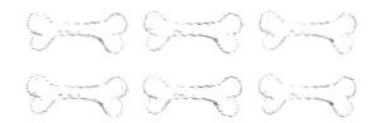	jesteś kolegą / koleżanką

POSZUKAJ BŁĘDÓW! (lekcja 13)

Jestem bardzo szczęśliwa! Wczoraj ożeniłam się z moim chłopakiem!	Wreszcie dostałem nową pracę i od kilku dni mam zły humor.	– Czy coś się stało? – Ciągle jestem zmęczona.
Wreszcie się dzisiaj nie wyspałam.	– Czy coś się stało? – Niezbyt dobrze.	– Jesteś blada, źle się czujesz? – Niezbyt dobrze, wreszcie się wyspałam.
Mam dziś naprawdę dobry dzień! Rano zgubiłam portfel.	Dobrze wyglądasz, jesteś chora?	– Jak się czujesz? – Świetnie! Mam dziś fatalne samopoczucie.
Nie mogłem w nocy zasnąć i jest mi dobrze.	Czuję się świetnie, przez cały dzień bolała mnie głowa.	Jest mi smutno. Chyba muszę wziąć tabletkę.

© A. Dixon, A. Jasińska, *PO POLSKU 2*

© Wydawnictwo PROLOG

CO BYŚ ZROBIŁ / ZROBIŁA NA MOIM MIEJSCU? (lekcja 13)

1 Jesteś dziennikarzem telewizyjnym. Zaproponowano ci pracę w charakterze korespondenta wojennego w kraju, w którym trwa wojna domowa.	2 Właśnie skończyłeś / skończyłaś medycynę. Dostałeś / dostałaś ofertę pracy za granicą. Proponowane wynagrodzenie jest niewiele wyższe niż pensja, którą otrzymałbyś / otrzymałabyś, pracując w twoim kraju.	3 Twoi dziadkowie zapisali ci w testamencie dużą firmę za granicą. Nie możesz jej sprzedać. Aby dostać pieniądze, musisz zmienić zawód i wyjechać z kraju.
4 Twoja praca nie daje ci satysfakcji. Chcesz zmienić zawód, ale wcześniej musiałbyś / musiałabyś skończyć studia zaoczne. Zajęcia są w każdy weekend.	5 Mieszkasz w centrum miasta. Znalazłeś / znalazłaś na wsi niezbyt drogi, duży, piękny dom. Musiałbyś / musiałabyś jednak kupić samochód i dojeżdżać do pracy.	6 Jesteś rolnikiem. Zaproponowano ci, abyś zaczął uprawiać modyfikowane genetycznie warzywa.
7 Masz 14 lat i od czasu do czasu pracujesz jako modelka / model. Zaproponowano ci pracę w prestiżowej agencji modelek w Londynie. Jeśli tam wyjedziesz, będziesz musiał / musiała przerwać naukę w liceum.	8 Twoja najlepsza przyjaciółka / twój najlepszy przyjaciel spotyka się z twoim byłym chłopakiem / z twoją byłą dziewczyną. Masz do niej / niego pretensje.	9 Twój mąż / twoja żona chce wyjechać na wakacje z grupą waszych przyjaciół. Pracujesz nad ważnym projektem i nie możesz wziąć w tym czasie urlopu.
10 Musisz kupić nowy komputer. Dużo podróżujesz i zastanawiasz się, czy nie kupić laptopa. Jednak laptop jest dwa razy droższy niż tradycyjny komputer.	11 Pracujesz w dużej korporacji, która produkuje oprogramowanie do komputerów. Nie jesteś zadowolony / zadowolona ze swojego wynagrodzenia i zastanawiasz się, czy nie założyć własnej firmy. Musiałbyś / musiałabyś jednak wziąć duży kredyt w banku.	12 Twoja córka chce wyjechać ze swoim chłopakiem na wakacje do Azji. Podróż finansuje rodzina chłopaka.

© A. Dixon, A. Jasińska, *PO POLSKU 2*

© Wydawnictwo PROLOG

MAŁE DZIECKO

1. Czytaj dziecku codziennie przez 20 minut książkę!
2.
3.
4.
5.

PIERWSZA RANDKA

1. Wybierz odpowiednie miejsce!
2.
3.
4.
5.

ROZMOWA KWALIFIKACYJNA

1. Bądź punktualny!
2.
3.
4.
5.

WAKACJE ZA GRANICĄ

1. Pamiętaj, żeby zabrać paszport!
2.
3.
4.
5.

ZMIANA MIESZKANIA

1. Porozmawiaj z rodziną!
2.
3.
4.
5.

WESELE

1. Poszukaj odpowiedniej restauracji!
2.
3.
4.
5.

WYBÓR STUDIÓW

1. Porozmawiaj z rodzicami!
2.
3.
4.
5.

KUPNO SAMOCHODU

1. Zastanów się, czy samochód jest ci rzeczywiście potrzebny!
2.
3.
4.
5.

Tę stronę można kopiować.

WUJEK DOBRA RADA (lekcja 13)

Boli mnie ząb.	Od paru dni nie mogę zasnąć.	Nie mogę się na niczym skoncentrować.	Mam często biegunki.
Kiedy nie ma słońca, jestem przygnębiony/a.	Chciał(a)bym przytyć parę kilogramów.	Chciał(a)bym trochę schudnąć.	Boli mnie kręgosłup.
Nie jestem zadowolona z kształtu moich piersi.	Bardzo się pocę.	Nie lubię włosów na mojej klatce piersiowej.	Jest mi niedobrze, kiedy jadę windą.
Mam migreny przynajmniej raz w miesiącu.	Nie lubię swoich zmarszczek.	Mam rzadkie włosy, boję się, że łysieję.	Siwieje mi broda.

Tę stronę można kopiować.

© Wydawnictwo PROLOG

TEKSTY nagrań

mp3 43 **1f Proszę posłuchać wypowiedzi pięciu osób i dopasować je do poniższych opisów samopoczucia.**

1. Dzisiaj wstałam o dziesiątej. Pierwszy raz od tygodnia.
2. Czuję się dziwnie. Zaczyna mnie boleć gardło.
3. Poszłam spać o trzeciej, a musiałam wstać o siódmej.
4. Od rana mam dobry humor. Jestem wypoczęty i zrelaksowany.
5. Poszedłem spać wcześnie, ale cały czas myślałem o pracy. Nie mogłem się uspokoić. W końcu zasnąłem o czwartej. Co za koszmar.

mp3 44 **2e Proszę wysłuchać krótkich wypowiedzi i zaznaczyć, w których słyszymy:**

prośbę o radę, doradzanie, odradzanie

1. Nie warto wyjeżdżać w maju nad morze, jest jeszcze za zimno.
2. Możesz kupić sobie magnez, to naprawdę poprawia koncentrację.
3. Na twoim miejscu nie jadłabym tyle czekoladek.
4. Naprawdę nie wiem, dokąd wyjechać na wakacje. Możesz mi doradzić?
5. Chcę kupić nowy rower, ale nie mogę się zdecydować jaki. Możesz mi pomóc?
6. Nie kupuj tych nart! Są beznadziejne.
7. Pij wodę mineralną, najlepiej 2 litry dziennie!
8. Zastanawiam się, czy nie zapisać się na kurs jogi. Co byś zrobiła na moim miejscu?
9. Nie powinnaś chodzić tak często do solarium. To może mieć bardzo poważne konsekwencje.

mp3 45 **3a Oto dekalog zdrowego człowieka. Proszę uzupełnić tekst, a następnie wysłuchać nagrania i sprawdzić, czy wyrazy w ramce zostały wpisane w odpowiednim miejscu i formie.**

1. Jedz dużo owoców i warzyw!
2. Jedz w spokoju! Jedzenie w pośpiechu szkodzi!
3. Nie jedz między posiłkami!
4. Pij co najmniej 2 litry wody dziennie!
5. Pij mleko, ale tylko to, które ma mniej niż 1% tłuszczu!
6. Nie nadużywaj alkoholu!
7. Ćwicz. Sport to zdrowie!
8. Spotykaj się z ludźmi. Kontakty z innymi to lekarstwo na stres!
9. Nie pal!
10. Rób regularnie badania!

mp3 46 **4b Proszę posłuchać nagrania i zdecydować, jaki problem mają te osoby.**

mp3 46 **4c O co proszą te osoby? Proszę dokończyć zdania według podanego wzoru.**

0. Uff, jaki upał! Jest chyba ze 40 stopni w słońcu. Proszę cię, nie otwieraj okna, tylko włącz wentylator!
1. Masz jakiś sweter? Daj mi proszę, bo tu jest strasznie zimno!
2. Idziesz do sklepu? To bądź taki dobry i kup mi wodę mineralną, ale niegazowaną!
3. Mamo, proszę, nie dawaj mi szalika. Przecież dzisiaj wcale nie jest zimno!
4. Proszę, zrób mi herbaty! Zjadłam sushi i boli mnie brzuch, chyba wezmę tabletkę.
5. Daj mi spokój! Miałem dzisiaj naprawdę zły dzień i chcę być sam.
6. Zarezerwuj stolik na wtorek! Dla mnie to jest bardzo dobry termin!
7. Babciu, nie proś mnie, żebym zamieszkał u ciebie! Akademik jest wygodny, a poza tym chcę mieszkać z kolegami!
8. Nie dawaj mi tego małego słownika! Potrzebny mi jest duży słownik polsko-niemiecki.
9. Nie rób mi kanapki, bo i tak jej nie zjem! Jestem po obiedzie.

mp3 47 **4e Proszę wysłuchać dialogów i wpisać brakujące litery. Następnie proszę przeczytać dialogi z kolegą / koleżanką.**

a)

– Cześć! Jak leci?
– Wszystko w porządku. A u ciebie?
– Nic nowego.

b)

– Masz tabletkę od bólu głowy?
– Tak, proszę. Ale myślę, że powinieneś iść do lekarza.

c)

– Jestem za gruby. Czuję się źle. Chce mi się spać.
– Zrób sobie dietę niskokaloryczną! Nie jedz słodyczy ani tłuszczu!

DVD 11 **6a Proszę obejrzeć film, a następnie zaznaczyć kogo dotyczą poniższe sformułowania.**

DVD 11 **6b Proszę ponownie obejrzeć film i zaznaczyć, które z poniższych zajęć będą się odbywały w Komnacie Relaksu.**

Roma: Znowu spóźniona! Masz szczęście, trenerka prosiła, żebyśmy poczekali na nią 10 minut, mają jakiś problem.

Alicja: Czepiasz się Roma, nie spóźniam się, tylko nie mam czasu, żeby przychodzić pół godziny wcześniej jak ty i plotkować. Cześć Klaudia! Przyprowadziłam kolegę z firmy, tego Mateusza, o którym ci mówiłam, przebiera się.

R: A czemu ja nic nie wiem? Jaki Mateusz?

A: Kolega… a ty musisz wszystko wiedzieć?

Mateusz: Cześć wszystkim.

A: To jest Mateusz, mój kolega z pracy. Mateusz, poznaj Klaudię i Romę.

A: Mateusz jest naszym dyrektorem kreatywnym. Klaudia jest dietetyczką i instruktorką narciarstwa, Roma prowadzi swój wegański bar.

M: O, naprawdę? Eksperymentuję ostatnio z dietami i zastanawiam się nad przejściem na weganizm. Jak się nazywa, może znam?

R: „Wegamator", przy Sądowej.

M: Żartujesz! Mieszkam przy Sądowej, mijam ten bar dwa razy dziennie! Uwielbiam wasze smoothie! Często kupuję rano na wynos.

Klaudia: Dobra decyzja, koktajl owocowy zamiast kawy dostarcza energii na cały dzień.

M: Zdecydowanie! Uwielbiam koktajle warzywno-owocowe na bazie szpinaku. Nigdy cię nie widziałem w „Wegamatorze"... Roma... tak?

R: O nie, ja rano zawsze jestem na basenie albo masażu, pracownik otwiera, ja przychodzę o 11.00 najwcześniej.

M: O, jak ci zazdroszczę! Uwielbiam zaczynać dzień od basenu! Niestety, taką mam pracę, że rano muszę być w firmie, porozdzielać zadania. Na masaże chodzę przynajmniej raz w tygodniu. Człowiek nie jest w stanie bez tego funkcjonować. Jakie polecasz?

R: Ajurwedyjski, akupresurę...

M: Uwielbiam ajurwedyjski!

K: Powinieneś spróbować izometrycznego, bardzo dobrze relaksuje ciało, przede wszystkim po wysiłku fizycznym, po siłowni, po nartach. Jeździsz na nartach?

A: Klaudia jest instruktorką narciarską, wspominałam ci...

M: Wolę deskę.

K: Jazda na desce jest teraz bardzo popularna, robię dodatkowe kwalifikacje na instruktorkę snowboardu.

R: Sporty zimowe mają podstawową wadę, uprawia się je w zimie – ja nienawidzę zimy.

A: Ja też nie, zawsze w zimie mam depresję, mój lekarz twierdzi, że jestem meteoropatką.

M: To tak jak ja, w zimie regularnie chodzę na solarium.

K: Solarium jest bardzo niezdrowe!

M: Wiem, ale potrzebuję światła.

A: A propos, mamy nową inicjatywę w firmie, zarząd udostępnił jedną salę konferencyjną na zajęcia rekreacyjne. Będziemy mieli tam lampy antydepresyjne i maty. Zarząd zgodził się przeznaczyć pieniądze na instruktorów mindfulness i jogi. Będziemy też mieli tam możliwość konsultacji z psychologiem i szkolenia z zakresu dietetyki, i zarządzania stresem.

M: Tak, szukamy teraz instruktorów i szkoleniowców. Nasza Komnata Relaksu ma zacząć działać od września. A propos, szukamy też firm cateringowych, chcemy promować zdrowe lunche...

I: Przepraszam was kochani za to spóźnienie, mieliśmy awarię... Wszystko jest dobrze, zaczynamy. Kto z was nie może zostać dłużej, dostanie oczywiście zwrot pieniędzy za dzisiejszą sesję. Zaczynamy. Stajemy na matach i ...

KLUCZ do ćwiczeń

mp3 43 1f

wypowiedź 1: Ta osoba wreszcie się wyspała.
wypowiedź 2: Ta osoba chyba będzie chora.
wypowiedź 3: Ta osoba jest niewyspana.
wypowiedź 4: Ta osoba ma dziś dobry dzień.
wypowiedź 5: Ta osoba nie mogła zasnąć.

2b

1. przygnębiony, 2. niedotleniony, 3. objawy, 4. odżywianie, 5. bogata, 6. skarży się / skarżyła się, 7. służy, 8. upał

mp3 44 2e

prośba o radę: 4, 5, 8,
doradzanie: 2, 7,
odradzanie: 1, 3, 6, 9

2g

1. Nie powinieneś od razu brać tabletek.
2. Nie muszę jeść obiadu. Zjem, kiedy wrócę do domu.
3. Nie powinnaś pić ciepłego mleka. To nie jest dobre dla twojej diety.
4. Nie powinieneś jechać w góry. Jest tak dużo pracy!

mp3 45 3a

2. jedzenie, 3. między, 4. wody, 5. mleko, 6. alkoholu, 7. Sport, 8. stres, 9. pal, 10. regularnie

4a

1. Basia otworzyła okno, chyba jest jej gorąco.
2. Mogę zjeść tę kanapkę? Bardzo chce mi się jeść.
3. Moi rodzice mieszkają teraz na wsi. Mówią, że jest im tu dobrze.
4. Czy mogę zamknąć okno? Naprawdę jest mi zimno.
5. Jesteś blady i źle wyglądasz, jest ci niedobrze?
6. Możemy pójść z wami do kina w piątek, pasuje wam ten dzień?
7. Marek dzwonił i mówił, że Magda wyjechała i że jest mu smutno bez niej.
8. Dam ci wody mineralnej, jeśli chce ci się pić.
9. Powiedz, o jaki słownik ci chodzi! Mogę ci go kupić, kiedy będę w maju w Berlinie.
10. Cały dzień oglądasz telewizję. Nie szkoda ci czasu?

mp3 46 4b

1. zimno, 2. pić, 3. ciepło, 4. niedobrze, 5. smutno, 6. pasuje, 7. jest, 8. inny, 9. nie chce

mp3 46 4c

Osoba 0 prosi, żeby nie otwierać okna i żeby włączyć wentylator.
Osoba 1 prosi, żeby dać jej sweter.
Osoba 2 prosi, żeby kupić jej niegazowaną wodę mineralną.
Osoba 3 prosi, żeby nie dawać jej szalika.
Osoba 4 prosi, żeby zrobić jej herbatę.
Osoba 5 prosi, żeby dać jej spokój.
Osoba 6 prosi, żeby zarezerwować stolik na wtorek.
Osoba 7 prosi, żeby nie prosić jej o zamieszkanie razem.
Osoba 8 prosi, żeby nie dawać jej małego słownika.
Osoba 9 prosi, żeby nie robić jej kanapki.

4d

Biernik:
0. mnie, 1. cię, 2. ciebie, 3. go, 4. jego, 5. niego, 6. nią, 7. go, 8. nie, 9. nas, 10. was, 11. ich, 12. nich, 13. je

Celownik:
0. mi, 1. mnie, 2. tobie, 3. mu, 4. jemu, 5. jej, 6. mu, 7. nam, 8. wam, 9. im, 10. im

mp3 47 **4e**

a)
– Cześć! Jak le**ci**?
– W**sz**ystko w po**rz**ądku. A u **c**iebie?
– Ni**c** nowego.

b)
– Ma**sz** tabletkę od bólu głow**y**?
– Tak, pro**sz**ę. Ale my**ś**lę, że powinieneś iść do leka**rz**a.

c)
– Jestem za gruby. **Cz**uję się **ź**le. Chce mi się **s**pać.
– Zr**ó**b sobie dietę niskokalory**cz**ną! Nie je**dz** słodyczy ani tłuszczu.

5c

1. otyłości, 2. źródło, 3. Nadmiar, prowadzi, 4. wyłącznie, 5. sklepiku szkolnym

DVD 11 **6a**

	Klaudia	Mateusz	Roma	Alicja
Przychodzi tuż przed rozpoczęciem zajęć, ponieważ nie ma czasu, żeby przychodzić pół godziny wcześniej.				X
Przyprowadziła kolegę z firmy.				X
Jest dyrektorem kreatywnym.		X		
Jest dietetyczką i instruktorką narciarską.	X			
Prowadzi swój wegański bar.			X	
Mieszka przy Sądowej i mija bar Wegamator dwa razy dziennie.		X		
Uwielbia koktajle warzywno-owocowe na bazie szpinaku.		X		
Rano zawsze chodzi na basen albo masaż.			X	
Poleca masaż izometryczny, który bardzo dobrze relaksuje ciało, przede wszystkim po wysiłku fizycznym, po siłowni, po nartach.	X			
W zimie ma depresję, jej lekarz twierdzi, że jest meteoropatką.				X
W zimie regularnie chodzi do solarium.		X		

DVD 11 **6b**

- [x] naświetlanie lampami antydepresyjnymi
- [ ] masaż misami
- [x] mindfulness
- [ ] reiki
- [x] joga
- [ ] wróżenie z kart
- [x] konsultacje z psychologiem
- [x] szkolenia z zakresu dietetyki
- [ ] kick-boxing
- [x] szkolenia z zakresu zarządzania stresem

NOTATKI
nauczyciela

lekcja

14

Turystyka

Cele i sytuacje komunikacyjne	• zachęcanie i zniechęcanie do różnych form spędzania wolnego czasu • opowiadanie o podróżach, opisywanie znanych i mniej znanych atrakcji turystycznych • **powtórzenie:** lokalizowanie w przestrzeni
Słownictwo	• turystyka i podróże
Gramatyka i składnia	• wybrane wyrażenia przyimkowe w funkcji okolicznika miejsca • **powtórzenie:** tryb rozkazujący • przyimki w funkcji okolicznika miejsca
Rozumienie ze słuchu	• film: *Wyjazd na wakacje* • zachęcanie i zniechęcanie; oferta biura turystycznego; fragmenty wywiadu z właścicielem biura turystycznego
Rozumienie tekstów pisanych	• oferty turystyczne, *Wakacje – Jak Polacy spędzają urlop?* • *Zmiana klimatu w rozwoju turystyki*
Mówienie	• lokalizowanie w przestrzeni, zachęcanie i zniechęcanie do różnych form spędzania wolnego czasu
Pisanie	• list prywatny

Proponujemy przy większości ćwiczeń pracę w grupach. O ich liczebności i składzie decyduje nauczyciel bądź sami studenci (w zależności od indywidualnych potrzeb).

POWTÓRZENIE MATERIAŁU 2a 2b 2c 2d

Funkcja *lokalizowanie w przestrzeni* realizowana jest za pomocą wyrażeń przyimkowych. Pojawiły się one w lekcjach 8, 12, 13 w PO POLSKU 1. Zakłada się więc, że na tym etapie nauki będą one znane studentom.

2a 2b 2c

Zaleca się, aby studenci przy opisywaniu miejsc, w których mieszkają, używali trudniejszych wyrażeń przyimkowych. Należy zachęcić ich do wykorzystania wyrażeń typu: *u stóp..., na zachód od..., na granicy...* W części *Podpowiedzi dla uczących i rozwiązania alternatywne* znajduje się kilka pomysłów na wykorzystanie tych wyrażeń w sposób ciekawy dla studentów.

3d

Problem gramatyczny zaprezentowany w tym ćwiczeniu pojawił się już w lekcji poprzedniej. Ćwiczymy użycie formy niedokonanej czasowników w zadaniach przeczących w trybie rozkazującym.

5a

W tekście jest sporo nowych słów i zwrotów, jednak wydaje się, że ich znajomość jest ważna. Dlatego proponujemy zabawę, której opis znajduje się w punkcie *Podpowiedzi dla uczących i rozwiązania alternatywne.*

6a 6b

Tekst *Zmiana klimatu w rozwoju turystyki* jest materiałem o dużym stopniu trudności. Proponujemy, aby studenci czytając go, koncentrowali się na wyłowieniu ogólnych informacji. Studenci nie muszą rozumieć 100% tekstu (jak zwykle zresztą przy okazji pracy z tekstami autentycznymi). Powinni zrozumieć ogólny sens poszczególnych akapitów. Umożliwia to ćwiczenie 6b. Prosimy studentów o dopasowanie stwierdzeń zaproponowanych w ćwiczeniach do odpowiedniego fragmentu tekstu.

PROPOZYCJA ZADANIA DOMOWEGO

Proponujemy napisanie zaproszenia do swojego kraju w formie listu. Należy zwrócić uwagę studentów na elementy opisu miejsca, do którego zapraszamy i zasugerować, że powinni zachęcić swojego potencjalnego gościa do przyjazdu.

PODPOWIEDZI I ROZWIĄZANIA ALTERNATYWNE 1a

Przed rozpoczęciem lekcji można wykorzystać grę PAŃSTWA / MIASTA znajdującą się w materiałach dodatkowych. Będzie ona dobrą rozgrzewką, a studenci przypomną sobie bądź nauczą się nazw miejsc, które pojawią się w lekcji.

1b

Konkurs na reklamę swojego kraju. Zamiast zaproponowanego w podręczniku ćwiczenia można polecić studentom, aby przygotowali na dużych arkuszach reklamę swojego kraju. Po wykonaniu zadania nauczyciel przyczepia reklamy do tablicy lub eksponuje w innym widocznym miejscu. Po zapoznaniu się studentów z wszystkimi reklamami nauczyciel przeprowadza głosowanie, które ma wyłonić zwycięzcę konkursu.

Ćwiczenie sprawdzi się najlepiej, jeśli uczestnicy kursu będą przygotowywali reklamy tego samego kraju.

2b

Po wykonaniu zadania nauczyciel może podzielić studentów na małe grupy i rozdać im pisaki. Pierwszy student zakręca pisakiem na stole (nauczyciel może zaproponować inny sposób wskazywania osób) i zadaje pytanie osobie, którą wskazał flamaster.

Przykład: *Gdzie leży Madagaskar?*

3g

Po wykonaniu zadania nauczyciel może wykorzystać grę PAŃSTWA / MIASTA znajdującą się w materiałach dodatkowych.

4e

Po wykonaniu zadania, nauczyciel może rozdać studentom uprzednio przygotowane fotografie charakterystycznych miejsc atrakcyjnych dla studentów i kartki pocztowe. Następnie każdy student pisze na kartce swoje imię i oddaje nauczycielowi, który miesza kartki i podaje je do wylosowania. Zadaniem studentów jest napisanie kartki pocztowej z wylosowanego miejsca.

4i 4j DVD 12

Proszę powiedzieć, czego nie można zabrać na pokład samolotu:
- zwierzęcia?
- jedzenia?
- kosmetyków?
- sprzętu AGD?
- sprzętu komputerowego?
- broni?
- alkoholu?
- ....?

Który z tych elementów powinien być Pana / Pani zdaniem dozwolony na pokładzie? Proszę uzasadnić wybór.

5a

Po lekturze tekstu oraz wyjaśnieniu zwrotów i słów prosimy studentów, żeby zamknęli książki i spróbowali przypomnieć sobie jak najwięcej nowych słów i zwrotów. Nauczyciel wypisuje je na tablicy. Następnie studenci mogą układać zdania z wypisanymi przez nauczyciela słowami. W wersji trudniejszej, ale bardziej atrakcyjnej, można pogrupować wypisane słowa (zwroty) po trzy i poprosić o układanie zdań w taki sposób, żeby w zdaniu znalazły się wszystkie trzy słowa (zwroty) z tablicy.

MATERIAŁY DODATKOWE

Gra PAŃSTWA / MIASTA

Opis gry

NAZWY GEOGRAFICZNE

Gra pozwala utrwalić nazwy geograficzne po polsku. Nauczyciel dzieli studentów na grupy i rozdaje im formularze do gry. Jeden ze studentów losuje literę alfabetu. Zadaniem studentów jest wpisanie do rubryk nazw geograficznych rozpoczynających się na wylosowaną literę. Kiedy nauczyciel powie „start", studenci zaczynają wypełniać rubryki (tylko jedna nazwa w każdej rubryce). Nauczyciel wyznacza czas na wykonanie zadania i kiedy powie „stop", studenci podliczają swoje wyniki:

1. Za każdą nazwę 5 punktów.
2. Jeśli inni studenci nie mają takiej samej nazwy, dodatkowo 5 punktów.
3. Jeśli rubryka jest pusta, tracą 5 punktów.

Gra AGENCJA TURYSTYCZNA

Opis gry

ZACHĘCANIE I ZNIECHĘCANIE

Gra realizuje funkcję *zachęcania i zniechęcania.*

Nauczyciel dzieli studentów na turystów i agentów, a następnie rozdaje im role.

Agenci podchodzą kolejno do turystów. Każdy turysta ma już pomysł na spędzenie wakacji. Zadaniem agentów jest zniechęcenie turystów do formy wypoczynku, którą zaplanowali i przekonanie ich do swojej oferty. Wygrywa agent, który sprzedał swoją ofertę największej liczbie turystów.

Gra ZGADYWANKA

Opis gry

OPOWIADANIE O PODRÓŻACH

Nauczyciel rozdaje studentom karteczki z formularzem do wypełnienia i rysunkiem miejsca, w którym spędzili wakacje. Studenci dobierają się w pary i opowiadają sobie o swoich wakacjach. Nauczyciel zwraca uwagę, aby studenci zadawali sobie jak najwięcej pytań dotyczących wakacji. Gra pozwala kompleksowo powtórzyć nowe wiadomości wprowadzone podczas lekcji.

Gra ROZSYPANKA

Opis gry

PRZYIMKI

Nauczyciel rozdaje studentom karteczki z elementami zdania. Zadaniem studentów jest ułożenie zdań. Uczestnicy mogą pracować w parach lub małych grupach. Gra ćwiczy użycie przyimków w relacjach przestrzennych.

Gra CZY WOLAŁBYŚ / WOLAŁABYŚ RACZEJ...

Opis gry

SŁOWNICTWO, TRYB PRZYPUSZCZAJĄCY

Nauczyciel dzieli grupę na zespoły (liczba nieparzysta, 3 – 5 osób) i rozdaje komplety wyciętych karteczek. Studenci kolejno losują karteczki i czytają pytanie sąsiadowi po swojej prawej stronie. Następnie wszyscy studenci, łącznie z tym, który trzyma karteczkę, kolejno odpowiadają na pytanie. Jeśli sąsiad po lewej stronie odpowiedział na pytanie jak większość grupy, zachowuje karteczkę, jeśli inaczej, karteczkę zabiera ten, który czytał pytanie. Po zakończeniu rundy pytanie czyta osoba, która poprzednio odpowiadała pierwsza i cykl się powtarza. Gra trwa do wyczerpania karteczek. Wygrywa student, który zgromadzi najwięcej karteczek.

Nauczyciel może, ale nie musi dołączyć karteczki z pustym miejscem do wypełnienia, zależy to od indywidualnej oceny poziomu kompetencji i kreatywności grupy.

PAŃSTWA / MIASTA (lekcja 14)

runda	PAŃSTWO	MIASTO	RZEKA	GÓRY	ZWIERZĘ	punkty
1						
2						
3						

runda	PAŃSTWO	MIASTO	RZEKA	GÓRY	ZWIERZĘ	punkty
1						
2						
3						

Tę stronę można kopiować.

© A. Dixon, A. Jasińska, *PO POLSKU 2* © Wydawnictwo PROLOG

AGENCJA TURYSTYCZNA (lekcja 14)

role agentów

1. **Miejsce:**
   Rosja, Syberia
2. **Forma wypoczynku:**
   wakacje w drewnianej chacie pośrodku lasu, bez telewizji, telefonu, komputera i radia
3. **Dodatkowe atrakcje:**
   kurs tańca z niedźwiedziem

1. **Miejsce:**
   Jamajka
2. **Forma wypoczynku:**
   praca na plantacji bawełny
3. **Dodatkowe atrakcje:**
   kurs tkania

1. **Miejsce:**
   Hawaje
2. **Forma wypoczynku:**
   wakacje w luksusowym hotelu
3. **Dodatkowe atrakcje:**
   kurs wyplatania girland z kwiatów

1. **Miejsce:**
   Indie
2. **Forma wypoczynku:**
   praca w rezerwacie dla świętych krów
3. **Dodatkowe atrakcje:**
   kurs tańca brzucha

1. **Miejsce:**
   Japonia
2. **Forma wypoczynku:**
   mieszkanie u japońskiej rodziny
3. **Dodatkowe atrakcje:**
   kurs sumo

1. **Miejsce:**
   Niemcy, Bawaria
2. **Forma wypoczynku:**
   wakacje w pensjonacie
3. **Dodatkowe atrakcje:**
   kurs jodłowania

role turystów

Jesteś matką / ojcem sześciorga dzieci. Chcecie wspólnie z rodziną wybrać się w podróż rowerem po Europie.

Jesteś księdzem. Chcesz pojechać w góry.

Jesteś prezydentem swojego kraju. Chcesz wyjechać na wakacje do Toskanii.

Jesteś profesorem. Chcesz wyjechać nad morze.

Jesteś szefem / szefową dużej firmy w stolicy twojego kraju. Chcesz wyjechać na wakacje do Paryża.

Jesteś fotoreporterem / fotoreporterką. Zwiedziłeś / zwiedziłaś już cały świat. Chcesz wyjechać na wakacje na wieś do gospodarstwa agroturystycznego.

© A. Dixon, A. Jasińska, *PO POLSKU 2*
© Wydawnictwo PROLOG

OPOWIADANIE O PODRÓŻACH (lekcja 14)

PARYŻ

1. Jak tam dojechałeś / dojechałaś?
2. Ile czasu tam spędziłeś / spędziłaś?
3. Gdzie mieszkałeś / mieszkałaś?
4. Czy smakowała ci lokalna kuchnia? Jaką oryginalną potrawę jadłeś / jadłaś?
5. Co robiłeś / robiłaś codziennie?
6. Co zwiedziłeś / zwiedziłaś?
7. Czy miałeś / miałaś jakąś niezwykłą przygodę? Jaką?

TOKIO

1. Jak tam dojechałeś / dojechałaś?
2. Ile czasu tam spędziłeś / spędziłaś?
3. Gdzie mieszkałeś / mieszkałaś?
4. Czy smakowała ci lokalna kuchnia? Jaką oryginalną potrawę jadłeś / jadłaś?
5. Co robiłeś / robiłaś codziennie?
6. Co zwiedziłeś / zwiedziłaś?
7. Czy miałeś / miałaś jakąś niezwykłą przygodę? Jaką?

WIELKI KANION, USA

1. Jak tam dojechałeś / dojechałaś?
2. Ile czasu tam spędziłeś / spędziłaś?
3. Gdzie mieszkałeś / mieszkałaś?
4. Czy smakowała ci lokalna kuchnia? Jaką oryginalną potrawę jadłeś / jadłaś?
5. Co robiłeś / robiłaś codziennie?
6. Co zwiedziłeś / zwiedziłaś?
7. Czy miałeś / miałaś jakąś niezwykłą przygodę? Jaką?

SYDNEY

1. Jak tam dojechałeś / dojechałaś?
2. Ile czasu tam spędziłeś / spędziłaś?
3. Gdzie mieszkałeś / mieszkałaś?
4. Czy smakowała ci lokalna kuchnia? Jaką oryginalną potrawę jadłeś / jadłaś?
5. Co robiłeś / robiłaś codziennie?
6. Co zwiedziłeś / zwiedziłaś?
7. Czy miałeś / miałaś jakąś niezwykłą przygodę? Jaką?

EGIPT

1. Jak tam dojechałeś / dojechałaś?
2. Ile czasu tam spędziłeś / spędziłaś?
3. Gdzie mieszkałeś / mieszkałaś?
4. Czy smakowała ci lokalna kuchnia? Jaką oryginalną potrawę jadłeś / jadłaś?
5. Co robiłeś / robiłaś codziennie?
6. Co zwiedziłeś / zwiedziłaś?
7. Czy miałeś / miałaś jakąś niezwykłą przygodę? Jaką?

PUSTYNIA

1. Jak tam dojechałeś / dojechałaś?
2. Ile czasu tam spędziłeś / spędziłaś?
3. Gdzie mieszkałeś / mieszkałaś?
4. Czy smakowała ci lokalna kuchnia? Jaką oryginalną potrawę jadłeś / jadłaś?
5. Co robiłeś / robiłaś codziennie?
6. Co zwiedziłeś / zwiedziłaś?
7. Czy miałeś / miałaś jakąś niezwykłą przygodę? Jaką?

Tę stronę można kopiować.
© A. Dixon, A. Jasińska, *PO POLSKU 2*
© Wydawnictwo PROLOG

OPOWIADANIE O PODRÓŻACH (lekcja 14)

HISZPANIA

1. Jak tam dojechałeś / dojechałaś?
2. Ile czasu tam spędziłeś / spędziłaś?
3. Gdzie mieszkałeś / mieszkałaś?
4. Czy smakowała ci lokalna kuchnia? Jaką oryginalną potrawę jadłeś / jadłaś?
5. Co robiłeś / robiłaś codziennie?
6. Co zwiedziłeś / zwiedziłaś?
7. Czy miałeś / miałaś jakąś niezwykłą przygodę? Jaką?

MEKSYK

1. Jak tam dojechałeś / dojechałaś?
2. Ile czasu tam spędziłeś / spędziłaś?
3. Gdzie mieszkałeś / mieszkałaś?
4. Czy smakowała ci lokalna kuchnia? Jaką oryginalną potrawę jadłeś / jadłaś?
5. Co robiłeś / robiłaś codziennie?
6. Co zwiedziłeś / zwiedziłaś?
7. Czy miałeś / miałaś jakąś niezwykłą przygodę? Jaką?

POLSKA

1. Jak tam dojechałeś / dojechałaś?
2. Ile czasu tam spędziłeś / spędziłaś?
3. Gdzie mieszkałeś / mieszkałaś?
4. Czy smakowała ci lokalna kuchnia? Jaką oryginalną potrawę jadłeś / jadłaś?
5. Co robiłeś / robiłaś codziennie?
6. Co zwiedziłeś / zwiedziłaś?
7. Czy miałeś / miałaś jakąś niezwykłą przygodę? Jaką?

BRAZYLIA

1. Jak tam dojechałeś / dojechałaś?
2. Ile czasu tam spędziłeś / spędziłaś?
3. Gdzie mieszkałeś / mieszkałaś?
4. Czy smakowała ci lokalna kuchnia? Jaką oryginalną potrawę jadłeś / jadłaś?
5. Co robiłeś / robiłaś codziennie?
6. Co zwiedziłeś / zwiedziłaś?
7. Czy miałeś / miałaś jakąś niezwykłą przygodę? Jaką?

LONDYN

1. Jak tam dojechałeś / dojechałaś?
2. Ile czasu tam spędziłeś / spędziłaś?
3. Gdzie mieszkałeś / mieszkałaś?
4. Czy smakowała ci lokalna kuchnia? Jaką oryginalną potrawę jadłeś / jadłaś?
5. Co robiłeś / robiłaś codziennie?
6. Co zwiedziłeś / zwiedziłaś?
7. Czy miałeś / miałaś jakąś niezwykłą przygodę? Jaką?

CHINY

1. Jak tam dojechałeś / dojechałaś?
2. Ile czasu tam spędziłeś / spędziłaś?
3. Gdzie mieszkałeś / mieszkałaś?
4. Czy smakowała ci lokalna kuchnia? Jaką oryginalną potrawę jadłeś / jadłaś?
5. Co robiłeś / robiłaś codziennie?
6. Co zwiedziłeś / zwiedziłaś?
7. Czy miałeś / miałaś jakąś niezwykłą przygodę? Jaką?

Tę stronę można kopiować.

© A. Dixon, A. Jasińska, *PO POLSKU 2*

© Wydawnictwo PROLOG

ROZSYPANKA (lekcja 14)

W LIPCU BYŁAM	W	GÓRACH
W LIPCU JADĘ	W	GÓRY
W ZESZŁYM ROKU BYŁEM	NAD	MORZEM
ZA TYDZIEŃ JADĘ	NAD	MORZE
WCZORAJ WRÓCIŁEM	ZNAD	MORZA
WRACAM	OD	DENTYSTY
IDĘ	DO	DENTYSTY
RANO BYŁAM	U	DENTYSTY
WCZORAJ BYŁAM	NA	KONCERCIE
WIECZOREM IDĘ	NA	KONCERT
WŁAŚNIE WRACAM	Z	KONCERTU
DWA LATA TEMU BYŁEM	W	PRADZE
JUTRO JADĘ	DO	PRAGI
ANIA JUTRO WRACA	Z	PRAGI

Tę stronę można kopiować.

CZY WOLAŁBYŚ / WOLAŁABYŚ RACZEJ... (lekcja 14)

Czy wolałbyś / wolałabyś raczej... Spędzić urlop w toalecie, czy wybrać się na K2?	Czy wolałbyś / wolałabyś raczej... Kąpać się zimą w Bałtyku, czy pojechać rowerem w Alpy?	Czy wolałbyś / wolałabyś raczej... Spędzić wakacje w 2 gwiazdkowym hotelu w kurorcie, czy w luksusowym namiocie?	Czy wolałbyś / wolałabyś raczej... Przejechać sam samochodem całe USA, czy przejechać Rosję koleją transsyberyjską?
Czy wolałbyś / wolałabyś raczej... Zjeść egzotyczne insekty w pięciogwiazdkowej restauracji, czy burgera w McDonalds?	Czy wolałbyś / wolałabyś raczej... Pojechać na rajd *Dakar*, czy wziąć udział w wyścigu kolarskim *Tour de France*?	Czy wolałbyś / wolałabyś raczej... Wspinać się na szczyty gór, czy latać na paralotni?	Czy wolałbyś / wolałabyś raczej... Spędzić miesiąc w spa, czy ćwiczyć jogę przez 8 godzin dziennie przez miesiąc?
Czy wolałbyś / wolałabyś raczej... Pojechać autostopem do Azji, czy wybrać się piechotą do dżungli amazońskiej?	Czy wolałbyś / wolałabyś raczej... Mieć w domu oswojonego kangura, czy krokodyla?	Czy wolałbyś / wolałabyś raczej... Prowadzić swoje gospodarstwo agroturystyczne, czy pensjonat w centrum miasta?	Czy wolałbyś / wolałabyś raczej... Spędzić wakacje na plaży w ciepłym kraju, czy zwiedzając starożytne zabytki?
Czy wolałbyś / wolałabyś raczej... Zejść sam/a 5 kilometrów w dół górskiej jaskini, czy skoczyć do wodospadu?	Czy wolałbyś / wolałabyś raczej... Polecieć na wycieczkę na Marsa, czy w podróż dookoła świata?	Czy wolałbyś / wolałabyś raczej... Mieszkać przez tydzień w igloo, czy w szałasie w dżungli?	Czy wolałbyś / wolałabyś raczej... Być przewodnikiem wycieczek w Kairze, czy mieć budkę z lodami naprzeciwko zabytkowego miejsca?
Czy wolałbyś / wolałabyś raczej...? *Twój pomysł*	Czy wolałbyś / wolałabyś raczej...? *Twój pomysł*	Czy wolałbyś / wolałabyś raczej...? *Twój pomysł*	Czy wolałbyś / wolałabyś raczej...? *Twój pomysł*

Tę stronę można kopiować.

© A. Dixon, A. Jasińska, *PO POLSKU 2*

© Wydawnictwo PROLOG

TEKSTY nagrań

mp3 48 **2e Proszę posłuchać nagrania i zdecydować: dokąd idą / jadą, gdzie są lub skąd wracają te osoby.**

0.
– O której zaczyna się spektakl?
– O ósmej.
1.
– Cześć! Masz nową fryzurę? Naprawdę świetnie wyglądasz!
– Dzięki.
2.
– Co podać?
– Dwa piwa proszę.
3.
– Jaką miałeś pogodę?
– Piękną! Dużo śniegu, cały czas jeździliśmy na nartach.
4.
– Co podać?
– Dużą sałatkę grecką, tą z pomidorami i serem feta, i sok marchewkowy.
5.
– Dobrze. A teraz proszę popatrzeć w lustro. Oto pani nowe zęby.
– Piękne! Dziękuję, panie doktorze!
6.
– Co będziesz robić w lipcu?
– Jak co roku będę się opalać na słońcu i dużo pływać.
7.
– Kto wygrał?
– Niestety Anglia, ale polscy piłkarze zagrali naprawdę świetny mecz.
8.
– Przepraszam, z którego peronu odjeżdża pociąg do Wiednia?
– Z pierwszego.

mp3 49 **3a Proszę wysłuchać nagrania i zdecydować, w których wypowiedziach słyszymy zachęcanie, a w których zniechęcanie.**

1. Jedźmy w Bieszczady! Tam jest naprawdę pięknie, można obejrzeć stare cerkwie.
2. Nie warto jechać na ferie do Zakopanego. Będzie tam za dużo ludzi.
3. Musisz pojechać na Mazury. To najpiękniejsze miejsce na świecie!
4. A może przyjedziecie do naszego domu nad Soliną? Można tam naprawdę odpocząć.
5. Nie rozumiem, dlaczego chcesz jechać na wakacje za granicę. Szkoda czasu i pieniędzy, w Polsce jest tyle pięknych miejsc!

mp3 50 **3e Proszę posłuchać nagrania i zdecydować**
a) która osoba doradza, a która odradza wakacje,
b) która osoba zachęca, a która zniechęca do omawianej formy wypoczynku.

mp3 50 **3f Proszę posłuchać nagrania po raz drugi i wpisać numer wypowiedzi, w której występują następujące zwroty:**

1. Słuchaj, na pewno nie będziesz żałować! Żaglówka jest duża, można się opalać na pokładzie, jest wygodna kabina... No i ta cisza, spokój, dzika przyroda... Będziesz zachwycona!
2. To bez sensu leżeć cały dzień na plaży i smażyć się na słońcu! Ja rozumiem dzień, dwa, ale trzy tygodnie?! No i pogoda nad Bałtykiem jest niepewna, często pada albo jest zimno.
3. Będziesz naprawdę zadowolona, jest sauna, basen, pub, prawie codziennie wieczorem organizowane są dyskoteki. A przede wszystkim masz wygodne łóżko i łazienkę do własnej dyspozycji.
4. Zobaczysz, po kilku dniach będziesz miał dosyć. Bolą nogi, bo trasy są naprawdę długie, codziennie musisz szukać noclegu, a w schroniskach jest tak dużo ludzi, że czasem trzeba spać na podłodze.
5. To jest naprawdę fantastyczny pomysł na wakacje, masz pokój z łazienką, jedzenie przygotowuje gospodyni, wszystko jest świeże, mleko prosto od krowy, warzywa z ogródka. A dzieci będą zachwycone. Kury, koniki, świnki... Po prostu raj!
6. Daj spokój! To dobre dla studentów! Trudno jest znaleźć dobry kemping, a nawet jak ci się uda, to jest dużo ludzi. Poza tym musisz wziąć dużo bagażu, dosłownie wszystko!

mp3 51 **4a Pan Janusz Cholewa, właściciel biura turystycznego, jest gościem porannej audycji radiowej. Proszę posłuchać nagrania i zdecydować:**

mp3 51 **4b Proszę posłuchać jeszcze raz nagrania i zdecydować, czy te zdania są prawdziwe (P), czy nieprawdziwe (N).**

mp3 51 **4c Proszę posłuchać nagrania po raz ostatni i dokończyć wypowiedzi.**

Prowadzący audycję: Słuchacze skarżą się, że oferta biur turystycznych jest monotonna.

Janusz Cholewa: I to jest nieprawda. Działa już naprawdę wiele biur turystycznych zorientowanych na alternatywne formy wypoczynku. My doskonale wiemy o tym, że gusta klientów zmieniają się, że moda się zmienia... Teraz na przykład jest duże zainteresowanie aktywnymi formami wypoczynku.

P.a.: No właśnie, czy to znaczy, że ludzie teraz masowo chcą uprawiać sporty ekstremalne?

J.C.: Nie, to nie o to chodzi. Po prostu dawniej ludziom wystarczało, że są w Hiszpanii, we Włoszech czy na Wyspach Kanaryjskich nad ciepłym morzem i właściwie nic poza leżeniem na słońcu nie chcieli robić. Teraz jest inaczej, ludzie chcą maksymalnie wykorzystać swój urlop.

P.a.: Czyli co, wakacje agroturystyczne wychodzą z mody?

J.C.: Wprost przeciwnie, rośnie zainteresowanie tą ofertą, bo właśnie gospodarstwa agroturystyczne oferują najwięcej atrakcji: rowery, jazda konna, polowanie, żeglarstwo, kursy gotowania lub pieczenia chleba i tak dalej...

P.a.: No dobrze, co w takim razie jeszcze proponujecie waszym klientom?

J.C.: To zależy od wieku i zainteresowań. Na przykład ludziom, którzy wyjeżdżają na wakacje z rodziną, choć tak naprawdę chcieliby wyjechać sami, oferujemy wyjazdy do ośrodków rekreacyjnych.

P.a.: To znaczy, że rodziny wyjeżdżają razem, ale mieszkają osobno?

J.C.: Nie, rodziny mieszkają oczywiście razem, ale spotykają się tylko wieczorami, bo w ciągu dnia mają mnóstwo zajęć. Na przykład: panowie żeglują albo grają w paintballa, panie mają kurs jogi, aerobik w wodzie, czy też są w salonie odnowy biologicznej, a dziecko ma kurs karate i naukę pływania. W ten sposób rodzina odpoczywa od siebie, poznaje nowych ludzi i aktywnie spędza czas.

P.a.: Tak, ale przedstawił pan ofertę dla rodzin, a co proponujecie młodym ludziom?

J.C.: No wie pan, młodzi organizują sobie najczęściej wyjazdy sami, ale oczywiście mamy w ofercie kursy żeglarskie czy naukę nurkowania. Ale wie pan, największym zainteresowaniem cieszą się szkoły przetrwania, czyli tzw. survival. To jest oferta dla bardzo młodych ludzi, najczęściej do 21 lat. Taki obóz wymaga dobrej kondycji fizycznej, młodzi budują tratwy, pokonują bagna, śpią w lesie i sami szukają jedzenia. Nie jest to łatwe!

P.a.: Na pewno. Dziękuję, naszym gościem był pan Jacek Cholewa z biura „Chol-tour"

J.C.: Do widzenia państwu.

mp3 52 **4d Proszę wysłuchać nagrania i uzupełnić brakujące wyrazy.**

- Biuro turystyczne „Obieżyświat", słucham?
- Chciałbym przyjechać do Polski na urlop, na dwa tygodnie. Co pani proponuje?
- Może Mazury... Można tam zobaczyć prawdziwą przyrodę.
- To nudne.
- To może Kraków. Można tam posłuchać dobrej muzyki, pochodzić do teatrów, pooglądać sobie wystawy, zabytki...
- To nie urlop, to praca!
- Może Tatry? Nie ma tam tylu muzeów i teatrów, ale za to można pochodzić sobie po górach, posłuchać dobrej góralskiej muzyki...
- Nie interesuje mnie folklor.
- A może wakacje agroturystyczne na polskiej wsi? Można naprawdę odpocząć: pooglądać zwierzęta, popróbować polskiej kuchni tradycyjnej...
- Dziękuję! Wolę prawdziwą cywilizację. Pojadę na urlop na safari!

DVD 12 **4i Proszę obejrzeć film, a następnie odpowiedzieć na pytania.**

DVD 12 **4j Proszę porozmawiać z partnerem lub w grupach na jeden z poniższych tematów.**

Głos przez megafon: Pasażerowie podróżujący do Gran Canaria proszeni są o pozostanie w sektorze ósmym na terenie terminala. Przewidywane opóźnienie lotu 2 godziny. Przepraszamy za utrudnienia w podróży.

Rózia: Ja chcę siku!

Mama: Przecież byłaś w toalecie 10 minut temu!

R: Ale tam jest taki dmuchacz, który dmucha i dmucha...

Tata: Suszarka do rąk.

R: Tak, suszarka. Tatusiu, chodź!

T: Ja nie mogę iść do damskiej toalety. A może Jaś z tobą pójdzie?

Jaś: Ja nie pójdę do dziewczyńskiej toalety!

R: To chodźmy do chłopackiej, może też mają taki dmuchacz.

M: Suszarkę.

R: Suszarkę. Mamusiu, chodź!

M: Ja byłam z tobą 10 minut temu.

Kobieta: A może ja pójdę z tobą? Jeśli rodzice pozwolą?

T: O, to bardzo miłe z pani strony, Róziu, chcesz pójść z panią?

R: Ja z tobą nie pójdę, bo ty jesteś obca, a pani w przedszkolu mówiła, żeby nie chodzić z obcymi.

K: Bardzo słusznie! To ja się przedstawię. Mam na imię Zofia, a ty chyba jesteś Rózia, dobrze słyszałam?

R: Ja jestem Rozalia Pogorzelska, a to mój brat Jan Pogorzelski i moja mama Paula Pogorzelska, i mój tata Jakub Pogorzelski. I jeszcze jest Bąbel Pogorzelski, ale on nie jedzie z nami na wakacje.

K. Bąbel?

J: Nasz chomik...

R: Tak, nasz chomiczek Bąbel. On został z ciocią Kasią i będzie bardzo tęsknił, ale ja mu powiedziałam, żeby się nie martwił, bo ja mu przywiozę taką górę prezentów!

K: No, teraz już się znamy i możemy pójść razem do toalety. Pokażesz mi ten dmuchacz?

R: Suszarkę, to się nazywa suszarka do rąk.

K: Suszarkę.

M: Nie chcemy robić kłopotu...

K: To żaden kłopot, czekamy już od godziny, dzieci się nudzą, my zresztą też.

T: Róziu, chcesz pójść z panią?

R: Tak.

Mężczyzna: Jaka rezolutna dziewczynka.

J: A co to znaczy rezolutna?

M: Inteligentna, błyskotliwa.

J: Inteligentna? Nie umie nawet policzyć do dwudziestu.

M: Ty pewnie jesteś bardziej rezolutny, bo jesteś starszy... Chodzisz już do szkoły?

J: Do pierwszej klasy.

M: Ojej, a jedziesz teraz na wakacje? Przecież jest dopiero maj!

T: Szkoła się zgodziła, żeby go zabrać na 2 tygodnie. Nie jesteśmy w stanie jechać w lecie, jest za drogo i za gorąco, szczególnie na Wyspach Kanaryjskich. Wykupiliśmy te wakacje w ofercie last minute, już w styczniu. I zaczyna się od opóźnionego lotu. A pan zna to biuro podróży?

M: Tak, tak, niech się państwo nie martwią, to bardzo dobre biuro podróży, jeździmy z nimi od wielu lat, zawsze *all inclusive*. Zwykle są niezawodni.

Mama: Może to wina lotniska? Ten opóźniony lot?

M: Tak myślę. Niech lepiej się upewnią, że wszystko jest w porządku. Te kilka godzin, to nic wielkiego, ważne żebyśmy dolecieli bezpiecznie.

Mama: Ma pan rację. Poprzednim razem, jak lecieliśmy do Grecji, lądowaliśmy w czasie burzy i były takie turbulencje, że myślałam, że nie dolecimy. Jaś zwymiotował.

J: Mamo!

Mama: Przepraszam cię kochanie, ale pamiętasz, że było strasznie.

J: Zwymiotowałem, bo mi kazałaś zjeść kanapkę z sałatą i awokado.

M: A, to naturalne, że nie poczułeś się dobrze, ja też nie jestem fanem kanapek z sałatą i awokado. A państwo będziecie w którym hotelu? Aquamaryna czy Imperial?
K: Aquamaryna. I też mamy wykupione *all inclusive*.
M: A to świetny wybór. My będziemy w Imperial, ale znam Aquamarynę, przeznaczona głównie dla rodzin. Byliśmy tam kilka lat temu z wnukami. Fantastyczne baseny, pyszne jedzenie. Wcale tam nie serwują kanapek z sałatą i awokado, tylko frytki, i pizzę, i lody.
R: Mamo, mamo, czy możemy kupić taki dmuchacz do domu, będziemy dmuchać na chomiczka Bąbelka.
J: Suszarkę.
R: Suszarkę!
T: Bąbel nie będzie zachwycony.

KLUCZ do ćwiczeń

2d

1. w górach, 2. nad morze, nad morzem, 3. nad jeziorem, 4. nad jezioro, 5. nad Wisłą, 6. nad Wisłę

mp3 49 **3a**

zachęcanie: 1, 3, 4
zniechęcanie: 2, 5

3d

zachęcanie
– Naprawdę warto tam pojechać.
– Musisz to zrobić!
– Przyjedźcie do nas na weekend!
– Trzeba to koniecznie obejrzeć.
– Musisz to zwiedzić. To bardzo interesujące.
– Powinniście to obejrzeć.

zniechęcanie
– Nie warto tam jechać.
– Nie musisz tego robić.
– Nie przyjeżdżajcie do nas na weekend.
– Nie warto tego oglądać.
– Nie musisz tego zwiedzać. To nie jest interesujące.
– Nie powinniście tego oglądać.

mp3 50 **3e**

1. na żaglówce – doradza
2. nad morzem – odradza
3. w hotelu – doradza
4. w górach – odradza
5. w gospodarstwie agroturystycznym – doradza
6. pod namiotem – odradza

mp3 50 **3f**

a) wypowiedź 6, b) wypowiedź 1, c) wypowiedź 5, d) wypowiedź 2, e) wypowiedź 4, f) wypowiedź 3

mp3 51 **4b**

1. N, 2. P, 3. N, 4. N, 5. P

mp3 51 **4c**

1. aktywnymi formami wypoczynku
2. maksymalnie wykorzystać swój urlop
3. rowery, jazda konna, polowanie, żeglarstwo, kursy gotowania lub pieczenia chleba
4. wyjazdy do ośrodków rekreacyjnych
5. żeglują albo grają w paintballa,
   mają kurs jogi, aerobik w wodzie, czy też są w salonie odnowy biologicznej,
   ma kurs karate i naukę pływania,
   odpoczywa od siebie, poznaje nowych ludzi i aktywnie spędza czas
6. sami, kursy żeglarskie czy naukę nurkowania

mp3 52 **4d**

urlop, przyrodę, muzyki, zabytki, praca, górach, folklor, wsi, zwierzęta, cywilizację

4g

1. pochodzisz, 2. pooglądasz, 3. Porozmawiasz, 4. posiedzisz, 5. potańczymy, 6. posłuchamy, 7. Pojeździmy, 8. pospacerujemy

DVD 12 **4i**

a. dwie godziny
b. Jaś
c. jest za drogo i za gorąco
d. rodzina Pogorzelskich, w styczniu
e. mąż Zofii
f. lądowali w czasie burzy, były turbulencje, Jaś zwymiotował
g. Aquamaryna

6b

1. akapit 4, 2. akapit 5, 3. akapit 6, 4. akapit 3, 5. akapit 2, 6. akapit 1

lekcja

15

Powtórzenie

NOTATKI
nauczyciela

Cele lekcji • Powtórzenie materiału

1

Decyzja o wyborze testu należy do nauczyciela. W książce proponuje się minitest wyboru, który studenci powinni rozwiązać w ciągu 15 – 20 minut, lub dłuższy test, znajdujący się w *Podręczniku nauczyciela*. Na rozwiązanie tego testu studenci mają 45 minut. Dłuższy test wzorowany jest na formie testów egzaminacyjnych z języka polskiego jako obcego. Należy go powiększyć i skopiować dwustronnie w formacie A3.

18 21 22 23

Podobnie jak w poprzednich lekcjach powtórzeniowych, przedstawiony tu materiał jest dobrą okazją do wykonywania zadań bardziej swobodnych, dlatego proponujemy dużo ćwiczeń w mówieniu.

11 12 13 14 17 20 21 22 23

Ćwiczenia są formą powtórzenia materiału, który był zaprezentowany przede wszystkim w PO POLSKU 1 (lekcja 14). W tej części, w lekcji 11 materiał leksykalny to głównie artykuły gospodarstwa domowego. Ponieważ jednak temat *Mieszkanie: wyposażenie mieszkania, położenie, opłaty* wydaje się dość ważny, proponujemy powrót do tej problematyki.

UWAGA!

Nagrania do testu sprawdzającego materiał z lekcji 11 – 14 są do pobrania w Strefie Nauczyciela: www.prologpublishing/download (kod do Strefy Nauczyciela znajduje się na wewnętrznej okładce).

CZĘŚĆ D. Pisanie

1. Proszę wybrać jedno zadanie:
a) Proszę napisać krótki list do znajomych z zaproszeniem na wakacje.
b) Proszę napisać krótki artykuł o tym, czym jest zdrowy tryb życia.

Składnia ....../2 p.
Słownictwo ....../2 p.
Gramatyka ....../2 p.
Ortografia ....../2 p.
Kompozycja ....../2 p.
Razem: ....../10 p.

....
....
....
....
....
....
....
....
....
....
....
....
....
....
....
....
....
....
....

Test nr 3, lekcje 11 – 14	**Data: ....**
Imię i nazwisko:	**Punktacja: ..../50**

CZĘŚĆ A. Rozumienie ze słuchu

1. Proszę wysłuchać uważnie nagrania i odpowiedzieć na pytania. Nagranie zostanie odtworzone dwukrotnie. **...../5 p. (5 x 1 p.)**

a) W jakim regionie turysta chce wynająć pokój? ......*w Zakopanem*..........................
b) Jaki pokój chce wynająć turysta? ....
c) Czy w pokoju jest telewizor? ....
d) Czy jest dostęp do internetu? ....
e) Ile kosztuje doba? ....
f) Jak tam można dojechać? ....

CZĘŚĆ B. Poprawność gramatyczna

1. Proszę przekształcić wszystkie czasowniki w bezokoliczniku na formy trybu rozkazującego: **...../5 p. (5 x 1 p.)**

Jeśli chcesz być szczupły i zdrowy, musisz jeść dużo owoców i warzyw. Trzeba też pić dużo wody i unikać alkoholu w dużych ilościach. Powinieneś ćwiczyć. Warto czasami zrobić badania profilaktyczne. Nie należy kupować słodyczy.

1. .... 4. ....
2. .... 5. ....
3. *Unikaj alkoholu w dużych ilościach.* 6. ....

2. Proszę zamienić na stronę bierną: **...../7 p. (7 x 1 p.)**

W 1445 Gutenberg wydrukował pierwszy fragment książki.
...*Pierwszy fragment książki został wydrukowany przez Gutenberga w 1445 roku.*...

W 1885 Benz zbudował pierwszy samochód.
....

W 1876 Bell wynalazł telefon.
....

W 1903 Ford założył fabrykę samochodów.
....

W latach 1887–1889 Goodwin i Eastman wprowadzili film do aparatów fotograficznych.
....

Hiszpańscy naukowcy opracowali program do nauki języków egzotycznych.
....

Piotr włączył telefon.
....

W 1898 Maria Skłodowska-Curie odkryła rad.
....

Tę stronę można kopiować.

3. Proszę wybrać właściwy okolicznik miejsca. ...../5 p. (5 x 1 p.)

✓ na północy, nad, na granicy, od, na południu, na północny zachód, u stóp, na zachodzie, koło

..Na północy.. Polski jest Morze Bałtyckie. Poznań jest usytuowany.......................................

Polski, leży ....Wartą. Zgorzelec leży

.... z Niemcami, ...

Wrocławia. Zakopane leży .... Polski

.............................Tatr. Szczecin leży około 100 kilometrów .... morza, ...

od Poznania.

4. Proszę napisać do czego to służą podane rzeczy. ...../5 p. (5 x 1 p.)

✓ prać, parzyć, zdjęcia, żywność, kawa, dane, przechowywać, myć, przechowywać, zęby, ✓ ubrania, robić

0. Pralka służy do ....prania ubrań.......... .

1. Lodówka służy do ....

2. Karta pamięci służy do ....

3. Aparat służy do ....

4. Pasta służy do ....

5. Ekspres służy do ....

5. Proszę podkreślić właściwe formy. ...../5 p. (5 x 1 p.)

1. Przed 1989 rokiem Dzień Kobiet (obchodzono się, obchodzono) w Polsce bardzo uroczyście. Mężczyźni (kupowało się, kupowali) swoim koleżankom z pracy czerwone tulipany, w biurze (jadło się, jedli się) ciastka i piło się kawę.

2. Na początku lat osiemdziesiątych w Polsce (było trudno, było trudne) kupić coś do jedzenia. Mięso (kupowało się, kupiono) na kartki, a po masło i inne rzeczy ludzie (stano, stali) w długich kolejkach.

CZĘŚĆ C. Rozumienie tekstów

1. Proszę dopasować ogłoszenie do odpowiedniego działu. ...../5 p. (5 x 1 p.)

0. ..c...
Sprzedam komputer, procesor Intel Core i7, twardy dysk 1000 Gb, pamięć RAM 64 Gb, monitor 17”

1. ......
Dwupoziomowe, garaż w podziemiu, nowe budownictwo. Tel. 043875638

2. ......
Pokój przy rodzinie dla osoby niepalącej. Ul. Siemaszki 24. Tanio.

3. ......
Naprawa AGD. Z dojazdem. Tel. 0278373883

4. ......
Używane skutery. Przebieg do 1000 km. Do sprzedania. Ul. Leśna 342

5. ......
Gospodarstwo w Beskidzie Sądeckim. Pełne wyżywienie, wynajem sprzętu. Tanio. Tel. 018747373

a) Motoryzacja
b) Sprzedaż mieszkań
c) Informatyka
d) Wynajem mieszkań
e) Turystyka
f) Usługi

Tę stronę można kopiować.

TEKST nagrania

mp3 03 **I Proszę wysłuchać uważnie nagrania i odpowiedzieć na pytania. Nagranie zostanie odtworzone dwukrotnie.**

- Dzień dobry, dzwonię w sprawie wynajęcia pokoju w Zakopanem.
- Oferujemy bardzo dużo pokoi jednoosobowych, dwuosobowych i trzyosobowych.
- Interesuje mnie jednoosobowy.
- Proszę bardzo. Mamy pokój przy ulicy Chałubińskiego, 20 metrów kwadratowych, duży, z widokiem na ulicę, ale cichy.
- Czy jest telewizor i dostęp do internetu?
- Tak, oczywiście.
- Ile kosztuje doba?
- 40 złotych za noc.
- Dobrze, a jak tam mogę dojechać?
- A czym pan przyjedzie?
- Pociągiem.
- Można dojść pieszo. Musi pan iść w stronę centrum, a potem skręcić w prawo…

TEKSTY nagrań

mp3 53 **4 Jarek opowiada, jak zakończyła się jego wakacyjna przygoda. Proszę wysłuchać nagrania i porównać Państwa wersję wydarzeń z opowiadaniem Jarka.**

mp3 53 **5 Proszę ułożyć zdania w porządku chronologicznym, zgodnie z opowiadaniem Jarka.**

Opowiadanie Jarka:
Tymczasem zbliżał się wieczór. Postanowiłem natychmiast wrócić na kemping, ale nie było to łatwe. Od ponad dziesięciu godzin chodziłem przecież po górach, więc mój namiot musiał być bardzo daleko. Po trzech godzinach szybkiego marszu znalazłem się na szlaku, który, jak pamiętałem, był dość blisko górskiego schroniska. Bardzo się ucieszyłem, bo obliczyłem, że przede mną jeszcze około 40 minut drogi. Zdecydowałem, że nie będę już tego dnia wracać na kemping, ale poproszę o nocleg w schronisku. I wtedy zaczęła się straszna burza. Nigdy w życiu nie bałem się tak jak wtedy. Wiedziałem, że w czasie burzy nie wolno stać pod drzewem, położyłem się więc na ziemi i leżałem tak chyba z godzinę, sparaliżowany ze strachu. Była już prawie 23.00 w nocy, kiedy mokry i zmęczony dotarłem do schroniska. Byłem na siebie zły. Jak mogłem zrobić coś tak głupiego i nieodpowiedzialnego?

mp3 54 **9 Proszę wysłuchać nagrania. Czy zgadli Państwo, kim są Łucja i Hubert? Proszę odpowiedzieć na pytania.**

Łucja: W tym roku chciałabym polecieć do Australii!
Hubert: Do Australii? I co tam będziesz robić?
Łucja: Będę pływać z delfinami i może kupię sobie kangura albo dwa kangury…
Hubert: Hm, kangury to dobry pomysł, ale wolałbym pojechać do Afryki na safari i polować na tygrysy.
Łucja: Ale w Afryce nie ma tygrysów!
Hubert: Na pewno są!
Łucja: Nieprawda, nie ma!
Hubert: No to gdzie są?
Łucja: Na przykład w Indiach. Możemy tam pojechać.
Hubert: O, to świetny pomysł, zawsze chciałem zobaczyć jak żyją prawdziwi Indianie!
Matka: Cześć dzieciaki, o czym tak dyskutujecie?
Łucja: O wakacjach. W tym roku chcielibyśmy pojechać do Australii.
Hubert: Do Indii!
Matka: Wiecie co, mam dla was propozycję. Pojedziemy nad morze.
Łucja: Mamo, ale tam nie ma delfinów.
Hubert: Ani tygrysów.
Matka: Ale za to w Gdyni jest oceanarium i można tam zobaczyć wiele morskich zwierząt, na przykład koralowce i piranie.
Łucja: A będziemy się kąpać w morzu?
Matka: Oczywiście, będziemy się kąpać, opalać, budować zamki z piasku, grać w piłkę na plaży i jeść lody.
Hubert: To ja chcę jechać!
Łucja: Ja też!
Hubert: Mamo, a kupisz mi piranię?

mp3 55 **19 Proszę powtórzyć zdania za lektorem, naśladując ich intonację.**

Jadę nad morze.
Byłam na wakacjach z rodziną.
Oferta od gospodarza jest bogata.
Chciałabym pochodzić po sklepach.
Jesteśmy nad jeziorem.
Jestem u rodziny.
Lubię spędzać urlop na żaglówce.

KLUCZ do ćwiczeń

1

1. nie działa, 2. suszenia włosów, 3. można było, 4. było, 5. skonstruowano, 6. nie była naprawiana, 7. oburzona, 8. została wydrukowana, 9. mi, 10. cię, 11. pić, 12. Nie jedz tyle!, 13. na wschód, 14. nad Wisłą, 15. miastem przemysłowym

lekcja 15

2

1. postanowiłem, 2. spakowałem, 3. wziąłem, 4. znalazłem się, 5. byłem, 6. rozbijałem albo rozbiłem, 7. czekałem, 8. położyłem się, 9. zasnąć, 10. wybrałem się, 11. szedłem, 12. zorientowałem się, 13. zostawiłem

mp3 53 5

1. Jarek postanowił natychmiast wrócić na kemping.
2. Po trzech godzinach marszu Jarek znalazł się blisko schroniska.
3. Jarek zdecydował, że poprosi o nocleg w schronisku.
4. Zaczęła się burza.
5. Jarek położył się na ziemi i czekał, aż skończy się burza.
6. Około godziny 23.00 zmęczony i mokry Jarek dotarł wreszcie do schroniska.
7. Janek był na siebie zły.

6

prawdopodobne rady:
2. Weź kompas.
3. Ubierz się odpowiednio.
4. Powiedz ludziom, u których mieszkasz, dokąd idziesz.
5. Weź mapę.
6. Sprawdź prognozę pogody.

7

1. Piramidy w Gizie zostały zbudowane przez faraonów.
2. *Iliada* i *Odyseja* zostały napisane przez Homera.
3. Obraz *Mona Lisa* został namalowany przez Leonarda da Vinci.
4. Pierwszy krok na Księżycu został zrobiony przez Neila Armstronga.
5. Rad i polon zostały odkryte przez Marię i Piotra Curie.
6. Dynamit został wynaleziony przez Alfreda Nobla.
7. Pierwszy samolot został skonstruowany przez braci Wright.

mp3 54 9

a) Pojadą nad morze.
b) Pójdą do oceanarium, będą się kąpać, opalać, budować zamki z piasku, grać w piłkę na plaży, jeść lody.
c) Tak.

15

Jeste**ś**my na wsi ko**ł**o Olsztyna. Pok**ó**j **ś**wietny, w**ł**a**ś**nie jemy pierogi.
Jestem w saunie, ale gor**ą**co. Co u ciebie s**ł**ycha**ć**?
38 z**ł**otych za noc i mo**ż**na po**ż**yczy**ć** rowery, przyje**ż**d**ż**ajcie!

KLUCZ do testu

Część A

1. b) jednoosobowy, c) tak, d) tak, e) 40 złotych, f) można dojść pieszo

Część B

1. 1. jedz, 2. pij, 4. ćwicz, 5. zrób, 6. nie kupuj
2. został zbudowany, został wynaleziony, została założona, został wprowadzony, został opracowany, został włączony, został odkryty
3. na zachodzie, nad, na granicy, koło, na południu, u stóp, od, na północny zachód
4. 1. przechowywania żywności, 2. zapisywania danych, 3. robienia zdjęć, 4. mycia zębów, 5. parzenia kawy
5. 1. kupowali, jadło się 2. było trudno, kupowało się, stali

Część C

1. 1. b, 2. d, 3. f, 4. a, 5. e

lekcja

16

Polska od kuchni

Cele i sytuacje komunikacyjne
- zachęcanie, przekonywanie
- wyrażanie upodobania

Słownictwo
- kuchnia
- przepisy, diety, tradycyjne potrawy
- przymiotniki typu: gorzki, tuczący
- określenia typu: wyjąć, włożyć

Gramatyka i składnia
- dopełniacz po wyrażeniach ilościowych i liczebnikach (powtórzenie)
- tryb rozkazujący po negacji

Rozumienie ze słuchu
- film: *Rozmowa o diecie wegańskiej w firmie*
- dialog, krótkie wypowiedzi, dłuższe wypowiedzi – zachęcanie

Rozumienie tekstów pisanych
- diety i przepisy
- *Dobre maniery w restauracji*

Mówienie
- zachęcanie, przekonywanie
- wyrażanie upodobań związanych z kuchnią

Pisanie
- przepisy kulinarne

Proponujemy przy większości ćwiczeń pracę w grupach. O ich liczebności i składzie decyduje nauczyciel bądź sami studenci (w zależności od indywidualnych potrzeb).

1a

Nauczyciel może polecić studentom, aby na dużych arkuszach papieru opisali historyjkę Oli i Jarka. Następnie grupy wymieniają się swoimi historyjkami, a ich zadaniem jest poprawa ewentualnych błędów w tekście.

2

Dzielimy uczestników na grupy. Każda z nich przygotowuje własną listę czynności codziennie najczęściej wykonywanych w kuchni. Następnie rozdzielamy uczestników grupy i dobieramy w pary tak, aby każdy ze studentów miał szansę porozmawiać z osobą z innej drużyny. Wyznaczamy czas na wymianę informacji (np. 3 minuty). Po upływie wyznaczonego czasu studenci zmieniają partnera. Czynność tę wykonujemy kilkakrotnie (w zależności od liczby uczestników).

Podsumowanie: po wymianie informacji studenci wracają do swoich grup i podsumowują przeprowadzoną ankietę, robiąc listę od najczęściej do najrzadziej wykonywanych czynności. Na końcu przedstawiają wyniki swojej sondy pozostałym uczestnikom.

4

To ćwiczenie może być realizowane zarówno w parach, jak i w małych grupach. Podobnie jak w ćwiczeniu 2 studenci mogą kilkakrotnie zmienić partnera rozmowy.

7c

Po wykonaniu ćwiczenia można przeprowadzić grę O CZYM MÓWIĘ? znajdującą się w materiałach dodatkowych.

8a

Po wykonaniu zadania nauczyciel może podzielić studentów na małe grupy. Każda z osób kolejno opowiada o swoich upodobaniach kulinarnych, a jej zadaniem jest przekonanie innych, że warto spróbować kuchni, którą preferuje.

POWTÓRZENIE MATERIAŁU **10a**

Przedstawiony w ćwiczeniach problem gramatyczny stanowi powtórzenie materiału omawianego w PO POLSKU 1, w lekcji 9 i PO POLSKU 2, w lekcji 13.

PROPOZYCJA ZADANIA DOMOWEGO

Nauczyciel może zlecić uczestnikom, aby napisali przepis na swoją ulubioną potrawę na dużym arkuszu papieru (indywidualnie, w parach lub w małych grupach). Następnie nauczyciel rozwiesza przepisy w sali i daje studentom odpowiednią ilość czasu na zapoznanie się z każdym przepisem (w zależności od liczby uczestników i tempa, w jakim pracują). Każdy ze studentów wpisuje pod tekstem swoją ocenę (od 0 do 5 punktów). Nauczyciel zaznacza, że nie można oceniać własnego przepisu. Następnie uczestnicy podliczają punkty. Autor przepisu, który uzyskał najwięcej punktów musi zostać nagrodzony: oklaskami lub symboliczną nagrodą przygotowaną wcześniej przez nauczyciela.

PODPOWIEDZI I ROZWIĄZANIA ALTERNATYWNE **5c**

Po wykonaniu ćwiczenia nauczyciel może podzielić uczestników na grupy i zlecić przygotowanie kilku podobnych pytań w formie quizu, czyli opisu sytuacji wraz z możliwymi reakcjami lub wypowiedziami do wyboru. Nauczyciel zaznacza, że tylko jedna z proponowanych reakcji jest prawidłowa. Po wykonaniu zadania, grupy wymieniają między sobą kartki z przygotowanym quizem i zakreślają odpowiedzi.

Podsumowanie: studenci odczytują opisaną sytuację i wybraną przez siebie odpowiedź na forum grupy. Mogą również uzasadnić, dlaczego nie wybrali pozostałych wypowiedzi i w jakich okolicznościach mogliby zareagować w podobny sposób.

8b

Ćwiczenie można wykonać na dwa sposoby:

1. Uczestnicy w parach lub małych grupach przygotowują dialog stosowny do opisanej sytuacji, a następnie odgrywają krótką scenkę przed grupą.
2. Nauczyciel przygotowuje karteczki z literami oznaczającymi poszczególne sytuacje (a – e). Następnie studenci kolejno wychodzą na środek klasy, losują karteczkę i formułują spontaniczną wypowiedź, która będzie adekwatna do opisanej sytuacji. Uwaga: taki sposób realizacji ćwiczenia będzie możliwy tylko w małych grupach. Ponadto nauczyciel musi być przekonany o tym, że członkowie grupy będą chcieli wypowiadać się bez przygotowania na forum grupy.

9b 9c DVD 13

Proszę skomponować przepisy na dania z produktów dostępnych w polskich sklepach dla:

a) wegetarianina,
b) weganina,
c) osoby, która uwielbia słodycze,
d) osoby, która kocha mięso.

9e

Po wykonaniu zadania, nauczyciel może polecić studentom, aby przygotowali trzydniową dietę dla osoby, która chce przytyć 5 kilogramów.

MATERIAŁY DODATKOWE

Gra O CZYM MÓWIĘ?

Opis gry

CECHY I WŁAŚCIWOŚCI RZECZY

Praca w parach. Nauczyciel rozdaje w parach komplety wyciętych karteczek. Studenci odwracają je zapisaną stroną do dołu. Pierwszy z nich bierze z góry kartkę, nie pokazując jej partnerowi, opisuje treść (nie może użyć słów pochodzących od napisanego na kartce):

Przykład:

Na kartce jest napisane słowo CYTRYNA
Student mówi: żółty owoc

Gra RODZINNY OBIAD

Opis gry

POWTÓRZENIE SŁOWNICTWA: KUCHNIA

Nauczyciel dzieli studentów na trzy zespoły. Następnie prosi jednego studenta w każdej grupie o potasowanie wyciętych karteczek i rozdanie ich uczestnikom gry, każdemu po pięć. Grę rozpoczyna najmłodszy uczestnik w każdym z zespołów. Losuje karteczkę, wykłada ją na stół i formułuje pierwsze zdanie, np.: *Wczoraj kupiłem 6 nowych kieliszków do wina* (zakładając, że wylosował karteczkę ze słowem *kieliszek*). Następny w kolejności student dokłada karteczkę, która w logiczny sposób pasuje do poprzedniej i kontynuuje historię. Jeśli nie ma pomysłu lub żadna z kart nie pasuje do poprzedniej, ciągnie dodatkową. Losuje tak długo, aż natrafi na takie słowo, które umożliwi mu kontynuowanie historii. Wygrywa student, który jako pierwszy pozbędzie się wszystkich karteczek.

Gra POJEDYNEK SZEFÓW KUCHNI

Opis gry

SŁOWNICTWO, SŁOWOTWÓRSTWO

Nauczyciel wybiera 3 chętne osoby do roli jurorów, a następnie dzieli grupę na dwie drużyny (mogą być trzy zespoły, jeśli grupa jest duża). Każda drużyna wybiera swojego szefa / szefową kuchni i ich asystentów oraz wymyśla nazwę swojej restauracji.

Nauczyciel rozkłada na stole arkusze składników oraz komplet wyciętych karteczek z tekstem odwróconym do dołu. Szefowie wraz ze swoimi asystentami siadają przy stole, rzucają kostką i wybierają z pliku liczbę karteczek odpowiadającą liczbie wylosowanych oczek. Asystenci wpisują wylosowane produkty na listę składników, których drużyna musi użyć. Następnie szefowie znowu rzucają kostką, wybierają ilość karteczek odpowiadającą liczbie oczek i wpisują wylosowane produkty na listę składników, których nie mogą użyć.

Następnie drużyny przez 15 minut opracowują w grupach swoją propozycję trzydaniowej kolacji do menu. Po zakończeniu prezentują swoje propozycje. Uwaga, jeśli drużyna wykorzysta zakazane produkty, traci 3 punkty za każdy i analogicznie, jeśli nie wykorzysta wylosowanych, obowiązkowych produktów traci kolejne 3 punkty za każdy.

Przez cały czas trwania zadania i po jego zakończeniu jurorzy obserwują pracę zespołów i wypełniają swoje arkusze oceny. Po zakończeniu prezentacji jurorzy wychodzą na korytarz, porównują swoje arkusze, wybierają zwycięzcę i ogłaszają werdykt grupie, uzasadniając swoją decyzję.

O CZYM MÓWIĘ? (lekcja 16)

naleśniki	bigos	majonez	banan
ananas	czosnek	pomarańcza	tuńczyk
coca-cola	musztarda	pizza	tort
sałata	grejpfrut	marchewka	kiełbasa
ciastka	keczup	sok	wino

© A. Dixon, A. Jasińska, *PO POLSKU 2*

© Wydawnictwo PROLOG

łyżka	nóż	widelec
dieta	(u)smażyć	(po)kroić
łyżeczki do kawy	otwieracz do konserw	butelka oliwy
słoik	miska	puszka pomidorów
(u)piec	(u)gotować	wlewać / wlać
pałeczki	filiżanka	kuchenka mikrofalowa
(po)solić	doprawi(a)ć	liczyć kalorie
ekspres do kawy	deska do krojenia	kieliszek

Tę stronę można kopiować.

© Wydawnictwo PROLOG

POJEDYNEK SZEFÓW KUCHNI (lekcja 16)

KARTECZKI – PRODUKTY

SÓL	PIEPRZ	CHILI	KURKUMA	CUKIER	OCET
MAJONEZ	MUSZTARDA	SOS SOJOWY	WASABI	MASŁO	OLIWA
OLEJ	MĄKA	MAKARON	RYŻ	KUSKUS	KASZA
WOŁOWINA	WIEPRZOWINA	KURCZAK	KACZKA	JAGNIĘCINA	TUŃCZYK
ŁOSOŚ	JAJKA	MIÓD	ORZECHY	CZEKOLADA	ŚMIETANA
KIEŁBASA	SZYNKA	SALAMI	BOCZEK	CEBULA	MARCHEWKA
PIETRUSZKA	PAPRYKA	KAPUSTA	ZIEMNIAKI	KOLENDRA	POMIDORY
OGÓREK	CUKINIA	BAKŁAŻAN	BURAK	KOPEREK	SELER
JABŁKO	BANAN	MANGO	BRZOSKWINIA	GRUSZKA	ŚLIWKA
JAGODY	MALINY	TRUSKAWKI	JOGURT	PARMEZAN	SER

ARKUSZE SKŁADNIKÓW

Drużyna: ______________________		Drużyna: ______________________	
Składniki do wykorzystania:	Składniki, których nie wolno użyć:	Składniki do wykorzystania:	Składniki, których nie wolno użyć:
1.	1.	1.	1.
2.	2.	2.	2.
3.	3.	3.	3.
4.	4.	4.	4.
5.	5.	5.	5.
6.	6.	6.	6.

Tę stronę można kopiować.

POJEDYNEK SZEFÓW KUCHNI (lekcja 16)

ARKUSZ JURORA

	Drużyna_____	Drużyna_____	Drużyna_____
Oryginalność nazwy restauracji Punkty 0–3			
Wykorzystanie wylosowanych produktów: Punkty 0–3 Wykorzystany: 3 Niewykorzystany: –3			
Produkt 1			
Produkt 2			
Produkt 3			
Produkt 4			
Produkt 5			
Produkt 6			
Wykorzystanie zakazanych produktów: Niewykorzystany: 3 Wykorzystany: –3			
Produkt 1			
Produkt 2			
Produkt 3			
Produkt 4			
Produkt 5			
Produkt 6			
Danie 1 – oryginalność Punkty 0–3			
Danie 1 – wartość dietetyczna Punkty 0–3			
Danie 2 – oryginalność Punkty 0–3			
Danie 2 – wartość dietetyczna Punkty 0–3			
Danie 3 – oryginalność Punkty 0–3			
Danie 3 – wartość dietetyczna Punkty 0–3			
Praca zespołowa: Zaangażowanie wszystkich członków Punkty 0–3			
Praca zespołowa: Kreatywność członków Punkty 0–3			
Praca zespołowa: Styl zarządzania Punkty 0–3			
Łatwość wykonania dań Punkty 0–3			
Atrakcyjność menu			
Sposób prezentacji proponowanego menu Punkty 0–3			
SUMA PUNKTÓW			

Tę stronę można kopiować.

TEKSTY nagrań

mp3 56 **1c Proszę wysłuchać rozmowy Oli i Jarka i porównać z Państwa wersją wydarzeń. Proszę uzupełnić brakujące słowa.**

– Włożyłeś makaron do garnka?
– Tak. Jak długo ma się gotować?
– Około 10 minut.
– W takim razie zrobię sos. Mamy pomidory?
– Świeżych nie mamy. Ale pomidory z puszki też są dobre!
– Jak chcesz. I jeszcze pesto. Podasz mi słoik?
– Hmm, ale ładnie pachnie… ale pesto nie miesza się z pomidorami. Wiesz co, ja zrobię ten sos. Może nakryjesz do stołu?
– Dobrze.
– Poczekaj! Weź ścierkę, trzeba posprzątać na stole!
– No i jak ci się podoba? Każde nakrycie składa się z talerza, widelca z lewej strony, noża i łyżki z prawej, łyżeczki deserowej, talerzyka, szklanki i kubka! A tutaj są serwetki.
– Ale po co łyżki i noże? Przecież spaghetti je się widelcem! A talerzyk deserowy po co?
– Do deseru!
– Ale mamy lody! Hmm… A po co szklanki i kubki?
– Do herbaty i kawy.
– Ale my nie będziemy pić herbaty, tylko wino! A kawę będziemy pić w filiżankach! No tak… Czujesz? Coś dziwnie pachnie! To chyba dym!
– Sos!
– Cześć! A co tu tak dziwnie pachnie?
– Nasza kolacja… Chyba będziemy musieli zamówić pizzę.
– O nie, tym razem pójdziemy do chińskiej knajpy.
– Nie, nie.
– Żadne nie, żadne ale. Musicie spróbować, to świetne jedzenie!
– Ale w chińskiej knajpie je się pałeczkami!
– No więc wreszcie nauczycie się jeść pałeczkami!

mp3 57 **5a Proszę wysłuchać krótkich wypowiedzi. Proszę wpisać numer wypowiedzi pod każdym rysunkiem.**

1. Pyszne ciasto! Mniam, mniam!
2. Ta zupa wygląda bardzo apetycznie!
3. W moim soku jest mucha! Łee, to obrzydliwe!
4. Obiad był naprawdę znakomity!
5. Te lody są wspaniałe! Niebo w gębie!
6. Świetna kawa!
7. Wyśmienity gulasz!
8. W tej sałacie coś jest… Ohyda!
9. Niezłe wino!
10. Smakowało mi, ale jadłem już lepsze rzeczy.

mp3 58-61 **7a Proszę wysłuchać nagrania, a następnie zdecydować, o jakich kuchniach świata mówią ankietowane osoby. Proszę zaznaczyć, które wypowiedzi mają charakter pozytywny, a które negatywny.**

mp3 58-61 **7b Proszę ponownie wysłuchać nagrania, a następnie dokończyć zdania.**

mp3 58-61 **7c Proszę zanotować, jakie upodobania kulinarne mają ankietowane osoby. Proszę porównać z kolegą / koleżanką zanotowane informacje.**

1.
Polecam kuchnię włoską: makarony, sosy pomidorowe. Przede wszystkim dlatego, że jest dietetyczna. Ale lubię też kuchnię polską – pierogi, tradycyjne polskie dania. Niektóre potrawy są tuczące, wiem, ale nie mam z tym problemu. Nie lubię tłustych potraw. W kuchni włoskiej są również ciężkostrawne potrawy, ale po prostu nie jem takich rzeczy.

2.
Dla mnie podstawą w kuchni jest mięso i dlatego zachęcam do jedzenia polskich tradycyjnych dań typu: bigos, schabowy z kapustą, pierogi z mięsem. Tak naprawdę w każdej kuchni można znaleźć coś dla siebie: lubię ostre rzeczy, a więc kuchnię węgierską – gulasz, paprykarze; kuchnię arabską typu kebab…; grecką – gyros; niemiecką – kiełbasy, golonka i amerykańską – smakują mi fast foody: hamburgery, hot dogi i inne rzeczy.

3.
Jestem osobą, która całe życie jest na diecie. Na szczęście lubię kuchnię lekkostrawną – śródziemnomorską i japońską. Uwielbiam makarony, ryby i owoce. Nie znoszę polskiej kuchni; jest niezdrowa i ciężkostrawna: zupy, tłuste mięsa, ciasta. Lubię zdrowe jedzenie i uważam, że warto jeść potrawy dietetyczne.

4.
Uwielbiam kuchnię francuską i skandynawską. Obie są przede wszystkim niskokaloryczne. Uważam, że włoskie dania są zbyt tłuste, nie lubię majonezu i żółtego sera. Myślę, że każdy powinien koniecznie spróbować chińskiej i indyjskiej kuchni. Orientalne potrawy nie są zbyt tłuste, a poza tym bogate w mikroelementy.

DVD 13 **9b Proszę obejrzeć film i zaznaczyć, które z poniższych stwierdzeń są prawdziwe (P), a które nieprawdziwe (N):**

Scena 1

Mateusz: Wygląda cudownie, Roma, jesteś fantastyczna! Ludzie będą cię kochać!

Alicja: Na pewno, ale myślę, że ograniczanie się tylko do wegańskiej kuchni jest ryzykowne.

M: Jest na pewno zgodne z filozofią firmy – tylko naturalne produkty.

A: Mleko, jaja, ryby i mięso, to też naturalne produkty. Poza tym, nasza firma zajmuje się promocją kosmetyków naturalnych, a nie żywności.

Roma: Zgadzam się z Mateuszem. Wasze kosmetyki bazują na produktach roślinnych, tak jak kuchnia wegańska.

A: Prawda, ale nie wszyscy pracownicy używają kosmetyków naturalnych prywatnie i nie wszyscy są wegetarianami.

R: Weganami.

A: Weganami, wegetarianami… co za różnica.

R: No wiesz?! Zasadnicza, weganie nie jedzą żadnych produktów zwierzęcych, ani mleka, ani sera, ani masła, ani jajek!

A: Przecież wiem.

M: Może wiesz, ale zachowujesz się, jakby to była nieistotna różnica.

R: Jestem pewna, że ten facet zaraz poprosi o schabowego.
M: To jest nasz księgowy. Straszny gbur.
R: Carpaccio z selera i burger z oberżyną, hmm, fantastyczny wybór!
Klient: Mam nadzieję, że smakuje równie dobrze jak wygląda, he he.
A: To jest kuchnia WEGAŃSKA, robimy eksperyment, czy się przyjmie w naszej firmie.
K: Tak, tak, wiem, jesteśmy z żoną weganami od 7 lat.
A: Naprawdę?
R: I reszta.
K: Dziękuję, dzisiaj cena promocyjna?
R: Tak, dzisiaj 20 procent taniej.
K: A będą jakieś zniżki dla stałych klientów?
R: Jeżeli będzie zainteresowanie, to oczywiście.
K: To proszę jeszcze sok marchewkowy.
Klientka 1: Czy tarta ze szpinakiem jest bezglutenowa?
R: Wszystko jest bezglutenowe.
Klientka 1: Cudownie!
Klientka 2: Ja też spróbuję carpaccio z selera, chociaż nie ukrywam, że wolałabym wołowinę. I jeszcze wrap z falafelem.
M: A nie mówiłem?
A: Spokojnie, to tylko 3 osoby. Zaraz przyjdą informatycy i będą się domagać kurczaka z frytkami.
M: A założymy się, że nie?

Scena 2

M: Sukces dziewczyny, mamy spektakularny sukces.
A: Znudzi im się po tygodniu.
R: Też tak myślę, Mateusz. Ja myślę, że warto pozostać przy 1 dniu w tygodniu, tak jak dzisiaj, bo inaczej się znudzi, Alicja ma rację. Może będę przywozić lunche we wtorki?
M: Hmm. Może macie rację... Słyszałem, jak informatycy mówili, że jedzenie pyszne, ale zaraz będą znowu głodni. Potem widziałam, jak szli w kierunku McDonalda...
A: A nie mówiłam?
M: To tylko informatycy, reszta była zachwycona. Ale dobrze, pozostańmy przy jednym dniu. Wtorki, wtorki... Możemy je nazwać Wegawtorki.
R: Świetny pomysł!
A: A możemy zaplanować jakiś dzień dla normalnych ludzi? Na przykład: Mięsośrody, mięsne środy?
M: Fuj...

DVD 13 **9c** **Pogrupuj poniższe wyrazy na tylko dwie kategorie zgodnie z pierwszym skojarzeniem. Jeśli potrafisz to zrobić, to uzasadnij swoją decyzję.**

DVD 13 **9d** **W filmie zostały przedstawione niektóre stereotypy związane z nawykami żywieniowymi, spróbuj je zidentyfikować. Porozmawiaj w grupie o innych stereotypach związanych z jedzeniem lub stylem życia.**

KLUCZ do ćwiczeń

mp3 56 **1c**

garnka, puszki, słoik, widelca, łyżki, talerzyka, kubka, widelcem, deserowy, filiżankach, pachnie, chińskiej, świetne, pałeczkami

3

1. c, 2. a, 3. a, 4. c, 5. a, 6. b, 7. b, 8. b

mp3 57 **5a**

1. J, 2. B, 3. H, 4. I, 5. G, 6. F, 7. C, 8. A, 9. D, 10. E

5b

pozytywne	**neutralne**	**negatywne**
Pyszne!	Może być...	Obrzydliwe!
Wygląda apetycznie!	Smakowało mi, ale...	Ohyda!
Naprawdę znakomite!		Fuj!
Niebo w gębie!		
Świetne!		
Niezłe!		
Palce lizać!		
Wyśmienite!		
Mniam, mniam...		

5c

1. b, 2. c, 3. c, 4. b, 5. a, 6. b

mp3 58-61 **7a**

kuchnie	**osoba 1**	**osoba 2**	**osoba 3**	**osoba 4**
polska	☺	☺	☹	
niemiecka		☺		
francuska				☺
włoska	☺			☹
grecka		☺		
amerykańska		☺		
węgierska		☺		
arabska		☺		
chińska				☺
indyjska				☺
śródziemnomorska			☺	
skandynawska				☺
orientalna				☺
japońska			☺	

mp3 58-61 **7b**

Osoba 1 poleca kuchnię włoską: makarony, sosy pomidorowe.
Osoba 2 zachęca do jedzenia polskich tradycyjnych dań typu bigos, schabowy z kapustą, pierogi z mięsem.
Osoba 3 uważa, że warto jeść potrawy dietetyczne.
Osoba 4 myśli, że każdy powinien spróbować chińskiej i indyjskiej kuchni.

8a

Proponowane odpowiedzi:
1. zachęcam, 2. polecam, 3. warto, musisz, trzeba, 4. musicie, trzeba / warto

DVD 13 **9b**

a. P, b. P, c. N, d. P, e. P, f. P, g. N, h. P, i. N, j. P

DVD 13 **9d**

Proponowane odpowiedzi:
- Ograniczanie się do wegańskiej kuchni jest ryzykowne.
- Mleko, jaja, ryby, mięso to też naturalne produkty.
- Kosmetyki naturalne bazują na produktach roślinnych.
- Jedzenie wegańskie jest mało kaloryczne.

10a

jajecznica na szynce
masła, jajek, soli, minut
sałatka grecka
pomidorów, ogórków, cebulę, oliwek, jajka, sera, oliwy

10c

0. a) ugotuj, b) gotuj
1. a) czytaj, b) przeczytaj
2. a) zrób, b) rób
3. a) zaproś, b) zapraszaj
4. a) bierz, b) weź
5. a) powiedz, b) mów
6. a) posłuchaj, b) słuchaj
7. a) opowiadaj, b) opowiedz

11a

fragment 2 – Szatnia
fragment 3 – Wybieranie dań z karty
fragment 4 – Dobór win do mięsa
fragment 5 – Telefon komórkowy
fragment 6 – Płacenie rachunku
fragment 7 – Napiwek

11b

1. b, 2. b, 3. a, 4. a, 5. a, 6. a, 7. b.

NOTATKI
nauczyciela

lekcja

17

Święta, uroczystości, tradycje

Cele i sytuacje komunikacyjne
- opisywanie świąt i tradycji
- wyrażanie żalu, smutku, współczucia i radości
- składanie życzeń i gratulacji

Słownictwo
- święta, uroczystości rodzinne, tradycje
- **powtórzenie:** relacje rodzinne

Gramatyka i składnia
- zdania podrzędnie i współrzędnie złożone okolicznikowe czasu i miejsca
- **powtórzenie:** użycie form bezosobowych czasowników, użycie wybranych spójników w zdaniach złożonych
- zdanie współrzędnie złożone

Rozumienie ze słuchu
- film: *Sondaż uliczny o polskich zwyczajach*
- składanie życzeń i kondolencji; opis świąt i uroczystości; wyrażanie radości, współczucia, żalu; składanie życzeń i gratulacji

Rozumienie tekstów pisanych
- *Niezapomniane święta*

Mówienie
- opowiadanie o świętach, uroczystościach rodzinnych, tradycjach; składanie życzeń, kondolencji, wyrazów współczucia, wyrażanie żalu i radości

Pisanie
- kartki okolicznościowe; opis świąt, uroczystości rodzinnych z przeszłości

Proponujemy przy większości ćwiczeń pracę w grupach. O ich liczebności i składzie decyduje nauczyciel bądź sami studenci (w zależności od indywidualnych potrzeb).

1a 1b 1c 1d 1e 1f 1g

To bardzo obszerna lekcja, podejmująca wiele wątków związanych z tematem świąt i tradycji. Można wśród nich wyróżnić trzy dominujące zagadnienia: pierwsze to święta Bożego Narodzenia (potraktowane jako osobny temat ze względu na szczególne miejsce, jakie zajmują w polskiej i nie tylko polskiej tradycji). Drugie z zagadnień to święta religijne a święta państwowe i trzecie – obyczaje związane z uroczystościami rodzinnymi.

POWTÓRZENIE MATERIAŁU

Warto przypomnieć studentom funkcję *wyrażania uczuć* (lekcja 13, PO POLSKU 2), aby przejść do funkcji wprowadzanych w tej lekcji.

2b

Ćwiczenie to jest sprawdzianem wiedzy studentów na temat realiów polskich, albo dobrą okazją do zapoznania ich z tymi realiami. Proszę zasugerować studentom na początku pracę ze słownikiem w celu wyjaśnienia niezrozumiałych słów takich, jak *znicz* i *pączki*, lub wyjaśnić im te słowa, podając ich znaczenie lub pokazując je na ilustracji. Następnie pracując w minigrupach, studenci mogą zgromadzić hipotezy na temat, w jakim okresie zjawisko sygnalizowane w tytule prasowym może mieć miejsce. Kiedy kupujemy pączki, kiedy kupujemy znicze, kiedy obserwujemy duży ruch na drogach itp. Następnie studenci powinni podzielić się tymi hipotezami na forum grupy i wspólnie zweryfikować prawdziwość swoich przypuszczeń. Może się zdarzyć, że otrzymamy dwie różne propozycje. W przypadku „pączków" sytuacja jest jednoznaczna. Nauczyciel musi rozwiać wszelkie wątpliwości i, jeśli studenci udzielają błędnych odpowiedzi (w różnych krajach je się pączki przy różnych okazjach), powinien wskazać polskie święto związane z pączkami. W przypadku ruchu na drodze sprawa nie jest tak oczywista, przyjmujemy różne hipotezy, każda z nich w zasadzie powinna uzyskać akceptację nauczyciela. Warto zachęcić studentów do wymiany informacji na temat tego, jak to wygląda w ich krajach: co robią 1 listopada, kiedy jedzą pączki (w Holandii, na przykład, je się je w Sylwestra), czy organizuje się rankingi kulinarne, czy policja organizuje specjalne akcje na drogach podczas wakacji lub świąt.

3d 3e 3f

Zapoznanie studentów z funkcją *wyrażania smutku i współczucia* oraz *składania życzeń* pozwala na wprowadzanie dowolnej liczby ćwiczeń w mówieniu. Studenci mają okazję nauczyć się formułować życzenia składane przy różnych okazjach. Należy zwrócić ich uwagę na różnice kulturowe w sposobie składania życzeń.

4a

Propozycja pracy z tekstem znajduje się w punkcie *Podpowiedzi dla uczących i rozwiązania alternatywne*.

5a 5b 5c

Materiał gramatyczny, na którym koncentrujemy się w tych ćwiczeniach to składnia zdań złożonych. Ten problem pojawiał się już wcześniej, ale tu został omówiony syntetycznie. Prosimy zwrócić uwagę studentów na różnice w sposobie budowania zdań współrzędnie i podrzędnie złożonych. W formie tabeli prezentujemy wszystkie typy zdań współrzędnie złożonych. Wprowadzone zostają zdania okolicznikowe czasu ze spójnikami *kiedy, aż* oraz okolicznikowe miejsca ze spójnikiem *gdzie*.

PROPOZYCJA ZADANIA DOMOWEGO

Proponujemy ćwiczenie 4b lub 6b.

PODPOWIEDZI I ROZWIĄZANIA ALTERNATYWNE **1g**

Po wykonaniu zadania nauczyciel może podzielić studentów na grupy i polecić, aby każda z grup wymyśliła swoje święto (np. *Dzień Psa bez Ogona*) i zwyczaje z nim związane, a następnie opowiedziała o tym grupie.

1h DVD 14

Proszę wyjaśnić w grupie znaczenie polskich przysłów związanych ze zwyczajami i świętami:
- „Barbara po lodzie – Boże Narodzenie po wodzie"
- „Od świętej Hanki zimne wieczory i ranki"
- „Noc jasna na Michała, zima będzie trwała".

2b

Po wykonaniu zadania nauczyciel może wykorzystać grę ZGADYWANKA znajdującą się w materiałach dodatkowych.

3c

Po wykonaniu zadania nauczyciel może podzielić studentów na kilka grup. Studenci wcielają się w role Kasi, Wojtka i ich bliskich i przeprowadzają dyskusję na temat poruszony w ćwiczeniu.

4a

Inną propozycją jest przeczytanie tekstu, następnie zamknięcie książek i wynotowanie 5 – 10 słów zapamiętanych z tekstu. Następnie nauczyciel proponuje studentom napisanie krótkiej historii z wykorzystaniem tych słów. Należy zasugerować uczestnikom, żeby spróbowali napisać zupełnie inną historię niż ta, która została opowiedziana w tekście.

Proponujemy też wykorzystanie gry NIEZAPOMNIANE ŚWI ĘTA znajdującej się w materiałach dodatkowych.

5c

Po wykonaniu zadania nauczyciel może wykorzystać grę ROZSYPANKA znajdującą się w materiałach dodatkowych.

6b

Nauczyciel może polecić studentom, aby napisali na karteczkach nazwiska znanych osób. Następnie nauczyciel zbiera karteczki, miesza i podaje do losowania. Zadaniem studentów jest napisanie listu okolicznościowego do wylosowanej osoby.

Po wykonaniu zadania nauczyciel może wykorzystać GRĘ PLANSZOWĄ znajdującą się w materiałach dodatkowych.

MATERIAŁY DODATKOWE

Gra ZGADYWANKA

Opis gry

OPOWIADANIE O ŚWIĘTACH I UROCZYSTOŚCIACH

Nauczyciel rozdaje grupom karteczki. Studenci odwracają je rysunkami do spodu, a następnie kolejno je losują. Student, który wylosował karteczkę opowiada o świętach / uroczystościach przedstawionych na rysunku, nie wymienia jednak ich nazw. Zadaniem studentów jest odgadnięcie, o jakie święta / uroczystości chodzi. Gra umożliwia utrwalenie słownictwa związanego ze świętami i uroczystościami rodzinnymi.

GRA PLANSZOWA

Opis gry

WYRAŻANIE RADOŚCI, ŻALU, SMUTKU I WSPÓŁCZUCIA. SKŁADANIE ŻYCZEŃ I GRATULACJI

Gra planszowa dla 2 – 4 osób. Każdy z uczestników rzuca kolejno kostką i wykonuje zadanie z wylosowanego pola. Jeśli wykona zadanie poprawnie, ma prawo do następnego rzutu, jeśli nie – cofa się do pola, na którym znajdował się, rzucając kostką. Gra pozwala realizować funkcje komunikacyjne takie jak *wyrażanie radości, żalu, smutku i współczucia, składanie życzeń i gratulacji.*

Gra NIEZAPOMNIANE ŚWIĘTA

Opis gry

WYSZUKIWANIE INFORMACJI W TEKŚCIE

Studenci zamykają podręcznik, nauczyciel dzieli ich na dwie grupy, prosząc żeby odliczyli do dwóch: jeden, dwa, jeden, dwa. Następnie nauczyciel rozdaje im teksty (student 1 dostaje komplet A, student 2 komplet B). Po przeczytaniu tekstów studenci zadają sobie pytania w celu uzupełnienia brakujących informacji. Po zakończeniu zadania otwierają książkę i sprawdzają, czy uzyskane informacje są prawdziwe. Jest to jedna z technik umożliwiająca zapamiętanie słownictwa z tekstu.

Gra ROZSYPANKA

Opis gry

ZDANIA ZŁOŻONE

Nauczyciel rozdaje parom pocięte kserokopie ćwiczenia. Zadaniem studentów jest dopasowanie dwóch elementów zdania, a następnie połączenie ich odpowiednim spójnikiem. Ćwiczenie pozwala utrwalić materiał gramatyczny z lekcji.

Gra ANKIETA

Opis gry

UTRWALENIE MATERIAŁU

Nauczyciel rozdaje studentom ankiety do wypełnienia. Studenci pracują w parach lub zespołach 3-osobowych, jeśli grupa jest duża. Czas pracy 15 – 20 minut. Wypełniają swoje ankiety, następnie nauczyciel zbiera arkusze i prosi kolejno studentów o podzielenie się najciekawszą informacją, jaką zapamiętali.

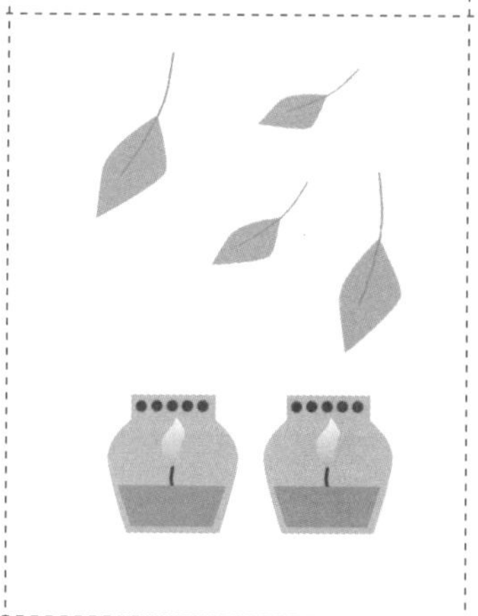

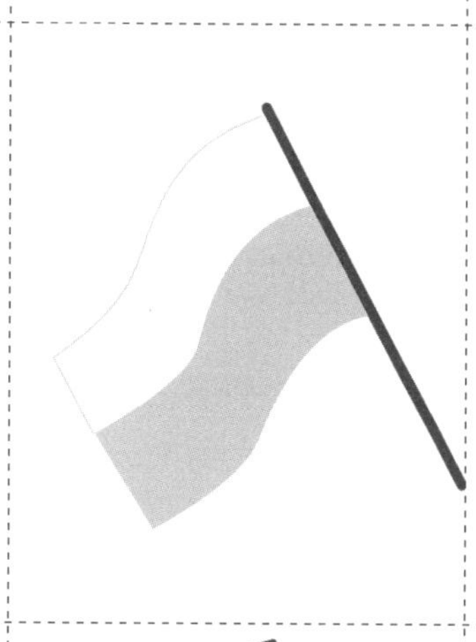

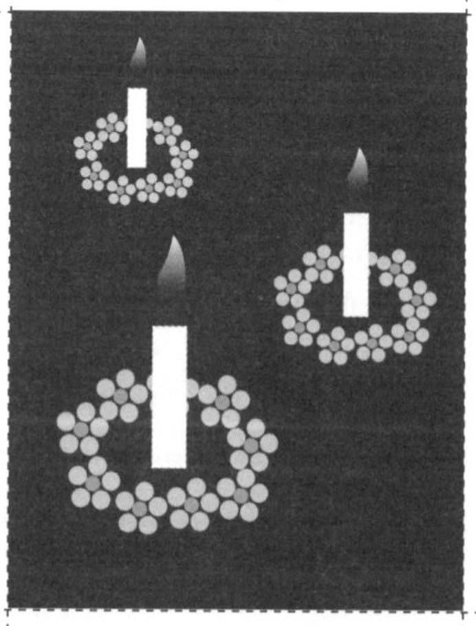

© A. Dixon, A. Jasińska, *PO POLSKU 2*

© Wydawnictwo PROLOG

GRA PLANSZOWA (lekcja 17)

START

1. Twoja koleżanka wychodzi za mąż. Mówisz:

2. Twoja koleżanka ma urodziny. Mówisz:

3. Twój chłopak dostał stypendium w Japonii. Mówisz:

4. Twoja babcia ma imieniny. Mówisz:

5. Umarła twoja ciotka, która w testamencie zapisała ci dużą sumę pieniędzy. Mówisz:

6. Twój sąsiad kupił sobie nowy motocykl. Mówisz:

7. Twój ojciec żeni się po raz drugi. Mówisz:

8. Twojej koleżance zmarła babcia. Mówisz:

9. Twoja kuzynka złamała paznokieć. Mówisz:

10. Twój brat dostał się na studia. Mówisz:

11. Twoja sąsiadka urodziła bliźnięta. Mówisz:

12. Twoja znajoma dostała awans w pracy. Mówisz:

13. Kot twojego wujka dostał rolę w filmie. Mówisz:

14. Twój kolega żeni się z twoją córką. Mówisz:

15. Twoja siostra ma nowego chłopaka. Mówisz:

16. Twojemu znajomemu zginął ukochany pies. Mówisz:

17. Twój brat wygrał na loterii dużą sumę pieniędzy. Mówisz:

18. Jest Wigilia, składasz rodzinie życzenia. Mówisz:

19. Twoja znajoma została zwolniona z pracy. Mówisz:

20. Twój przyjaciel chce wyjechać do pracy za granicę. Mówisz:

Tę stronę można kopiować.

© A. Dixon, A. Jasińska, *PO POLSKU 2*

© Wydawnictwo PROLOG

NIEZAPOMNIANE ŚWIĘTA (lekcja 17)

Czy kiedy byliście dziećmi, święta wydawały się wam czymś magicznym? Niezwykłą przygodą? Pamiętacie te emocje, te wymarzone prezenty, na które się czekało cały rok, zapach ciasta? Jednak nie dla wszystkich święta oznaczają to samo i nie zawsze ich wspomnienia są miłe...

Poprosiliśmy znane osoby, żeby opowiedziały nam o świętach swojego dzieciństwa.

komplet A

Artur Rybacki, aktor

Kiedy byłem małym chłopcem, uwielbiałem .... przygotowywały pyszne jedzenie na Wigilię, a najlepsze były .... Pamiętam, jak objadaliśmy się z rodzeństwem tymi pierogami, aż bolały nas brzuchy. Potem były kluski z makiem i kutia... Teraz już nic nie smakuje mi tak jak wtedy. A po kolacji .... Rodzice zawsze myśleli, że te prezenty są dla nas wielką niespodzianką, ale prawda jest taka, że już przed świętami wiedzieliśmy .... Rodzice zawsze chowali prezenty na szafie i pewnego dnia, kiedy bawiliśmy się z siostrą, przypadkiem je znalazłem. To był szok, bo zrozumieliśmy, ...! No i od tego czasu, zawsze przed świętami, ... To był nasz sekret.

Izabela Kawecka, pisarka

Urodziłam się przed wojną i, niestety, swoje dzieciństwo spędziłam w okupowanej Warszawie. Mieszkaliśmy wtedy w getcie i byliśmy bardzo biedni, często nie mieliśmy nic do jedzenia. W szabat jedliśmy to, co zawsze, czyli nic, ale pamiętam, że moja matka bardzo się starała, żeby święta religijne miały uroczysty charakter. Dziadek czytał Torę, my mieliśmy czyste ubrania i zachowywaliśmy się tak, jakby koszmar wojny w ogóle nie istniał.

Nie lubię i nie obchodzę świąt. Moi rodzice zginęli w czasie wojny i te wspomnienia są dla mnie zbyt trudne.

Anna Podsiedlik, psycholog

Nie mam .... związanych ze świętami. Nie znałam swoich rodziców, ... samochodowym, kiedy .... Wychowywał mnie .... Był osobą despotyczną, a przy tym bardzo religijną. W Boże Narodzenie śpiewaliśmy kolędy i wuj czytał ...., ale nigdy nie dostawałam prezentów. Pamiętam, że było mi wtedy bardzo smutno i chciałam, żeby ....

Dopiero .... nauczył mnie, że święta mogą mieć miłą rodzinną atmosferę. Wigilię obchodzimy ...., a nasze dzieci dostają .... i są tego dnia naprawdę szczęśliwe.

Karol Krassowski, biznesmen

Dzieciństwo spędziłem w Afryce, gdzie pracował mój ojciec, który był wtedy dyplomatą. Rodzice uczyli nas polskich tradycji, dlatego na Wielkanoc malowaliśmy jajka, a na Boże Narodzenie mieliśmy choinkę. Oczywiście nie była to prawdziwa choinka. Kiedy miałem 6 lat, przyjechaliśmy na święta do Polski. To było niezwykłe. Po raz pierwszy w życiu zobaczyłem śnieg i pamiętam, że siedziałem przy oknie i zafascynowany obserwowałem białe drzewa. Babcia przygotowała na Wigilię pierogi z grzybami, barszcz, karpia, zupę grzybową i kutię, a ja jadłem i jadłem, i jadłem... I pamiętam, że po Wigilii poprosiłem ojca, żebyśmy nie wracali już do Afryki i zamieszkali w Polsce.

© A. Dixon, A. Jasińska, *PO POLSKU 2*

© Wydawnictwo PROLOG

NIEZAPOMNIANE ŚWIĘTA (lekcja 17)

Czy kiedy byliście dziećmi, święta wydawały się wam czymś magicznym? Niezwykłą przygodą? Pamiętacie te emocje, te wymarzone prezenty, na które się czekało cały rok, zapach ciasta? Jednak nie dla wszystkich święta oznaczają to samo i nie zawsze ich wspomnienia są miłe...

Poprosiliśmy znane osoby, żeby opowiedziały nam o świętach swojego dzieciństwa.

komplet B

Artur Rybacki, aktor

Kiedy byłem małym chłopcem, uwielbiałem Boże Narodzenie. Mama z babcią przygotowywały pyszne jedzenie na Wigilię, a najlepsze były pierogi. Pamiętam, jak objadaliśmy się z rodzeństwem tymi pierogami, aż bolały nas brzuchy. Potem były kluski z makiem i kutia... Teraz już nic nie smakuje mi tak jak wtedy. A po kolacji otwieraliśmy prezenty. Rodzice zawsze myśleli, że te prezenty są dla nas wielką niespodzianką, ale prawda jest taka, że już przed świętami wiedzieliśmy doskonale, co dostaniemy. Rodzice zawsze chowali prezenty na szafie i pewnego dnia, kiedy bawiliśmy się z siostrą, przypadkiem je znalazłem. To był szok, bo zrozumieliśmy, że święty Mikołaj nie istnieje! No i od tego czasu, zawsze przed świętami, wchodziliśmy na szafę i oglądaliśmy nasze prezenty. To był nasz sekret.

Izabela Kawecka, pisarka

Urodziłam się .... i, niestety, swoje dzieciństwo spędziłam .... Mieszkaliśmy wtedy w getcie i byliśmy bardzo biedni, często nie mieliśmy nic do jedzenia. W szabat jedliśmy to, co zawsze, czyli nic, ale pamiętam, że moja matka bardzo się starała, żeby .... Dziadek czytał ...., my mieliśmy czyste ubrania i zachowywaliśmy się tak, jakby koszmar wojny w ogóle nie istniał.

Nie lubię .... Moi rodzice zginęli w czasie wojny i te wspomnienia są dla mnie zbyt trudne.

Anna Podsiedlik, psycholog

Nie mam dobrych wspomnień związanych ze świętami. Nie znałam swoich rodziców, zginęli w wypadku samochodowym, kiedy miałam 6 miesięcy. Wychowywał mnie wuj Leon, brat mamy. Był osobą despotyczną, a przy tym bardzo religijną. W Boże Narodzenie śpiewaliśmy kolędy i wuj czytał fragmenty Biblii, ale nigdy nie dostawałam prezentów. Pamiętam, że było mi wtedy bardzo smutno i chciałam, żeby moi rodzice wrócili i zabrali mnie z domu wuja Leona.

Dopiero mój mąż nauczył mnie, że święta mogą mieć miłą rodzinną atmosferę. Wigilię obchodzimy w sposób tradycyjny: jest 12 potraw, kolędy, pasterka, a nasze dzieci dostają mnóstwo prezentów i są tego dnia naprawdę szczęśliwe.

Karol Krassowski, biznesmen

Dzieciństwo spędziłem ...., gdzie pracował mój ojciec, który był wtedy .... Rodzice uczyli nas polskich tradycji, dlatego na Wielkanoc ...., a na Boże Narodzenie mieliśmy .... Oczywiście nie była to prawdziwa choinka. Kiedy miałem ...., przyjechaliśmy na święta do Polski. To było niezwykłe. Po raz pierwszy w życiu zobaczyłem .... i pamiętam, że siedziałem przy oknie i zafascynowany obserwowałem .... Babcia przygotowała na Wigilię ...., a ja jadłem i jadłem, i jadłem... I pamiętam, że po Wigilii poprosiłem ojca, żebyśmy ....

© A. Dixon, A. Jasińska, *PO POLSKU 2* © Wydawnictwo PROLOG

ROZSYPANKA (lekcja 17)

1. ... Jacek pracuje za granicą...
2. ... nad morzem była brzydka pogoda...
3. ... miałem 6 lat...
4. ... Agnieszka często płacze...
5. ... szukałem pracy bardzo długo...
6. ... jestem zmęczona, muszę mniej pracować...
7. ... jedziemy na wakacje do USA...
8. ... zdecydowałam, że pójdę na kurs francuskiego...
9. ... coraz więcej ludzi chce spędzać wakacje na wsi...
10. ... na święta może pojadę do przyjaciółki...

ALE	WIĘC	DLATEGO	A	ALBO
WIĘC	KIEDY	CZYLI	ŻEBY	LUB

a) ... przyjechaliśmy na święta do Polski...

b) ... ona przyjedzie do mnie...

c) ... jest coraz więcej gospodarstw agroturystycznych...

d) ... cały czas siedzieliśmy w hotelu...

e) ... poszukać innej pracy...

f) ... musi mieć jakieś poważne problemy...

g) ... znaleźć odpowiednią ofertę...

h) ... nie będziemy zwiedzać Nowego Jorku...

i) ... rzadko widzi swoją rodzinę...

j) ... potem wyjadę do mojej siostry do Paryża...

Tę stronę można kopiować.

© A. Dixon, A. Jasińska, *PO POLSKU 2*

© Wydawnictwo PROLOG

ANKIETA (lekcja 17)

Pytanie	Imię ankietowanego	Imię ankietowanego
Jakie jest najważniejsze święto narodowe w twoim kraju?		
Jakie jest najpopularniejsze święto w twoim kraju?		
Jakiego święta / uroczystości w swoim kraju nie lubisz i dlaczego?		
Jaki jest najdziwniejszy obyczaj / tradycja w twoim kraju?		
Jak w twoim kraju obchodzi się walentynki?		
Jak w twoim kraju obchodzi się Święto Zmarłych?		
Jaka tradycja w twoim kraju odchodzi w zapomnienie?		
Jakie polskie święto / uroczystość podoba ci się najbardziej?		

Tę stronę można kopiować.

© Wydawnictwo PROLOG

TEKSTY nagrań

mp3 62 **1f Proszę uzupełnić teksty, a następnie wysłuchać nagrania i sprawdzić, czy podane wyrazy zostały wpisane w odpowiednim miejscu i formie. Proszę zdecydować, która z wypowiedzi dotyczy poniższych uroczystości.**

1.
Kiedy rodzi się dziecko, a rodzice są katolikami, decydują się na tę uroczystość. Odbywa się ona w kościele. Na ceremonii obecni są rodzice, dziecko, matka chrzestna i ojciec chrzestny. Ksiądz odprawia mszę i polewa głowę dziecka wodą. Dziecko jest od tego momentu katolikiem lub katoliczką.

2.
Kiedy ktoś umiera, rodzina spotyka się w kościele przy trumnie. Ksiądz odprawia mszę, następnie rodzina idzie za trumną na cmentarz. Potem rodzina modli się jeszcze nad grobem. Wszyscy przynoszą kwiaty.

3.
Tego dnia organizuje się spotkanie rodzinne lub zaprasza przyjaciół. Wszyscy przynoszą prezenty i kwiaty, składają życzenia, a potem siedzą przy stole, jedzą, piją i rozmawiają. Ta uroczystość jest popularna w Polsce.

4.
Na uroczystości obecni są: pan młody i pani młoda, rodzice, świadkowie, rodzina i przyjaciele. Ksiądz odprawia mszę, podczas której państwo młodzi składają przysięgę małżeńską. Po uroczystości w kościele wszyscy składają młodym małżonkom życzenia, dają kwiaty, prezenty, często pieniądze, a następnie jadą na wesele. W lokalu czekają rodzice państwa młodych, żeby powitać ich chlebem i solą. Państwo młodzi piją szampana i zaczyna się zabawa. Wesele zwykle kończy się rano.

5.
Ten dzień jest raz w roku. Osoba, która organizuje imprezę, zaprasza przyjaciół do domu lub do klubu. Wszyscy przynoszą prezenty, składają życzenia, a potem bawią się i tańczą. Tę uroczystość obchodzą głównie młodzi Polacy.

DVD 14 **1h Proszę wysłuchać nagrania, a następnie uzupełnić tabelkę.**

Ankieter: Siema, siema ludzie.
Ankieterka: Witajcie kochani!
Ankieter: Dzisiaj zapytaliśmy ludzi, jaki jest najbardziej polski zwyczaj.
Ankieterka: Jak myślicie, co odpowiedzieli mieszkańcy naszego miasta? Ja się zdziwiłam, a ty?
Ankieter: A ja ani trochę, ha ha. Zobaczcie sami.
Ankieter: Hej, możemy cię prosić o komentarz do naszego vloga?
Ankieter: Jaki zwyczaj jest twoim zdaniem super polski? Jakaś tradycja związana ze świętami lub uroczystością rodzinną, która jest tylko w Polsce?
Przechodzień 1: Śmigus-dyngus?
Ankieter: Lubisz być oblewana wodą?
P1: Nie bardzo, ale jak wracasz do domu mokra, to znaczy, że masz powodzenie, więc okej, lubię.
Ankieterka: Co jeszcze?
P1: Oczepiny na weselach, najbardziej żenująca tradycja, jaką znam.
Ankieterka: Przepraszam pana, czy możemy prosić o komentarz do naszego vloga? Jaka jest, pana zdaniem, najbardziej typowa polska tradycja, związana ze świętami lub uroczystością rodzinną?
Przechodzień 2: Wszystkich Świętych i palenie zniczy na cmentarzu. W innych krajach obchodzi się Halloween, tylko u nas obchodzi się to inaczej.
Ankieter: I jak się panu to podoba?
P2: Jak najbardziej, jak najbardziej. Lubię Wszystkich Świętych, tylko niespecjalnie lubię podróżować w tym okresie, korki są masakryczne.
Ankieter: Dziękujemy.
Ankieterka: Hej, możemy prosić o komentarz do naszego vloga? Jaki jest, twoim zdaniem, najbardziej polski zwyczaj?
Przechodzień 3: Co, przepraszam?
Ankieter: Typowa polska tradycja.
P3: O, to musimy dużo czasu mówić, ja mam dużo przykładów.
Ankieterka: Nie ma sprawy!
P3: Picie dużo wódki na weselach i na urodzinach. Ludzie śpiewają 100 lat, 100 lat, niech żyje, żyje nam. Na Wigilię to ludzie jedzą za dużo różnych dań, ale to dobrze, no bo ja lubię pierogi. Na Halloween to Polacy idą na cmentarz, palą świeczki, ale nie mają tych masek wampira albo diabła, albo co jeszcze – „skeleton".
Ankieter: Szkielet.
P3: A, no tak, szkielet. No ja lubię jak wy te jajka malujecie, idziecie w Wielkanoc do kościoła, no i ksiądz robi tak.
Ankieterka:. A jaki zwyczaj lubisz najbardziej?
P3: Picie dużo na weselu i następnego dnia też.
Ankieter: Dziękujemy.
Ankieterka: Przepraszam panią, czy możemy prosić o komentarz do naszego vloga? Jaka jest, pani zdaniem, najbardziej typowa polska tradycja, związana ze świętami lub uroczystością rodzinną?
Przechodzień 4: Dwanaście potraw na Wigilię i Wszystkich Świętych.
Ankieter: Hej, możemy cię prosić o komentarz do naszego vloga?
Przechodzień 5: No dawaj.
Ankieter: Jaki zwyczaj jest, twoim zdaniem, super polski? Jakaś tradycja związana ze świętami lub uroczystością rodzinną, która jest tylko w Polsce?
P5: Wszystkich Świętych, niestety.
Ankieterka: Nie lubisz?
P5: Nie, to jest najgłupszy zwyczaj w Polsce. Wiesz, ja rozumiem ideę pójścia na cmentarz, ale starzy ludzie to normalnie się tam przeprowadzają na kilka dni, stoją nad grobami i wiesz gadają o pierdołach...
Ankieter: A jaki zwyczaj lubisz?
P5: Lubię Wielkanoc i chodzenie z koszykiem do kościoła, lubię Wigilię i dwanaście potraw... Ach, przypomniałem sobie, typowo polski zwyczaj, to obchodzenie imienin... Rany... bracie, bo co to są w ogóle imieniny? Kto to wymyślił?
Ankieterka: Dziękujemy ci!
P5: Na razie!

Ankieter: No i co kochani, szoku nie ma, co? Dwanaście potraw na Wigilię i Wszystkich Świętych ciągle króluje. Ciekawe, co cię zdziwiło?

Ankieterka: A to, że tylko jedna osoba wymieniła imieniny. Dla mnie, to najbardziej kuriozalna polska tradycja. Nigdy nie wiem, kiedy są moje imieniny, dziadkowie zawsze pamiętają. Ale wiesz co, chyba nawet to lubię.

mp3 63 **3e Proszę wysłuchać pięciu fragmentów rozmów telefonicznych. Proszę zdecydować, w której rozmowie słyszymy: żal, smutek, współczucie, życzenia, gratulacje. Proszę zdecydować, które rozmowy mają charakter: oficjalny, nieoficjalny.**

mp3 63 **3f Proszę uzupełnić tabelę. Proszę zdefiniować sytuację i uczucia lub intencje osób, które rozmawiają przez telefon.**

1.

– Słucham.
– Cześć, mówi Ola. Słuchaj, dowiedziałam się wczoraj, że umarł ci dziadek i... Chciałam powiedzieć, że bardzo ci współczuję i jest mi naprawdę przykro.
– Dzięki, Ola.
– I wiesz, trzymaj się jakoś... Jestem z tobą.

2.

– Halo.
– No hej, tu Paweł. Słuchaj stary, podobno zostałeś prezesem!
– No, wybrali mnie w zeszłym tygodniu.
– No to fantastyczna wiadomość! Gratulacje stary, jestem pod wrażeniem!
– Dzięki, dzięki, Paweł. Słuchaj, zapraszam w sobotę na imprezę, przyjdziecie?
– Jasne!

3.

– Tak, słucham.
– Dzień dobry, pani Karolino.
– Dzień dobry, panie dyrektorze.
– Jak uroczystość, na pewno ślub był piękny?
– Tak...
– Pani Karolino, dzwonię, żeby w imieniu swoim i wszystkich pani kolegów i koleżanek złożyć najlepsze życzenia szczęścia i pomyślności na nowej drodze życia. Życzymy wam, żeby wasze małżeństwo było udane i żebyście byli naprawdę szczęśliwą parą.
– Dziękuję panie dyrektorze.

4.

– Halo!
– Alina Sypnicka, dzień dobry. Pani Grażyno, ja dzwonię, żeby podziękować za zaproszenie na bal charytatywny, który organizujecie. Niestety, nie będę mogła wziąć w nim udziału.
– Ojej, pani Alino, to bardzo zła wiadomość...
– No, bardzo mi przykro, naprawdę, ale w styczniu zaczynam tournée i prawie codziennie mam koncerty. To już zostało dawno zaplanowane, no i sprzedaliśmy trochę biletów. Pani Grażyno, naprawdę bardzo, bardzo żałuję!

5.

– Tak?
– No cześć, Teresa, jak tam nowy dom? Urządziliście się już?
– Prawie.
– No, ale co, nie jesteś zadowolona?
– Wiesz co, powiem ci szczerze, że nic mnie nie cieszy...
– No wiesz!
– Dom jest naprawdę piękny i mamy dużo miejsca, ale ja lubiłam to stare mieszkanie, było blisko centrum i teraz, wiesz, jest mi tak jakoś smutno...

mp3 64 **3h Proszę wysłuchać wypowiedzi, a następnie powtórzyć je z odpowiednią intonacją.**

1. Jestem taka szczęśliwa!
2. Jest mi naprawdę przykro.
3. Wszystkiego najlepszego!
4. Właśnie się dowiedziałam o śmierci twojego ojca.
5. Właśnie się dowiedziałem o waszym ślubie!
6. Masz syna? Gratulacje!

mp3 65 **4d Nie każda z osób wypowiadających się w artykule *Niezapomniane święta* powiedziała prawdę. Proszę wysłuchać, co na ten temat mówi ich rodzina i przyjaciele. Proszę porównać te wypowiedzi.**

Siostra Artura:
Artur uwielbiał Boże Narodzenie, ale nie był pewny, czy św. Mikołaj naprawdę istnieje, dlatego zawsze przed świętami szukał prezentów. Nigdy jednak nie udało mu się ich znaleźć. Nasz tata powiedział nam kilka lat temu, że wiedział o tym, dlatego wszystkie prezenty trzymał w pracy i przynosił je do domu dopiero w Wigilię.

Przyjaciółka Izabeli:
Moja przyjaciółka miała naprawdę trudne dzieciństwo. Jej rodzice zginęli w getcie w czasie wojny i dlatego Izabela nie obchodzi świąt. Kiedyś próbowałam ją zaprosić do mojego domu na Jom Kippur, ale nie chciała, powiedziała, że to dla niej za trudne.

Syn Anny:
Święta w naszym domu są naprawdę wspaniałe. Obchodzimy je w sposób bardzo tradycyjny, podobnie jak w rodzinie mojego taty: mamy dwanaście potraw, śpiewamy kolędy, chodzimy na pasterkę i dostajemy dużo prezentów. Ale nasza mama często jest smutna w czasie świąt; myślę, że wspomina swoje dzieciństwo w domu wuja Leona.

Brat Karola:
Karol nigdy nie lubił polskich świąt. Mieszkaliśmy w Afryce, ale nasi rodzice chcieli, żebyśmy nauczyli się polskich tradycji, więc na Boże Narodzenie zawsze ubieraliśmy choinkę. Ale Karol nigdy nie chciał tego robić. A kiedy przyjechaliśmy do Polski i babcia ugotowała nam pyszne potrawy wigilijne, Karol prawie nic nie jadł i pytał rodziców, kiedy wrócimy do Afryki, bo tu jest zimno i nic mu nie smakuje.

KLUCZ do ćwiczeń

1c

1. d, 2. a, 3. c, 4. k, 5. g, 6. i, 7. l, 8. e, 9. f, 10. j, 11. b, 12. h

mp3 62 **1f**

1. chrzest: uroczystość, ceremonii, ksiądz
2. pogrzeb: umiera, odprawia, rodzina
3. imieniny: organizuje się, prezenty, siedzą
4. ślub: obecni, mszę, składają, piją
5. urodziny: zaprasza, przynoszą, obchodzą

1g

2. byłem obecny, 3. zaprosili gości, 4. modliła się, 5. składali życzenia, 6. obchodzić

DVD 14 **1h**

Osoba	O jakim zwyczaju mówi?	Lubi...	Nie lubi / nie rozumie...
Przechodzień 1	Oczepiny na weselach	śmigus-dyngus	oczepin
Przechodzień 2	Wszystkich Świętych	Wszystkich Świętych	korków
Przechodzień 3	picie wódki, sto lat, Wigilia, Halloween	Wielkanoc, picie na weselach	–
Przechodzień 4	12 potraw, Wszystkich Świętych	–	–
Przechodzień 5	Wszystkich Świętych, imieniny	Wielkanoc, Wigilię	Wszystkich Świętych
Ankieterka	imieniny	imieniny	–

2a

a) je (się), ogląda się, śpiewa (się)
b) obchodziło się / obchodzono, ubierało się / ubierano, przygotowywało się / przygotowywano, podawało się / podawano, zostawiało się / zostawiano, rozmawiało się / rozmawiano
c) wyjeżdżało się / wyjeżdżano, odwiedza się, spędza się
d) wyjeżdża się, jeździ się
e) kupuje się, je się
f) obchodzi się, spotykało (się) / spotykano się, modliło się / modlono się, paliło (się) / palono
g) idzie się, bierze (się), wyjeżdża (się)

2c

1. a, 2. b, 3. c, 4. b, 5. a, 6. c, 7. a, 8. b, 9. c, 10. b

3d

1. a, 2. c, 3. b, 4. b, 5. b, 6. a

mp3 63 **3e**

a) **żal** – rozmowa nr 4, **smutek** – rozmowa nr 5, **współczucie** – rozmowa nr 1, **życzenia** – rozmowa nr 3, **gratulacje** – rozmowa nr 2.
b) **oficjalny**: 3, 4; **nieoficjalny**: 1, 2, 5

mp3 63 **3f**

1. sytuacja: śmierć bliskiej osoby; osoba, która dzwoni: wyraża współczucie; osoba, która odbiera telefon: jest smutna
2. sytuacja: nowe stanowisko pracy; osoba, która dzwoni: składa gratulacje; osoba, która odbiera telefon: zaprasza na imprezę
3. sytuacja: ślub; osoba, która dzwoni: składa życzenia; osoba, która odbiera telefon: dziękuje
4. sytuacja: zaproszenie na bal charytatywny; osoba, która dzwoni: żałuje; osoba, która odbiera telefon: wyraża żal
5. sytuacja: nowy dom; osoba, która dzwoni: cieszy się, jest zainteresowana; osoba, która odbiera telefon: jest smutna

4b

1. b, 2. c, 3. b, 4. a, 5. c, 6. a, 7. a

4c

1. P, 2. P, 3. N, 4. P, 5. N, 6. N, 7. P

5a

1. c, 2. h, 3. g, 4. d, 5. a, 6. i, 7. e, 8. f, 9. b

5b

1. więc / czyli, 2. czyli / więc, 3. a, 4. bo / ponieważ, 5. czyli, albo, 6. dlatego / więc

6a

1. ślub, 2. Nowy Rok, 3. urodziny / imieniny, 4. urodziny / imieniny, 5. pogrzeb, 6. Boże Narodzenie

NOTATKI nauczyciela

lekcja

18

Internet

Cele i sytuacje komunikacyjne
- wyrażanie zdziwienia, zaskoczenia
- mówienie o internecie, jego podstawowych funkcjach i roli w naszym życiu
- **powtórzenie:** określanie celu i przeznaczenia
- zachęcanie do kupna sprzętu komputerowego

Słownictwo
- internet
- elementy języka potocznego

Gramatyka i składnia
- budowanie zdań okolicznikowych celu
- budowanie zdań przydawkowych
- **powtórzenie:** zaimki pytające
- rzeczowniki odczasownikowe

Rozumienie ze słuchu
- film: *Rodzina w sieci*
- *Bajka o Jakubie i Internecie*, rola internetu w naszym życiu; język potoczny a poprawna polszczyzna

Rozumienie tekstów pisanych
- *Bajka o Jakubie i Internecie*
- Anna Leśko: *Jak internet zmienił moje życie*
- fragmenty prasowe o udogodnieniach technologicznych

Mówienie
- podstawowe funkcje internetu
- rola internetu w życiu człowieka
- wyrażanie zdziwienia i zaskoczenia
- zachęcanie do kupna sprzętu komputerowego

Proponujemy przy większości ćwiczeń pracę w grupach. O ich liczebności i składzie decyduje nauczyciel bądź sami studenci (w zależności od indywidualnych potrzeb).

2d **2e** **2f**

Lekcja o internecie jest dobrą okazją do wprowadzenia kilku zwrotów z języka potocznego. Przedstawione tu słownictwo nie znajduje się jednak w obowiązującym dla poziomu podstawowego inwentarzu leksykalnym, dlatego decyzja o przeprowadzeniu tych ćwiczeń zależy od nauczyciela.

3a **3d**

Bajka o Jakubie i Internecie to dobra okazja do zaprezentowania zwrotów pozwalających wyrażać *zdziwienie, zaskoczenie* i *niedowierzanie*. Ćwiczenie 3d ma na celu zastosowanie tej funkcji komunikacyjnej.

3f

Są to dość trudne fragmenty artykułów prasowych, jednak nie należy koncentrować się tu na słownictwie. Studenci mają zrozumieć ogólny sens, następnie wyrazić swoje zdanie na temat udogodnień ze świata nowych technologii.

6

W tej części lekcji wprowadzamy zdania podrzędnie złożone przydawkowe i okolicznikowe celu. Podobnie jak w lekcji poprzedniej, także i tu warto zastanowić się, jak można byłoby tę problematykę przedstawić studentom, żeby nie czuli się zbyt obciążeni terminologią gramatyczną. Dobrym pomysłem jest używanie sformułowania *zdania celowe*.

6b **6c**

Prosimy zwrócić uwagę na zdania celowe ze spójnikiem *żeby* i porównać je ze zdaniami dopełnieniowymi przedstawionymi w lekcjach 8 i 17, PO POLSKU 2. Należy także zwrócić uwagę na konieczność użycia bezokolicznika w przypadku, gdy podmiot w zdaniu podrzędnym i nadrzędnym jest taki sam, np. *On pracuje, żeby zarabiać.*

PROPOZYCJA ZADANIA DOMOWEGO

Możliwe propozycje zadań domowych:

a) Proszę napisać list ofertę, w którym przedstawia Pan / Pani możliwości internetu.

b) Chce Pan / Pani sprzedać swój komputer. Proszę napisać ogłoszenie do prasy zawierające charakterystykę oferowanego sprzętu.

c) Proszę napisać historię podobną do tej o Jakubie i internecie. Jakub nie umiera i zaczyna interesować się internetem. Co się stało dalej...

PODPOWIEDZI I ROZWIĄZANIA ALTERNATYWNE **1d**

Po wykonaniu zadania nauczyciel może zorganizować konkurs na zaprojektowanie najciekawszej strony internetowej. W tym celu nauczyciel dzieli studentów na małe grupy, rozdaje im duże arkusze papieru, kolorowe pisaki i wyznacza czas zadania. Po upływie wyznaczonego czasu nauczyciel przypina arkusze na tablicy lub eksponuje w innym miejscu. Autorzy każdej strony internetowej objaśniają grupie, jakie informacje można znaleźć na ich stronie i odpowiadają na ewentualne pytania. Nauczyciel może zarządzić głosowanie, w którym uczestnicy wybiorą najciekawszą stronę.

2d

Po wykonaniu zadania nauczyciel może rozdać studentom uprzednio przygotowane fotografie (powinny być kontrowersyjne), przyklejone na niewielkich arkuszach papieru i polecić, aby opisali, w jaki sposób te osoby korzystają z internetu.

2f

Po wykonaniu zadania nauczyciel może polecić studentom, aby w parach przygotowali listę innych (lub najbardziej oryginalnych / absurdalnych / niezwykłych / dziwnych) czynności, jakie wykonujemy przy pomocy komputera / w internecie.

Nauczyciel poleca, aby studenci używali struktury: *Niektórzy ludzie...*

3c

Po wykonaniu ćwiczenia nauczyciel może polecić studentom, aby w parach ułożyli krótką historyjkę z wykorzystaniem słów znajdujących się w ćwiczeniu.

3f

Po wykonaniu zadania można wykorzystać grę KOMIKS znajdującą się w materiałach dodatkowych.

4g

Po wykonaniu zadania nauczyciel może polecić studentom, aby na dużych arkuszach papieru przygotowali quiz sprawdzający znajomość terminologii internetowej. Kiedy quiz jest już gotowy, uczestnicy wymieniają się pytaniami, zaznaczają prawidłowe odpowiedzi, a następnie odczytują je grupie.

5d 5e DVD 15

Proszę przedyskutować następujące zagadnienia:

a. Dzieci powinny mieć dostęp do mediów społecznościowych i zakładać tam swoje konta.
b. Dzieci mają prawo do prywatności w internecie tak samo, jak dorośli.
c. Dzieci powinny mieć możliwość uczenia się online przez cały rok.
d. Dzieci nie powinny zbyt dużo czasu spędzać w internecie.
e. Dorośli powinni mieć wgląd w to, co dzieci publikują w mediach społecznościowych.
f. Dorośli nie powinni ingerować w prywatne wiadomości dzieci.
g. Dorośli nie powinni pozwalać dzieciom na aktywność w internecie.
h. Dzieci nie muszą uczyć się pisać ręcznie, niedługo wszystko będzie notowane w wersji elektronicznej. Można więc zadawać zadania w wersji cyfrowej.
i. Dzieci źle reagują na próby ograniczenia ich aktywności w sieci, dlatego rodzice nie powinni tego robić.
j. Dorośli powinni dawać dzieciom przykład, jak mądrze korzystać z internetu.
k. Dzieci powinny mieć w szkole przedmiot „Jak mądrze korzystać z internetu".

6c

Po wykonaniu zadania można wykorzystać grę KARTECZKI znajdującą się w materiałach dodatkowych.

MATERIAŁY DODATKOWE

Gra KOMIKS

Opis gry

WYRAŻANIE ZDZIWIENIA. OPOWIADANIE O NIEZWYKŁYCH WYDARZENIACH

Nauczyciel rozdaje małym grupom wycięte obrazki. Studenci układają je w kolejności chronologicznej, wpisują w chmurki wypowiedzi bohaterów historyjki, a następnie opowiadają, co się wydarzyło. Po wykonaniu zadania nauczyciel może polecić grupie, aby głosując, zdecydowała, która historyjka podobała się jej najbardziej.

Gra KARTECZKI

Opis gry

ZDANIA PRZYDAWKOWE. ODMIANA ZAIMKA *KTÓRY*

Nauczyciel rozdaje parom quiz. Studenci wpisują w wykropkowane miejsca zaimek *który* w odpowiedniej formie, a następnie zakreślają poprawną odpowiedź.

Po wykonaniu zadania grupa wspólnie odczytuje odpowiedzi, a nauczyciel zapisuje na tablicy formy zaimka *który*, pojawiające się w kolejnych pytaniach.

Gra PLANSZOWA

Opis gry

UTRWALENIE SŁOWNICTWA

Gra planszowa dla 2 – 4 osób. Każdy z uczestników rzuca kolejno kostką i wykonuje zadanie z wylosowanego pola. Jeśli wykona zadanie poprawnie, ma prawo do następnego rzutu, jeśli nie, cofa się do pola, na którym znajdował się, rzucając kostką.

© A. Dixon, A. Jasińska, *PO POLSKU 2*

© Wydawnictwo PROLOG

1. Internauta to człowiek, ...:
a) pracuje na komputerze
b) często korzysta z internetu
c) ma konto w banku internetowym

2. Stadion to miejsce, do .... chodzimy:
a) na mecz
b) na imprezę
c) na mszę

3. Znajomi to ludzie, ...:
a) spotykamy na ulicy
b) znamy z telewizji
c) dobrze znamy

4. Przyjaciel to osoba, ...:
a) możemy zaufać
b) nie możemy wierzyć
c) kupujemy często prezenty

5. Vlog to rodzaj dziennika internetowego, na ....
a) umieszczamy autorskie filmy video
b) wrzucamy zdjęcia z wakacji
c) dyskutujemy z innymi użytkownikami internetu

6. Drukarka to urządzenie, z .... korzystamy, kiedy:
a) chcemy znaleźć informację
b) napisać tekst
c) wydrukować tekst

7. Wynagrodzenie to pieniądze, ... dostajemy:
a) kiedy pracujemy
b) kiedy studiujemy
c) kiedy bierzemy udział w konkursie

8. Adresat to osoba, do ....:
a) dzwonimy
b) wysyłamy list
c) idziemy z wizytą

6. Skaner to urządzenie, z .... korzystamy kiedy chcemy:
a) wysłać e-mail
b) skopiować dokument
c) wyszukać kluczowe słowa w tekście

10. Aula to sala, do .... idziemy:
a) na zakupy
b) na koncert
c) na wykład

11. Lodówka to urządzenie, w ....:
a) robimy lody
b) przechowujemy żywność
c) przechowujemy ważne informacje

12. Rodzeństwo to osoby, ...:
a) wspólnie wynajmują mieszkanie
b) mają tych samych rodziców
c) są małżeństwem

Tę stronę można kopiować.

© Wydawnictwo PROLOG

GRA PLANSZOWA (lekcja 18)

START

1. Co oznaczają kolorowe ikony w smartfonach lub na tablecie?

2. Podaj 3 powody, dlaczego dostęp dzieci do internetu powinien być kontrolowany.

3. Odmień w przypadkach słowo: „e-mail”.

4. Wyjaśnij termin „media społecznościowe”.

5. Co to znaczy: „Nie mam zasięgu w telefonie?”

6. Co w mediach społecznościowych oznacza termin „udostępnij”?

7. Czego potrzebujesz, żeby zalogować się na stronie bankowości online?

8. Podaj 3 sposoby, jak możesz wysłać komuś dokument.

9. Jak się nazywa przenośne urządzenie do przekazywania sygnału internetowego?

10. Wymień 5 urządzeń elektronicznych, które znajdują się w każdym biurze.

11. Co to jest vlog?

12. Co w mediach społecznościowych oznacza termin „polub”?

13. Znalazłeś/łaś w internecie stronę, która ci się podoba. Co możesz zrobić, żeby ją zapamiętać na komputerze?

14. Podaj polską definicję terminu „e-mail”.

15. Jak nazywa się krótki tekst, który publikujesz w mediach społecznościowych?

16. Czego potrzebujesz, żeby znaleźć informacje w internecie?

17. Jak po polsku nazywamy ten symbol: @?

18. Wymień cztery urządzenia elektroniczne, na których można czytać e-booki.

19. Czym różni się smartfon od tradycyjnego telefonu komórkowego?

20. Bateria w twoim telefonie ma tylko 5%. Czego potrzebujesz, żeby ją naładować?

KONIEC

© A. Dixon, A. Jasińska, *PO POLSKU 2*

© Wydawnictwo PROLOG

TEKSTY nagrań

mp3 66 **2f Proszę wysłuchać nagrania i zdecydować, która z osób mówi polszczyzną oficjalną, a która nieoficjalną.**

Przykład: Kurczę, ale fajny monitor!

1. Ten monitor jest wspaniały! Bardzo mi się podoba.
2. Kupię nowy sprzęt, jak tylko będę miał więcej pieniędzy.
3. Kupię go, jak zarobię trochę kasy.
4. Znam sporo fajnych ludzi.
5. Znam wiele miłych osób.

mp3 67 **3a Proszę ułożyć fragmenty tekstu *Bajka o Jakubie i Internecie* w porządku chronologicznym. Następnie proszę wysłuchać bajki i porównać swoją wersję z nagraniem.**

Bajka o Jakubie i Internecie

Dawno, dawno temu pewien stary człowiek imieniem Jakub, odwiedził swojego przyjaciela, czarownika Neuka.
– Przyjacielu, powiedział, jestem już stary, niedługo umrę. Chciałbym żyć jeszcze długo i patrzeć na świat, ale nie wiem, czy warto, bo jestem już zmęczony.
– Mam na to radę, odpowiedział Neuk. Mógłbym przenieść cię na jeden dzień w przyszłość.
Tak zrobili.
Po chwili Jakub znalazł się w dziwnym kolorowym pokoju. Było jasno, nad głową świeciło małe słońce, było głośno, naprzeciwko, przy stole siedziała dziewczyna.
– Kim jesteś?- zapytała.
– Twoim praprapraprapradziadkiem – uśmiechnął się Jakub. – Co to jest? – zapytał i pokazał palcem migające pudełko.
– Moim dziadkiem? – zdziwiła się dziewczyna. – Ależ to niemożliwe! – Patrzyła przez chwilę na starca. – Aaaa, wiem, jesteś wirtualnym dziadkiem.
– Co to jest? – zapytał znowu Jakub.
– To jest komputer. Właśnie siedzę w Internecie i wysyłam e-maile do znajomych.
– W czym siedzisz?
– W Internecie. Nie wiesz, co to jest?
– Nie wiem.
– To taka sieć elektroniczna. Mogę oglądać wszystko, co dzieje się na świecie i rozmawiać z ludźmi na całym świecie.
– Niewiarygodne! Jak to możliwe?
– Sama tego nie rozumiem. Patrzę w ekran i widzę.
– Jesteś więc wróżką?
– Wróżką? Dlaczego?
– Masz szklaną kulę, więc znasz magię.
– Co ty mówisz, jaką magię? Teraz każdy człowiek może mieć to w domu.
– To niesamowite! Więc teraz wszyscy są czarownikami! Pokaż mi coś jeszcze!
I tak wnuczka pokazywała Jakubowi kolejno telefon, telewizor, samochód, a Jakub ciągle dziwił się i pytał: „Co to jest?", „Jak to działa?", „Do czego to służy?", „Po co ludzie to robią?". Dziewczyna tłumaczyła, Jakub kiwał głową i powtarzał: „To niesamowite!", „To niewiarygodne!", „To nieprawdopodobne!" W końcu zapytał:
– A macie też eliksir młodości?
– Eliksir młodości, dziadku, przecież to niemożliwe! Człowiek nie może żyć wiecznie.
– W takim razie wracam do domu.
A kiedy wrócił, opowiedział wszystko Neukowi i dodał:
– Mogę spokojnie umierać. Widziałem w przyszłości różne cuda, ale cóż, kiedy i tam, gdzie mieszkają tylko czarownicy, nie można żyć wiecznie.
Potem poszedł do swojego domu, usiadł pod drzewem i umarł.

mp3 68 **5a Proszę posłuchać nagrania i zdecydować, która wypowiedź wyraża:**
a) zadowolenie
b) obawę
c) niechęć

mp3 68 **5b Proszę jeszcze raz posłuchać nagrania i uzupełnić wypowiedzi, wpisując brakujące słowa.**

1. Moja córka korzysta z mediów społecznościowych, ja nie. Nie mam takiej potrzeby. Ona ciągle siedzi na telefonie, a ja myślę, że to strata czasu. Mogłaby lepiej poczytać książkę.
2. Internet jest niebezpieczny. Dzieci mają dostęp do pornografii, treści rasistowskich, organizacji terrorystycznych. Są oczywiście dobre strony, ale to brak kontroli może mieć katastrofalne skutki.
3. Internet to ogromna oszczędność czasu i pieniędzy. Przedtem listy wysyłaliśmy pocztą, teraz wszystko załatwiamy przez internet, nie kupujmy gazet, bo można czytać i oglądać wiadomości za darmo, produkty w sklepach internetowych są tańsze, słowniki i tłumacze językowe są dostępne bez opłat, a Wikipedia zastępuje encyklopedie i leksykony.
4. To jest przede wszystkim tanie. Przedtem wszystkie listy wysyłaliśmy pocztą, teraz wiele spraw załatwiamy przez internet.

mp3 69 **5g Proszę wysłuchać wypowiedzi trzech osób, a następnie powiedzieć, w jaki sposób internet zmienił ich życie. Czy ten wpływ był pozytywny czy negatywny? Proszę podać argumenty.**

1.

Oboje z żoną pracujemy w międzynarodowej korporacji, żona w dziale prawnym, a ja w HR. To zawsze oznaczało długie godziny pracy i częste wyjazdy za granicę. Zawsze chcieliśmy mieć dzieci, ale przy takim trybie życia to byłoby trudne. Zastanawialiśmy się nad tym, żeby jedno z nas zrezygnowało z pracy, ale to jest niemożliwe, bo mamy duży kredyt na dom. W zeszłym roku postanowiliśmy porozmawiać otwarcie z naszymi menedżerami. To była bardzo dobra decyzja, firma zgodziła się, żebyśmy pracowali z domu, moja żona trzy, a ja dwa dni w tygodniu. W dobie internetu to nie problem, większość spotkań odbywamy online. No i udało się! Spodziewamy się dziecka w maju i jesteśmy mega szczęśliwi.

2.

Pracowałam przez kilka lat w dużej księgarni w centrum miasta. Ludzie często pytali mnie o autora książki lub moją opinię na ten temat i właśnie wtedy wpadłam na pomysł, żeby założyć stronę internetową o literaturze. Okazało się, że moja strona cieszy się dużą popularnością, więc po roku zdecydowałam się otworzyć własną księgarnię online. Była jedną z pierwszych w Polsce, miałam bogatą ofertę, a książki były dużo tańsze niż w księgarniach tradycyjnych. I odniosłam duży sukces finansowy. Myślę teraz o otwarciu własnego wydawnictwa. No cóż, internet zmienił moje życie.

3.

Moja mama przez wiele lat chorowała na astmę. Brała zawsze dużo leków i mówiła, że nie ma innej metody leczenia. Kilka lat temu znalazłem stronę internetową na temat medycyny niekonwencjonalnej. Była tam informacja o eksperymentalnej metodzie walki z astmą, na tyle interesująca, że poradziłem mamie, żeby jej spróbowała. Mama nie była pewna, ale po jakimś czasie jednak się zdecydowała. Wyjechała na tygodniową kurację, a po powrocie była w tak dobrej kondycji, że myśleliśmy, że jest już zupełnie zdrowa. Niestety, kilka dni później znalazła się w szpitalu, a jej lekarz powiedział, że ten cały eksperyment mógł kosztować ją życie.

DVD 15 **5d Proszę obejrzeć film i zaznaczyć, kogo dotyczą poniższe stwierdzenia.**

Matka: Nie mogę się zalogować! Bartek, a może to konto było na ciebie? Spróbuj się zalogować z tabletu.
Ojciec: Moment… Jaki tam jest adres?
M: www, energos, kropka, pl, ukośnik, bok.
O: www, kropka, energos, pl… i co dalej?
M: Ukośnik, bok.
O: Blog?
M: Zwariowałeś? Nie blog, tylko b o k! Biuro Obsługi Klienta – BOK.
Córka: Nie krzycz, mamo.
M: Nie krzyczę, tylko mówię.
C: Krzyczysz mamo.
M: A ty nie masz lekcji do odrobienia?
C: Odrabiam właśnie.
O: Przecież siedzisz na telefonie! Pewnie znowu na czacie siedzisz.
C: Siedzę na czacie, bo się uczymy.
M: Jak to się uczycie?
C: No z Julką, Olą i Kacprem. Jutro mamy test z lektury i się pytamy nawzajem. Ola znalazła w internecie quiz ze znajomości książki, zrobiliśmy go razem i teraz każdy dodaje swoje pytania.
B: Jak się można na telefonie uczyć… oj, przypala się! Nie, nie! Przez to twoje logowanie przypaliłem gulasz!
M: Rzeczywiście śmierdzi. Bartek, no otwórz okno! O, jest! Jest! Udało się! Zalogowałam się!
O: A niech to, chyba nie da się tego uratować!
C: Może zamówimy pizzę?
O: To po co mi zawracasz głowę, jak znasz hasło.
M: Hasło znałam, tylko nie wiedziałam, który e-mail podałam.
C: Mamo, ty masz takie samo hasło do wszystkiego.
M: Przepraszam, że ci zawracam głowę i proszę o pomoc w zalogowaniu się na stronie Energos, żeby zapłacić rachunki za prąd.
C: Ale mamo, możesz dać zlecenie w banku i nie będziesz musiała płacić co chwilę. Bank będzie płacił.
O: Mówiłem ci, żeby dać zlecenie w banku. Nigdy nie pamiętasz hasła.
M: Mówiłam ci, że hasło znam, tylko nigdy nie wiem, który e-mail podałam.
C: Nie rozumiem, po co ci tyle adresów mailowych… Tato, zamówić tę pizzę?
O: Ja zamówię.
M: Zośka, a ty skąd wiesz, że mam takie samo hasło do wszystkiego?
C: Bo mi podałaś swoje hasło do konta w przychodni, żeby się umówić u lekarza i potem próbowałam się zalogować na twoim Facebooku. Bez problemu.
M: Logowałaś się na moim koncie na Facebooku!? Jak mogłaś, to jest naruszenie prywatności!
C: Ty też zawsze chcesz wiedzieć, co robię w internecie. To też naruszanie prywatności.
O: Zośka, pepperoni dla ciebie?
C: Mhm.
O: Justyna, wolisz z tuńczykiem i oliwkami, czy ze szpinakiem?
M: Szpinak i ricotta. To co innego, Zośka, rodzice mają obowiązek wiedzieć, co dzieci robią w internecie.
C: Rodzice moich znajomych nie sprawdzają. Rodzice Karola nawet nie wiedzą, jak sprawdzić historię wyszukiwania. Nawet nie wiedzą, że można sprawdzić historię.
O: Justyna, nie mogę się zalogować na nasz profil, żeby zamówić tę pizzę. Pamiętasz hasło?
C: Jeśli mama zakładała konto, to spróbuj: BartekZosia35, Be i Zet dużą literą.
O: O, działa!
M: Chyba muszę zmienić hasło. No nie, jak zmienię hasło, to przecież będzie katastrofa.

KLUCZ do ćwiczeń

2a

1. pracownik firmy, 2. informatyk, 4. emerytka, 5. filozof, 6. uczeń, 7. pani domu, 8. matka

2c

1. b, 2. a, 3. a, 4. b, 5. b

2d

1. a, 2. f, 3. d, 4. g, 5. e, 6. c

mp3 66 **2f**

1 – język oficjalny, 2 – język oficjalny, 3 – język nieoficjalny, 4 – język nieoficjalny, 5 – język oficjalny

3a

4 – 5 – 9 – 7 – 6 – 1 – 2 – 3 – 8

4b

1. przeglądanie stron internetowych
2. zapisywanie pliku
3. pisanie maila
4. uruchamianie aplikacji
5. wyszukiwanie informacji
6. drukowanie strony
7. ładowanie telefonu
8. dodanie do ulubionych
9. edytowanie zdjęcia

4e

1. d, 2. b, 3. a, 4. c

mp3 68 5a

a) 3, 4; b) 2; c) 1

mp3 68 5b

1. korzysta, siedzi, strata
2. dostęp, strony, kontroli
3. czasu, pieniędzy, załatwiamy, darmo, dostępne
4. tanie, przez

5f

1. N, 2. N, 3. P, 4. N, 5. P, 6. N

6a

1. której, 2. której, 3. którymi, 4. którym, 5. którego, 6. o których

6b

1. mogła drukować, 2. móc drukować, 3. móc pracować, 4. mógł pracować, 5. znaleźć, 6. móc

6c

proponowane zdania:

1. Chcę mieć konto na portalu społecznościowym, żeby łączyć się z kolegami i przyjaciółmi z całego świata.
2. Chcę, żebyś mi sprzedał swoją drukarkę.
3. Wchodzę na strony dla kobiet, żeby poczytać o ich problemach.
4. Chcę mieć stałe łącze, żeby nie płacić za dużo za internet.
5. Szukam witryn sportowych, żeby mój ojciec miał aktualne informacje o piłce nożnej.
6. Wchodzę często na strony o literaturze, żeby kupić nowe książki.
7. Chcesz, żeby twój syn został informatykiem?
8. Proszę, żebyś znalazł mi to w portalu www.muzyka.com.

6d

wcho**dz**ę, zna**ć**, me**cz**ów,
p**rz**edstawiają, p**rz**episy, najnow**sz**e, mo**dz**ie,
ko**rz**ystamy, mo**ż**na, znale**ź**ć, najnow**sz**e, zało**ż**yłem, ko**sz**ty,
ni**ż**sze

NOTATKI
nauczyciela

lekcja

19

Kino czy telewizja?

Cele i sytuacje komunikacyjne
- cytowanie wypowiedzi innych
- opowiadanie o telewizji i kinie – ich roli we współczesnym świecie
- wyrażanie opinii o filmie
- **powtórzenie:** składanie propozycji spędzenia wolnego czasu
- argumentowanie
- recenzowanie

Słownictwo
- kino i telewizja, czas wolny

Gramatyka i składnia
- mowa zależna

Rozumienie ze słuchu
- film: *Rozmowa o filmach*
- prezentacja filmów; jakie kino lubisz; propozycja wyjścia do kina

Rozumienie tekstów pisanych
- wypowiedzi o kinie i telewizji, recenzja filmu *Ida, Wieża. Jasny dzień.* Czy znasz i lubisz polskie kino?
- quiz: Czy jesteś uzależniony od seriali?

Mówienie
- wyrażanie opinii na temat filmu
- mówienie o telewizji, jej funkcji i roli we współczesnym świecie
- przytaczanie wypowiedzi innych

Pisanie
- recenzja, opis filmu

Proponujemy przy większości ćwiczeń pracę w grupach. O ich liczebności i składzie decyduje nauczyciel bądź sami studenci (w zależności od indywidualnych potrzeb).

To lekcja o charakterze poznawczym. Tematyka lekcji ma charakter uniwersalny, gdyż wielu ludzi chodzi do kina lub ogląda telewizję. Na ogół współczesny młody człowiek dystansuje się od telewizji; przeciętny student mówi, że nie ogląda, że telewizja jest głupia, nie interesuje go... Wystarczy jednak zagłębić się w temat, a okaże się, że wszyscy znają twarze postaci współczesnych mediów. Jeżeli jednak tematyka związana z telewizją wyda się mało ciekawa, proponujemy skoncentrować się na kinie. Funkcja komunikacyjna *wyrażanie opinii* nie jest materiałem nowym – to tylko przypomnienie, tu dodatkowo rozbudowane o ważną formę wypowiedzi pisemnej – recenzję.

3b 3c 3d 3e

Prosimy o zwrócenie uwagi na podobieństwo zdań podrzędnie złożonych okolicznikowych do zdań złożonych współrzędnie wynikowych. Z pozoru trudny problem gramatyczny jest w istocie bardzo łatwy, wystarczy pokazać studentom, że zamiana szyku zdania i zmiana spójnika powoduje zmianę relacji przyczyna – skutek, np.: *Piotr był chory, dlatego nie poszedł do szkoły.*
(zdanie wynikowe)
Piotr nie poszedł do szkoły, ponieważ był chory.
(zdanie przyczynowe)

4d

Proszę przeczytać dokładnie ze studentami pytania znajdujące się pod poleceniem do ćwiczenia. Recenzja to trudna forma wypowiedzi, dlatego należy zwrócić uwagę studentów na jej budowę.

5b 5c 5d 5e

Zwracamy uwagę na funkcję komunikacyjną *relacjonowanie wypowiedzi innych osób*, realizowaną przez formułowanie wypowiedzi w mowie zależnej. Mowa zależna nie znajduje się w inwentarzu dla poziomu podstawowego, ale jej wprowadzenie jest konieczne z powodu potrzeb komunikacyjnych uczących się. Należy pamiętać, że w języku polskim nie występuje zjawisko następstwa czasów. Dlatego studenci często mówią: *powiedział, że był chory* zamiast *powiedział, że jest chory*. W języku polskim relacjonując teraźniejszość, nie zmieniamy czasu gramatycznego czasownika w cytowanej wypowiedzi.

PROPOZYCJA ZADANIA DOMOWEGO

Proszę wykonać ćwiczenie 4d lub 4f.

PODPOWIEDZI I ROZWIĄZANIA ALTERNATYWNE **1b**

Po wykonaniu zadania nauczyciel poleca studentom, aby w parach przygotowali listę zawodów związanych z kinem i telewizją. Nauczyciel zapisuje nazwy zawodów na tablicy (lub prosi o to studentów). Następnie nauczyciel prosi studentów, aby zdecydowali, który z zawodów jest:
– najciekawszy / najmniej ciekawy,
– najbardziej / najmniej stresujący,
– najlepiej / najgorzej wynagradzany.

1e

Po wykonaniu zadania można wykorzystać grę ANKIETA znajdującą się w materiałach dodatkowych. Można również pociąć ANKIETĘ na paski i dać do wylosowania każdemu studentowi jedno pytanie.

1f

Nauczyciel może polecić, aby studenci napisali „swój" program telewizyjny na dużych arkuszach papieru. Studenci nie definiują grupy odbiorców. Po wykonaniu zadania nauczyciel przypina programy na tablicy lub eksponuje w innym widocznym miejscu. Autorzy podchodzą do swojego projektu i prezentują go grupie. Zadaniem grupy jest zdefiniowanie grupy odbiorców, dla której przygotowano program. W tym celu mogą zadawać pytania pomocnicze.

4c

Po wykonaniu zadania można wykorzystać grę ZGADYWANKA znajdującą się w materiałach dodatkowych.

4d

Po wykonaniu zadania nauczyciel może zorganizować w grupie grę w odgadywanie tytułów filmów. Nauczyciel dzieli uczestników na grupy. Każda grupa przygotowuje kilka tytułów popularnych filmów, zapisując je na karteczkach (tytuły filmów muszą być łatwe do odgadnięcia). Na środek sali wychodzi przedstawiciel grupy A, grupa B wręcza mu karteczkę z tytułem filmu do odgadnięcia dla jego grupy. Reprezentant grupy A musi za pomocą pantomimy przedstawić swojej grupie tytuł wskazanego mu filmu – najlepiej jeśli będzie demonstrował kolejne wyrazy z tytułu (osoby, które należą do odgadującej tytuł grupy, mogą zadawać pytania pomocnicze, np. *Czy to jest komedia?*). Jeśli w tytule jest przyimek lub spójnik, student sygnalizuje go umówionym gestem, np. *Głupi i głupszy*: student pokazuje na palcach, że tytuł składa się z trzech wyrazów, natomiast środkowy palec zagina, na znak, że jest to spójnik.

Nauczyciel musi zadbać o to, aby każdy z uczestników miał szansę pokazania tytułu. Zwraca także uwagę, że w tytułach nie mogą znaleźć się nazwy własne (np. *Casablanca*).

5c

Po wykonaniu zadania można wykorzystać grę MAGDA I MAREK znajdującą się w materiałach dodatkowych.

6f DVD 16

Na jednym z blogów o tematyce serialowej można przeczytać, że:

Warto oglądać seriale, bo:
- lepiej się ogląda niż czyta,
- można obejrzeć ładnych i modnych aktorów,
- można być na bieżąco z pop kulturą,
- można w prosty sposób nauczyć się czegoś,
- można spędzić miło bezsenną noc,
- można zapomnieć o problemach,
- można zabić nudę.

Czy zgadza się Pan / Pani z powyższymi opiniami? Jak Pan / Pani myśli, która z powyższych opinii najlepiej pasuje do bohaterów filmu, Błażeja i Adama? Proszę uzasadnić swój wybór.

MATERIAŁY DODATKOWE

Gra ANKIETA

Opis gry

OPOWIADANIE O ROLI KINA I TELEWIZJI W NASZYM ŻYCIU

Nauczyciel rozdaje kopie ankiety. Gra może być zrealizowana na dwa sposoby:

a) w parach

b) w grupie

Studenci zadają sobie wzajemnie pytania zawarte w ankiecie. Grę można pociąć na paski i rozlosować pytania wśród studentów.

Gra ZGADYWANKA

Opis gry

TELEWIZJA, KINO – SŁOWNICTWO

Nauczyciel rozdaje w parach lub w małych grupach komplety wyciętych karteczek. Studenci odwracają je zapisaną stroną do spodu, a następnie kolejno biorą po jednej karteczce i podają definicję zapisanego na niej hasła. Pozostałe osoby w grupie odgadują hasło. Student, który odgadł hasło, zabiera karteczkę.

Wygrywa osoba, która odgadła największą ilość haseł.

Gra MAGDA I MAREK

Opis gry

MOWA ZALEŻNA

Nauczyciel rozdaje parom lub małym grupom wycięte wypowiedzi. Zadaniem studentów jest połączenie wypowiedzi tak, aby powstały dialogi, a następnie przekształcenie ich na mowę zależną.

Przykład:

Kasia: „Pada deszcz". – Kasia mówi / powiedziała, że pada deszcz.

Gra SCENARIUSZ

Opis gry

UTRWALENIE MATERIAŁU LEKSYKALNEGO I GRAMATYCZNEGO Z LEKCJI

Nauczyciel dzieli grupę na zespoły 3 – 5 osób. Reprezentanci grup podchodzą do stolika i losują po jednej karteczce z każdego zestawu oraz zabierają arkusze do pracy. Następnie wracają do grupy. Ich zadaniem jest przygotowanie propozycji scenariusza odcinka pilotującego nowy serial w telewizji internetowej zgodnie z wylosowanymi instrukcjami.

Po opracowaniu propozycji, każda z grup prezentuje swój projekt. Grupa może zdecydować w tajnym lub jawnym losowaniu, który projekt zostanie zrealizowany, ale wyłanianie zwycięzcy nie jest konieczne.

NOTATKI nauczyciela

1. Czy masz w domu telewizor? Jak często oglądasz telewizję?
2. Jaki jest twój ulubiony program telewizyjny? Dlaczego go oglądasz?
3. Czy oglądasz telewizję przez internet? Jakie programy?
4. Kto, twoim zdaniem, jest / był największą osobowością telewizyjną XXI wieku? Dlaczego tak uważasz?
5. Czy telewizja ma twoim zdaniem wpływ na życie ludzi? Jaki?
6. Jakie programy telewizyjne oglądają najchętniej ludzie w twoim kraju?
7. Czy uważasz, że dzieci powinny oglądać telewizję? Jakie programy?
8. Czy uważasz, że programy telewizyjne powinny być cenzurowane? Dlaczego?
9. Kto jest twoim ulubionym reżyserem? Dlaczego?
10. Jakie filmy lubisz oglądać?
11. Czy lubisz chodzić do kina? Jak często tam chodzisz?
12. Najchętniej oglądasz filmy w wersji oryginalnej, z napisami, z dubbingiem czy z lektorem? Dlaczego?
13. Ile kosztuje w twoim kraju film na DVD?
14. Gdybyś był / była reżyserem, jaki film chciałbyś / chciałabyś nakręcić?
15. Jak myślisz, czy za 100 lat ludzie będą chodzili do kina tak często jak dziś? Co się zmieni?

Tę stronę można kopiować.

© A. Dixon, A. Jasińska, *PO POLSKU 2*

© Wydawnictwo PROLOG

ZGADYWANKA (lekcja 19)

TELEWIZJA	KINO	REŻYSER	AKTOR
FILM PRZYGODOWY	FILM OBYCZAJOWY	HORROR	KOMEDIA
KRĘCIĆ FILM	OBSADA	GŁÓWNA ROLA	PRODUCENT
EKRAN	EKRANIZACJA	PROGRAM TELEWIZYJNY	REPERTUAR
PILOT	BILET	TELEWIZOR	RECENZJA

© A. Dixon, A. Jasińska, *PO POLSKU 2*

© Wydawnictwo PROLOG

MAGDA I MAREK (lekcja 19)

Marek:	„Co chcesz robić jutro?”
Magda:	„Nie wiem. A co ty chcesz robić?”
Marek:	„Możemy pójść do teatru na *Kwartet*”.
Magda:	„A masz bilety?”
Marek:	„Nie mam jeszcze, kupimy jutro”.
Magda:	„Czy możesz mi pomóc?”
Marek:	„A co się stało?”
Magda:	„Nie mogę wydrukować tekstu”.
Marek:	„A włączyłaś drukarkę?”
Magda:	„Ale gorąco! Możesz otworzyć okno?”
Marek:	„Jest otwarte”.
Marek:	„To przynieś mi wodę!”
Magda:	„Nie ma już, mogę ci zrobić herbatę”.
Marek:	„Herbatę?! Żartujesz!”
Magda:	„Więc trzeba iść do sklepu. Pójdziesz?”
Marek:	„Nie mam teraz czasu. Jeśli chce ci się pić, sama idź do sklepu!”
Magda:	„Telefon dzwoni!”
Marek:	„To dlaczego nie odbierasz?”
Magda:	„To do ciebie”.
Marek:	„Skąd wiesz?”
Magda:	„Bo tylko twoi znajomi dzwonią tak późno”.

© A. Dixon, A. Jasińska, *PO POLSKU 2*
© Wydawnictwo PROLOG

SCENARIUSZ (lekcja 19)

Zestaw A

komedia	dramat obyczajowy	horror
akcja	thriller	melodramat

Zestaw B

Główny bohater jest księdzem.	Główny bohater jest wampirem.	Główny bohater jest politykiem.
Główna bohaterka jest policjantką.	Główna bohaterka jest zombi.	Główna bohaterka jest kulturystką.

Zestaw C

Akcja toczy się pod ziemią.	Akcja toczy się w przyszłości.	Akcja toczy się w kosmosie.
Akcja toczy się w starożytności.	Akcja toczy się w Polsce.	Akcja toczy się w miejscu, w którym się obecnie znajdujesz.

© A. Dixon, A. Jasińska, *PO POLSKU 2*

© Wydawnictwo PROLOG

SCENARIUSZ (lekcja 19)

ARKUSZ DO PRACY

Tytuł serialu	
Autorzy scenariusza	
Tytuł odcinka pilotującego	
Czas trwania odcinka	
Muzyka (propozycja znanych utworów)	
Główni bohaterowie	
Bohaterowie drugoplanowi	
Krótki zarys fabuły serialu (miejsce, czas, akcja)	
Krótki zarys fabuły odcinka pilotującego	

© A. Dixon, A. Jasińska, *PO POLSKU 2*

© Wydawnictwo PROLOG

TEKSTY nagrań

mp3 70 **1c Proszę wysłuchać zapowiedzi kinowych i zdecydować, jakie gatunki reprezentują omówione filmy.**

1. Jest to historia dwojga młodych ludzi, którzy poznali się przed laty. Ona była córką bogatego hodowcy koni, on pracował na farmie jej ojca. Przeżyli wtedy krótki romans, a potem ich drogi się rozeszły, oboje założyli rodziny i wychowali dzieci. Teraz spotykają się po latach i stają przed trudną życiową decyzją...
2. Ten film został zrealizowany również z myślą o rodzicach, którzy wybiorą się z pociechami do kin. Zabawne dialogi, wartka akcja, to wszystko gwarantuje blisko dwie godziny dobrej zabawy.
3. Film jest skierowany do amatorów mocnych wrażeń. Zastosowano w nim niemal wszystkie chwyty filmowe tego gatunku: Mroczna atmosfera, podnosząca napięcie muzyka i doskonała animacja postaci gwarantują, że będziemy się naprawdę bać.
4. Film opowiada o losach rodziny biednych emigrantów, która wyrusza na podbój Ameryki i tam zaczyna nowe życie. Bohaterami filmu są trzej mężczyźni: farmer, jego syn i wnuk. Poznajemy koleje ich losu, dramaty, a wszystko na tle przemian społecznych. Film pokazuje, w jaki sposób historia wpływa, czy tego chcemy czy nie, na nasze życie.

mp3 71 **2d Proszę wysłuchać wypowiedzi, a następnie powtórzyć je z odpowiednią intonacją.**

- Wybieram kino „Mikro", bo interesuje mnie ambitny repertuar.
- Z powodu skandalu obyczajowego zamknięto kino „Światło".
- Ponieważ lubię Katarzynę Figurę, oglądam wszystkie jej filmy.
- Lubię horrory i dlatego często chodzę na nie do kina.
- Moim ulubionym reżyserem jest Krzysztof Kieślowski, dlatego że jego filmy mają specyficzny klimat.

mp3 72 **3d Proszę wysłuchać dialogu i odpowiedzieć na pytania.**

Ewa: Proszę cię, chodźmy dzisiaj do kina, mam dość telewizji!
Adam: Dobra, na co?
Ewa: Na jakiś melodramat.
Adam: O nie, nie znoszę melodramatów. Odpada.
Ewa: To chodźmy na *Moulin Rouge*!
Adam: Nie lubię filmów muzycznych.
Ewa: To co proponujesz?
Adam: *Buena Vista...*
Ewa: Przecież nie lubisz filmów muzycznych!
Adam: Ale to nie jest typowy film muzyczny, to raczej dokument.
Ewa: Nie ma mowy! Wolę iść na jakiś sensacyjny.
Adam: *Bad Company*?
Ewa: Boże, przecież to gniot.
Adam: To co proponujesz?

mp3 73 **6c Proszę wysłuchać rozmowy i odpowiedzieć na poniższe pytania.**

mp3 73 **6d Proszę wysłuchać jeszcze raz rozmowy dziennikarki i szefowej agencji public relations i skończyć zdania:**

Dziennikarka: Ostatnio dużo się mówi o zarobkach gwiazd telewizyjnych. Czy to, że Maria Zielińska, znana publicystka, zarabia 30 razy więcej niż przeciętny Polak, nie szokuje Pani?
Szefowa agencji PR: Trochę szokuje. Z drugiej strony, sama Pani powiedziała, że Maria Zielińska to znana publicystka telewizyjna. Jest kompetentna. Buduje prestiż stacji. Jest integralną częścią tej stacji. Telewidzowie identyfikują ją z Kanałem 6.
Dz.: A Piotr Wilhelm? On też publicznie mówi, ile zarabia. I są to duże sumy.
Sz.a.: Czy jest jakaś różnica między Marią Zielińską a Piotrem Wilhelmem?
Dz.: Moim zdaniem tak. Maria Zielińska to profesjonalistka, a Piotr Wilhelm to gwiazda telewizyjna, którą wylansował program typu reality show.
Sz.a.: Racja, Piotr Wilhelm prowadzi program rozrywkowy, ale jest dobry w tym, co robi. Ma naturalny talent i kamera go lubi. I co najważniejsze, telewidzowie go lubią! A to jest podstawowe kryterium przy ustalaniu wysokości honorarium.
Dz.: A więc nie staż pracy, nie kompetencje, ale popularność jest najważniejsza?
Sz.a.: Oczywiście! W telewizji, a szczególnie w komercyjnej telewizji, o wszystkim decydują prawa rynku. Jesteś oglądany, twoja wartość rynkowa rośnie.
Dz.: To prawda. Mnie jednak wciąż szokuje fakt, że mówimy o tak gigantycznych sumach. Wrócę do tego, o czym mówiłam na początku. Przeciętny Polak zarabia 30 razy mniej!
Sz.a.: Tak, to może być trudne do zaakceptowania. Powtarzam jednak: wysokość zarobków gwiazdy jest wprost proporcjonalna do popularności. Proszę pamiętać, że twarz i nazwisko przynosi konkretne korzyści stacji. Jeżeli szef stacji chce zapłacić swojej gwieździe tyle i tyle, to jest jego sprawa. Jestem pewna, że z powodu honorarium jednej gwiazdy stacja nie zbankrutuje.

DVD 16 **6f Proszę obejrzeć film, a następnie określić, jakie preferencje filmowe ma Bartek, a jakie Adam. Proszę wykorzystać poniższe słowa.**

Adam: A może jednak obejrzymy film, a nie serial?
Błażej: Ale ja chcę obejrzeć serial, nie lubię filmów!
A: Błażej, dobrze wiesz, że jeśli zaczniemy teraz nowy serial, to będziemy znowu oglądać do rana. Znam cię.
B: Tylko dwa odcinki, obiecuję.
A: Tak, teraz obiecujesz, a potem powiesz, że jeszcze jeden odcinek i jeszcze jeden i będziemy oglądać do 5:00 rano.
A: Obejrzymy serial w weekend, obiecuję!
B: No dobrze, ale dzisiejszy film ja wybieram.
A: O nie, nie zgadzam się... To znowu będzie jakiś makabryczny kryminał, policja, morderstwa, gangsterzy i tak dalej. Może obejrzymy coś lekkiego, jakąś komedię romantyczną?
B: Proszę cię, tylko nie komedię romantyczną...
A: A może jakiś historyczny film? Kostiumowy? Jest nowy francuski film o...

B. Adam, wiem do czego zmierzasz. Zamiast komedii romantycznej proponujesz historyczny melodramat. Nie. Może jakieś kino akcji?
A: Poczekaj, zobaczymy, jakie są nowości.
B: O, tutaj jest jakiś kryminał...
B: No dobrze, dobrze... hmm... musical... Nie, to wygląda na komedię romantyczną....
A: Stop, stop... A to co jest, nowy Marvel?
B: Nie nowy, z zeszłego miesiąca...
A: Dlaczego ja tego nie widziałem... No pewnie, bo ciągle oglądamy seriale kryminalne.
B: Wiesz co, mnie w zasadzie nie chce się już nic oglądać... Może dzisiaj odpuścimy.
A: Masz rację.
A: Julka pisze, że są z Olą i Kamilem pod naszym blokiem, i pytają, czy mamy czas.
B. No pewnie.
B: Co? Że co mają?
A: Julka pożyczyła od rodziców odtwarzacz VHS i mają kasety video... z *Matrixem*.
B: Wow, a więc jednak będzie film historyczny. To co, zamawiam pizzę?

KLUCZ do ćwiczeń

1c

film 1 – romans, film 2 – dla dzieci, film 3 – thriller, film 4 – obyczajowy

3b

0. bo, 1. i dlatego, 2. dlatego, 3. i dlatego, 4. i dlatego, 5. dlatego, 6. dlatego, 7. Dlatego, że

5b

Britta lubi polskie kino.
Goran ma do polskiego kina stosunek obojętny.
Laurent niespecjalnie lubi polskie kino.
Milla interesuje się polskim kinem.

5c

1. Kolega: „Zobacz *W ciemności* Agnieszki Holland".
2. Nauczycielka: „Czy widział pan już *Body/Ciało*?"
3. Przyjaciel: „Powinnaś zobaczyć film *Bogowie* Łukasza Palkowskiego".
4. Ludzie: „Ostatni film Agnieszki Holland *Julia wraca do domu* jest bardzo dobry".

5d

A.

1. Zosia zapytała, czy mam dzisiaj czas.
2. Ania napisała, że widziała dobry film.
3. Paweł namawia Ewę, żeby pojechać na weekend do Zakopanego.
4. Kinga prosi Wojtka, żeby pożyczył jej ten film.
5. Marta stwierdziła, że najbardziej lubi kino hiszpańskie.
6. Maryla pyta mnie, czy byłam ostatnio w kinie.
7. Krzysiek poprosił nas, żebyśmy przyjechali do niego w lipcu.
8. Przyjaciel namówił mnie, żebym przyjechał na Festiwal Filmowy w Gdyni.
9. Katja napisała mamie, że jest właśnie w Krakowie.
10. Robert twierdzi, że polskie filmy mają specyficzny klimat.

B.

1. Monika słyszała, że w Polsce jest wielu dobrych reżyserów.
2. Słyszeliśmy, że Sylwester Latkowski robi świetne filmy dokumentalne.
3. Słyszałeś, że Roman Polański mieszkał w Krakowie?
4. Słyszeliście, że Sławomir Idziak jest znakomitym operatorem?
5. Słyszałam, że *Pianista* Polańskiego był realizowany w Polsce.

DVD 16 6f

Błażej lubi: serial kryminalny, policyjny, gangsterów
Adam woli: lekkie kino, komedię romantyczną, film historyczny, kostiumowy, filmy Marvela

NOTATKI nauczyciela

lekcja 20

Powtórzenie

NOTATKI nauczyciela

Cele lekcji • Powtórzenie materiału

1

Decyzja o wyborze testu należy do nauczyciela. W książce proponowany jest minitest wyboru, który studenci powinni rozwiązać w ciągu 15 – 20 minut, lub dłuższy test znajdujący się w *Podręczniku nauczyciela*. Na rozwiązanie tego testu studenci mają 45 minut. Dłuższy test wzorowany jest na formie testów egzaminacyjnych z języka polskiego jako obcego. Należy go powiększyć i skopiować dwustronnie w formacie A3.

2 3 4

Podobnie jak w poprzednich lekcjach powtórzeniowych, przedstawiony tu materiał jest dobrą okazją do wykonywania ćwiczeń bardziej swobodnych, dlatego proponujemy dużo ćwiczeń w mówieniu.

10

Materiał gramatyczny, dotyczący spójników i składni zdania złożonego, pochodzi z inwentarza gramatycznego dla poziomu średniego, jednak ze względu na ważność problemu postanowiono pewne jego elementy włączyć do programu PO POLSKU 2. Studenci na tym poziomie budują zdania złożone, nie sposób uniknąć więc większości zaprezentowanych typów zdań współrzędnie i podrzędnie złożonych. Stąd uwaga, jaką poświęcono tej problematyce w podręczniku.

UWAGA!

Nagrania do testu sprawdzającego materiał z lekcji 16 – 19 są do pobrania w Strefie Nauczyciela: www.prologpublishing/download (kod do Strefy Nauczyciela znajduje się na wewnętrznej okładce).

CZĘŚĆ D. Pisanie

1. Proszę napisać recenzję / opis ostatnio obejrzanego filmu.

Składnia ....../2 p.
Słownictwo ....../2 p.
Gramatyka ....../2 p.
Ortografia ....../2 p.
Kompozycja ....../2 p.
Razem: ....../10 p.

....

....

....

....

....

....

....

....

....

....

....

....

....

....

....

....

....

....

....

Test nr 4, lekcje 16 – 19	**Data: ....**
Imię i nazwisko:	**Punktacja: ..../50**

CZĘŚĆ A. Rozumienie ze słuchu

1. Proszę wysłuchać informacji i uzupełnić brakujące fragmenty tekstu. Nagranie zostanie odtworzone dwukrotnie.

...../5 p. (5 x 1 p.)

Pierwsza ...edycja... Festiwalu Filmowego w Kazimierzu Dolnym nad Wisłą odbyła się w sierpniu 1995 roku. Jego pomysłodawcą i ....był Sławomir Rogowski, a organizatorem Państwowa Instytucja Filmowa Max Film, kierowana wówczas przez Wiesława P. Niedźwiedzia. W pracę nad imprezą zaangażowane zostało .... i Mediów Filmar, które z czasem stało się jej głównym .... W trakcie trwającego 4 dni festiwalu zaprezentowano ponad 20 tytułów. Projekcje odbywały się w kinie Wisła i na Małym Rynku, ... zawieszonym na ścianie starej Jatki Żydowskiej. Główny cykl .... nosił nazwę „Wspólna przestrzeń, wspólne korzenie" i dotyczył złożonych problemów współżycia polsko-żydowskiego.

www.kazimierzdolny.pl

CZĘŚĆ B. Poprawność gramatyczna

1. Proszę wybrać właściwą formę: **...../10 p. (10 x 1 p.)**

0. To jest dziewczyna o (której, którą, która) ci opowiadałem.
1. Byliśmy biedni, (ale, więc, albo) bardzo kochaliśmy się.
2. Muzyka przestała grać, (ale, że, więc) goście poszli do domu.
3. Czekałem na ojca, (że, aż, która) przyszedł do domu.
4. Wszystko jest zamknięte, (więc, bo, żeby) są święta.
5. Internet to wynalazek, (który, o którym, bez którego) trudno jest dzisiaj żyć.
6. Zainstalował internet, (że, żeby, i) szybciej kontaktować się ze światem.
7. To skandal, (że, aż, który) ten człowiek jest wciąż dyrektorem.
8. Proponujemy, (że, żeby, który) jedna osoba napisała list.
9. Myślą, (żeby, że, aż) to jest prawda.
10. Chodzimy często do kina, (ponieważ, więc, aż) bardzo lubimy oglądać filmy.

Tę stronę można kopiować.

2. Proszę przeczytać dialog, a następnie uzupełnić tekst. ...../10 p. (20 x 0,5 p.)

– Co robimy? Idziemy do kina?
– Do kina? Jest za gorąco! Wolę spacer.
– Dobrze, to chodźmy na spacer. Ale proszę Cię, ubierz się szybciej, bo potem będzie za późno.
– Jak to za późno! Jest szósta!
– No, tak, ale o dziewiątej jest mecz.
– No, nie mój drogi, albo spacer, albo mecz. Zdecyduj sam. Ja nie mam zamiaru się spieszyć!
– Proszę Cię, nie rób problemu! Ile czasu można spacerować?
– Nie wiem, ale nie chcę myśleć, że o tej i o tej godzinie muszę wrócić do domu! Potrzebuję odpocząć!
– To zostańmy w domu. Kupię wino i zrobię sałatkę. Posiedzimy trochę razem.
– Gdzie teraz chcesz kupić to wszystko! Jest niedziela!
– Jak to gdzie? Czynne są delikatesy na Królewskiej i Krakowskiej.

Marek zapytał, ..czy... idą do kina. Ewa odpowiedziała, ... jest za gorąco i .... ona woli spacer. Marek .... i poprosił Ewę, ... ubrała się szybko, ... o 21.00 jest mecz. Ewa powiedziała, że .... spacer, ... mecz, ... ona nie ma zamiaru się spieszyć. Marek .... Ewę, ... nie robiła problemu i zapytał, ... czasu można spacerować. Ewa powiedziała, ... nie chce myśleć, ... godzinie ma wrócić do domu, i .... ona chce odpocząć. Marek poprosił, żeby .... w domu, i .... że on zrobi sałatkę i kupi wino. Ewa zapytała, ... Marek chce to wszystko kupić, i ...., że jest niedziela. Marek ...., że zna delikatesy, ... są czynne również w niedzielę.

3. Proszę zapytać o podkreślone fragmenty tekstu: ...../5 p. (5 x 1 p.)

0. Ten kabel jest <u>do internetu</u>. ...Do czego jest ten kabel?...
1. Jadę na święta <u>w poniedziałek</u>. ....
2. Nie przyszedłem, <u>bo byłem chory</u>. ....
3. Ludzie kupują komputer, <u>żeby mieć dostęp do internetu</u>. ....
4. Drukarka służy <u>do drukowania</u>. ....
5. Ten festiwal odbywa się <u>w Cieszynie</u>. ....

4. Proszę wpisać brakujące słowa. ...../5 p. (5 x 1 p.)

0. ...Plik...... to zbiór danych w formie dokumentu zapisanego na twardym dysku.
1. Aby znaleźć informację w internecie, trzeba wpisać do wyszukiwarki ....
2. W restauracji, kiedy płacimy rachunek, zwyczajowo powinniśmy zostawić też ....
3. Najważniejsze dla Polaków są .... Bożego ....
4. Dzisiaj większość ludzi nie wyobraża sobie życia bez .... społecznościowych.
5. .... to ceremonia pożegnania zmarłej osoby.

CZĘŚĆ C. Rozumienie tekstów

1. Po przeczytaniu fragmentów tekstów proszę zaznaczyć poprawną odpowiedź: ...../5 p. (5 x 1 p.)

1 Nowy film Małgorzaty Szumowskiej *Ono*, oparty na powieści Doroty Terakowskiej (matki reżyserki), został zgłoszony do udziału w tegorocznym festiwalu filmowym w Wenecji. Film *Ono* to koprodukcja polsko-niemiecka. Data polskiej premiery nie jest jeszcze ustalona.

Ono opowiada o 19-letniej Ewie (w głównej roli Małgorzata Bela), mieszkance małego miasteczka, dziewczynie bez wielkich ambicji, żyjącej marzeniami. Los zderza ją z brutalną rzeczywistością: zostaje zgwałcona, zachodzi w ciążę i musi zdecydować, co dalej zrobi ze swoim życiem.

www.interia.pl

2 Portal otwartykrakow.pl utworzono, by szczegółowo informować o działaniach prowadzonych w ramach Programu „Otwarty Kraków", promować wydarzenia rozwijające wiedzę na temat kultury i obyczajów innych narodowości oraz inicjatywy kształtujące postawę tolerancyjną wobec cudzoziemców, mniejszości narodowych i etnicznych.

www.otwarty.krakow.pl

3 Dołącz do nas podczas warsztatów, które rozbudzą wyobraźnię, wprowadzą Cię w atmosferę świąt Bożego Narodzenia i pozwolą Ci poznać tradycję obchodzenia świąt zimowych w innych krajach. Podczas warsztatów zachęcamy do podzielenia się w jaki sposób Twoja rodzina obchodzi zimowe święta. (...)

Czekamy na Was z gorącą czekoladą z piankami marshmallows, domowym sernikiem i makowcem. Jak macie ochotę podzielić się z nami swoimi Świątecznymi wypiekami, będziemy szczęśliwi i ciekawi nowych smaków pochodzących z Waszych tradycji.

Wszystkie materiały i świąteczne przekąski będą zapewnione.

www.otwarty.krakow.pl

4 1 sierpnia o godz. 20.00 wystartuje kanał *Style*, należący do TVN. Jego szefową jest Iwona Radziszewska, była prezenterka „Faktów". *Style* nie będą korzystać z zagranicznych formatów. – Problemy kobiet są specyficzne w każdym kraju, a nasz program przeznaczony jest przede wszystkim dla nich – stwierdza Radziszewska. – Nie określamy ich wieku, mówimy tylko, że program jest adresowany do spełnionych matek i poszukujących córek. Sztandarową pozycję stanowi dwugodzinne „Miasto kobiet", w którym o sobie i swoim stylu życia będą opowiadać zarówno panie bardzo znane, jak i te, nie znajdujące się na świeczniku, często łączące obowiązki zawodowe z domowymi. W repertuarze stacji znajdzie się też program dotyczący urody „No to pięknie", a także mody: „Musisz to mieć". Przewidziany jest Klub Młodej Mamy. Znajdą się w nim porady medyczne, psychologiczne i dotyczące zasad pielęgnacji. Generalnie jednak kanał *Style* nie ma charakteru poradnikowego, a stawia na wzajemną wymianę doświadczeń.

www.onet.pl

0. Ten tekst informuje o tym, że:
a) Małgorzata Szumowska kręci nowy film.
b) Małgorzata Szumowska jest w ciąży.
c) <u>Małgorzata Szumowska pokaże swój nowy film na festiwalu w Wenecji.</u>

1. Tekst 1 informuje o tym, że:
a) Film został sfinansowany przez niemiecką telewizję.
b) Film powstał we współpracy z Niemcami.
c) Film zostanie nakręcony w niemieckiej wersji językowej.

2. Tekst 2 informuje o tym, że:
a) Portal otwarty.krakow.pl jest prowadzony przez Program „Otwarty Kraków".
b) Obyczaje innych narodowości kształtują postawę tolerancji wobec cudzoziemców.
c) Portal otwarty.krakow.pl utworzono, aby promować wydarzenia związane z kulturą innych narodowości oraz kształtować postawę tolerancji wobec cudzoziemców.

3. Tekst 3 informuje o tym, że:
a) W czasie warsztatów będzie można skosztować polskich przysmaków.
b) Podczas warsztatów poznamy tradycje świąt zimowych obchodzonych w innych krajach.
c) Jeśli macie ochotę na świąteczne wypieki, będziemy szczęśliwi.

4. Tekst 4 informuje o tym, że:
a) Kanał *Style* adresowany jest do wszystkich kobiet.
b) Kanał *Style* promuje wartości prorodzinne i adresowany jest do matek i córek.
c) Kanał *Style* promuje zdrowy styl życia.

5. Tekst 4 informuje o tym, że:
a) Kanał *Style* powstał na bazie zagranicznych kanałów przeznaczonych dla kobiet.
b) Kanał *Style* będzie omawiał problemy typowe dla polskich kobiet.
c) Kanał *Style* będzie porównywał doświadczenia polskich i zagranicznych kobiet.

TEKST nagrania

mp3 04

I Proszę wysłuchać informacji i uzupełnić brakujące fragmenty tekstu. Nagranie zostanie odtworzone dwukrotnie.

Pierwsza edycja Festiwalu Filmowego w Kazimierzu Dolnym nad Wisłą odbyła się w sierpniu 1995 roku. Jego pomysłodawcą i dyrektorem artystycznym był Sławomir Rogowski, a organizatorem Państwowa Instytucja Filmowa Max Film, kierowana wówczas przez Wiesława P. Niedźwiedzia. W pracę nad imprezą zaangażowane zostało Biuro Promocji i Mediów Filmar, które z czasem stało się jej głównym organizatorem. W trakcie trwającego 4 dni festiwalu zaprezentowano ponad 20 tytułów. Projekcje odbywały się w kinie Wisła i na Małym Rynku, na ekranie zawieszonym na ścianie starej Jatki Żydowskiej. Główny cykl filmowy nosił nazwę „Wspólna przestrzeń, wspólne korzenie" i dotyczył złożonych problemów współżycia polsko-żydowskiego.

www.kazimierzdolny.pl

TEKSTY nagrań

mp3 74

5 Proszę wysłuchać sześciu wypowiedzi i zdecydować, która z nich wyraża:

1. To naprawdę niesamowite, jak to zrobiłaś?
2. To skandal! Jak mogłeś to zrobić?
3. Szkoda, że nie pojechaliśmy tam.
4. To naprawdę bardzo smutne. Jest mi bardzo przykro.
5. Kocham literaturę science-fiction!
6. Świetnie! Naprawdę się cieszę!

mp3 75

8 Proszę wysłuchać czterech dialogów i zdecydować, która para rozmawia o:

a) spotkaniu rodzinnym
b) wyjściu do kina
c) nowej książce Jerzego Pilcha
d) ulubionym czasopiśmie

mp3 75

9 Proszę ponownie wysłuchać dialogów i zrelacjonować to, o czym mówią bohaterowie.

Dialog 1

– Cześć Magda, co robisz po południu?
– Nie mam żadnych planów. Dlaczego pytasz? Masz jakąś propozycję?
– Właściwie tak, chciałbym zaprosić cię do kina.
– Ale proszę cię, tylko nie na jakąś superprodukcję. Wiesz, że uważam je za nudne i płaskie.
– Nie, nie, to mały, kameralny film. Jakiś młody polski reżyser zrobił podobno całkiem dobry dramat obyczajowy o współczesnym polskim małym miasteczku. Grają Rafał Maćkowiak i jakaś nieznana, ale utalentowana aktorka. Co o tym myślisz?
– Brzmi intrygująco! Uwielbiam Rafała Maćkowiaka. Jest interesującym mężczyzną i całkiem dobrze gra!
– No więc? Idziemy?
– Jasne, o której i gdzie się spotkamy?

Dialog 2

– Cześć stary, gdzie byłeś? Nie widziałem cię dawno...
– A wiesz, musiałem pojechać z rodzinką na Podhale do babci.
– To fajnie! Fajną pogodę miałeś, nie?
– Tak, ale prawie w ogóle nie wychodziłem z domu, siedziałem i jadłem. Babcia obchodziła osiemdziesiąte urodziny. Wiesz, była impreza, przyjechało dwadzieścia osób.
– To też nieźle. A znasz przynajmniej tych ludzi?
– Kilka osób. Kuzyna z Warszawy, jego żonę, brata mojej mamy i jego rodzinę. Reszta, niestety obca. Wiesz, oni siedzieli i rozmawiali tylko o polityce, o dzieciach, o pracy. Pasjonujące.
– Mogę sobie wyobrazić.

Dialog 3

– Cześć, jest tam coś interesującego?
– Akurat w tym numerze tak. Normalnie nie kupuję tego pisma. Jak wiesz, trochę mnie denerwuje...
– Trochę? Ta gazeta jest beznadziejna!
– No nie, trochę przesadzasz. Gdyby była taka zła, już dawno nie byłoby jej na rynku. Po prostu nie jest dla ciebie.
– Nie jest, przyznaję. Jeżeli pisze się w niej tylko o modzie, o tym jak być „sexy" i co zrobić w piątkowy wieczór, to dziękuję bardzo. Faktycznie, nie dla mnie.
– Ale tym razem naprawdę numer jest ciekawy. Jest dużo materiałów o podróżowaniu, są rady, jak przygotować się do wyjazdu, co kupić. Jest też wywiad z Anną Dymną.
– Naprawdę? Anna Dymna zgodziła się na wywiad dla tej gazety?
– A co w tym dziwnego? Możesz nie lubić tego pisma, ale jest redagowane profesjonalnie, ma dużo czytelników, a Anna Dymna jest popularną aktorką.

Dialog 4

– Cześć Ewa, no, i jak było?
– Gdzie?
– No, jak to gdzie? Na spotkaniu z Pilchem!
– Aaa, racja! Wybacz, miałam dzisiaj ciężki dzień. Jak było? Świetnie!
– A jak on wygląda? Tak samo jak w telewizji?
– Właściwie tak. Interesujący facet w średnim wieku. Dałam mu książkę do podpisania, uśmiechnął się do mnie.
– Szczęściara. A wiesz, że ja nie czytałam tej jego nowej książki? Mógłbyś mi ją pożyczyć?
– Oczywiście, musisz ją przeczytać. Wiesz coś o niej?
– Mało.
– Może lepiej nie będę ci nic mówić, sama zobaczysz.

KLUCZ do ćwiczeń

1

1. uroczystość rodzinna, 2. obchodzi się, 3. życzę ci dużo zdrowia, 4. więc, 5. przeglądać , 6. małpa, 7. to niesamowite, 8. służy, 9. na talerzu, 10. obrzydliwe, 11. ugotuj, 12. i dlatego, 13. program informacyjny, 14. ponieważ, 15. czy

mp3 74 **5**

upodobanie – 5, protest – 2, zdziwienie – 1, smutek – 4, żal – 3, radość – 6

6

proponowane odpowiedzi: 1. h, 2. a, 3. b, 4. lub 5. i, 6. f, 7. d, 8. g, 9. c

mp3 75 **8**

a) 2, b) 1, c) 4, d) 3

10

1) tekst oficjalny
2) tekst nieoficjalny

11

1. a, 2. albo, 3. i, 4. lub, 5. więc, 6. i, 7. dlatego, 8. dlatego, 9. że, 10. aż, 11. kiedy

KLUCZ do testu

Część A

1. dyrektorem artystycznym, Biuro Promocji, organizatorem, na ekranie, filmowy

Część B

1. 1. ale, 2. więc, 3. aż, 4. bo, 5. bez którego, 6. żeby, 7. że, 8. żeby, 9. że, 10. ponieważ

2. że, że, zgodził się, żeby, bo / ponieważ, albo, albo, bo / ponieważ, poprosił, żeby, ile, że, o której, że, zostali, dodał, gdzie, dodała, powiedział, które

3. 1. Kiedy jedziesz na święta?
2. Dlaczego nie przyszedłeś?
3. Po co ludzie kupują komputer?
4. Do czego służy drukarka?
5. Gdzie odbywa się ten festiwal?

4. 1. hasło, 2. rachunek, 3. święta, Narodzenia, 4. mediów

Część C

1. 1. b, 2. c, 3. b, 4. a, 5. b

NOTATKI nauczyciela

Autorki

Agnieszka Dixon (poprzednio Burkat)

absolwentka filologii romańskiej, podyplomowych studiów JPJO, psychologii stosowanej i psychoterapii. Wykształcenie zdobywała kolejno na Uniwersytecie Pedagogicznym i Uniwersytecie Jagiellońskim w Krakowie, University of Essex w Wielkiej Brytanii, Tavistock and Portman NHS FT w Londynie. Obecnie doktorantka na the University of Exeter. Członkini Stowarzyszenia Bristol zrzeszającego polskich i zagranicznych nauczycieli kultury polskiej i JPiO. Od 2010 roku mieszka Wielkiej Brytanii, gdzie pracuje klinicznie i prowadzi badania naukowe w dziedzinie psychologii. W jej obszarze zainteresowań szczególne miejsce zajmują psychoanaliza, etnolingwistyka, antropologia kulturowa i filozofia.

dr Agnieszka Jasińska

adiunkt w Instytucie Filologii Polskiej Uniwersytetu Pedagogicznego, nauczycielka języka polskiego jako obcego i języków romańskich (francuskiego i włoskiego). Pracowała z dorosłymi i z dziećmi prowadząc kursy językowe w firmach i na uczelniach wyższych oraz w szkołach dla dzieci z doświadczeniem migracji w Krakowie. Koordynatorka szkoleń stacjonarnych i on-line dla nauczycieli języka polskiego w Polsce i za granicą. Członkini Związku Nauczycieli Języka Polskiego jako Obcego w Niemczech. Popularyzatorka języka polskiego.